Juan Wagenveld

Iglecrecimiento Integral

UNA INTRODUCCIÓN BÍBLICA
AL ESTUDIO DEL CRECIMIENTO DE LA IGLESIA

*Y el Señor añadía cada día a la
iglesia los que habían de ser salvos*

CONTIENE UN ESTUDIO PROGRAMADO POR LA
FACULTAD LATINOAMERICANA DE ESTUDIOS
TEOLÓGICOS

Unilit

Publicado por LOGOI, Inc. y
Editorial Unilit

Iglecrecimiento integral
Juan Wagenveld

© 2000 LOGOI, Inc.
14540 S.W. 136 Street, Suite 200
Miami, FL 33186

Editor: Luis Nahum Sáez
Diseño textual: Ark Productions
Diseño portada: Meredith Bozek
Recursos docentes: Al Valdés

Producto 491073
ISBN: 0-7899-0952-9
Categoría: Eclesiología
Impreso en Colombia
Printed in Colombia

CONTENIDO

Dedicatoria

A los pioneros de la Iglesia Príncipe de Paz, que me enseñaron tanto trabajando siempre en equipo, quiero dedicar esta obra.

Agradecimientos

Me siento muy honrado por el privilegio de poder contribuir con este curso a la variada gama de obras que ofrece la Facultad Latinoamericana de Estudios Teológicos, FLET. Asimismo agradezco a esta institución la oportunidad que me dieron y a los líderes de mi iglesia el tiempo que me concedieron para poner estas ideas por escrito.

Agradezco también a Dios la oportunidad de servir junto con el equipo del Centro de Capacitación para Multiplicación de Iglesias y todo lo que he aprendido trabajando con ellos, en especial Joaquín Ramos, Rosilio Román, Bienvenido Díaz y Raúl Orlandi.

Deseo también agradecer a quienes revisaron los primeros borradores de este manuscrito y aportaron excelentes comentarios para mejorarlo, como el Dr. Rogelio Greenway, Prof. Gary Teja, Dr. Pablo Bergsma, Dr. Daniel Sánchez, Prof. Felix Struik, Dr. Sidney Rooy, Dr. Lester McGrath y el Rev. Cornelio Hegeman, que me desafió a escribir este libro. La experiencia que estos hombres de Dios tienen en la obra misionera, plantando iglesias, supervisando pastores, educando teológicamente además de sus labores pastorales acumula gran sabiduría.

Quiero también expresar mi gratitud a los ejecutivos, teólogos y editores del equipo de FLET, incluyendo al Rev. Les Thompson, Al Valdés y Nahum Sáez.

Quedo endeudado con cada uno de ellos por su conocimiento, precisión, rigor y paciencia. Cualquier error que pueda hallarse en el libro, sin embargo, es responsabilidad mía solamente.

Prefacio

He visto, desde niño, iglesias de variadas clases y tamaños. Desde las muy pequeñas en los floridos campos de la Patagonia, Argentina, hasta las muy grandes en la cosmopolita ciudad de Buenos Aires. Pasando por las más dinámicas en Managua, Nicaragua, a las que apenas sobreviven en ciertos lugares de Honduras. He charlado con pastores veteranos en Ciudad de México y predicado en iglesias rurales del Salvador. He visitado iglesias indígenas en las montañas de Ecuador como también citadinas en Los Ángeles, California. He ido a algunas catedrales evangélicas vacías en Europa y participado en estudios bíblicos en chozas repletas de nativos en África.

En base a estas experiencias, siempre me aguzó entender por qué algunas iglesias crecen y prosperan en el ministerio mientras que otras decaen y a veces hasta se cierran. ¿Por qué algunas congregaciones son efectivas y otras no? Siempre sospeché que hallaría alguna respuesta cuando estudiara la materia con seriedad, pero nunca imaginé que me tocaría aprender bajo el fuego mismo del ministerio y la fundación de iglesias. Así comienza mi interés en el crecimiento de las iglesias.

El concepto de iglecrecimiento y el movimiento que se identifica con ese nombre han generado más discusión entre el liderazgo eclesiástico que casi cualquier otro tema en los últimos cincuenta años. No nos sorprende, pues, que también genere considerables controversias, ya que toca asuntos que todo cristiano discute consciente o inconscientemente en algún momento. Puesto que es una disciplina bastante reciente —y que se enseña en casi todos los seminarios e institutos bíblicos reconocidos—, le queda mucho por investigar y descubrir, aunque ya nos ayuda a entender por qué algunas iglesias crecen mientras otras permanecen estancadas. El iglecrecimiento se desprende de la teología a través de la rama de la misionología, combinando los principios bíblicos del crecimiento congregacional con algunos conceptos de las ciencias sociales. Provee teorías razonables para entender las funciones vitales de cualquier iglesia y da consejos prácticos para ayudar a fortalecerla.

El crecimiento de la iglesia solo lo da Dios mediante el Espíritu Santo y su Palabra, aunque como instrumento del Señor, ella necesita reflexionar acerca del papel que juega en la extensión del reino. El libro de los Hechos describe una iglesia viva y dinámica a la que el Señor *añadía cada día los que habían de ser salvos.* Pero Dios no salvó a esa gente en un vacío. Él dotó a la iglesia con poder a través del Espíritu Santo y le prometió edificarla. Confiados en esa promesa, los discípulos realizaban la labor a la que fueron llamados. Evangelizaban e incorporaban a la iglesia aquellos que Dios les tenía preparados. Hoy la iglesia continúa esta labor con la expectativa de que cuando el Señor regrese la halle ocupada en los asuntos del Padre.

El iglecrecimiento, por otro lado, es integral cuando promueve una perspectiva total en la que todas las partes intervengan en busca de un crecimiento de la iglesia dentro del marco general de los propósitos de Dios para el mundo, la humanidad y el cosmos. Por ello toma el reino de Dios como punto de partida y promueve su extensión en todas las esferas de la vida con el impacto del evangelio de Jesucristo.

El libro que tiene en sus manos intenta aclarar lo relacionado con iglecrecimiento a un nivel introductorio, desde una perspectiva crítica constructiva, así como proveer algunos de los principios fundamentales para una mayor efectividad ministerial y el crecimiento de la iglesia. Algunos de estos conceptos han sido o son implementados en una iglesia local creciente y surgen tanto de la teoría como de la práctica.

Como profesor de iglecrecimiento y fundador de una iglesia que emplea el programa académico de FLET, recomiendo sin reservas dicho programa para preparar líderes. Además, es nuestra oración que usted utilice algunos de los principios que aprenda de este libro para la gloria de Dios y la extensión de su reino.

Juan Wagenveld
Agosto, 2000
San Juan, Puerto Rico

«Basta un segundo para ser un héroe, pero hace falta toda una vida para forjar un hombre de bien.»

LECCIÓN 1

DEFINICIÓN DE IGLECRECIMIENTO

¿Quién no conoce una iglesia en la vecindad que durante diez o más años ha estado estancada con unas treinta o cuarenta personas de las mismas cuatro o cinco familias que asisten a los cultos cada domingo? Claro está que desean alcanzar a su comunidad con el mensaje de salvación y, sin dudas, quieren crecer. Es posible que usted sea miembro de una iglesia que ha crecido en los últimos años y que busca una mayor organización para sustentar y mantener ese crecimiento.

Quizás asista a una congregación que alguna vez fue saludable y firme, pero que actualmente padece un decrecimiento significativo y ha dejado a muchos miembros decepcionados, al pastor frustrado, al tesorero sin trabajo y a los líderes rascándose la cabeza sin saber qué hacer para volver a aquella «época de oro». O tal vez se decidió a fundar una iglesia nueva para su denominación o concilio y quiere prepararse para esta ardua tarea. Cada una de estas situaciones y muchas otras que se les presentan a los que trabajan en la iglesia, son las que animan a estudiar los principios del iglecrecimiento. Ciertamente, esta es una disciplina fascinante y merecedora de estudio.

El término iglecrecimiento, derivado de las palabras «iglesia» y «crecimiento», indica de por sí que trata acerca del crecimiento de

13

la iglesia de Jesucristo. No es un tema nuevo, pero sí uno que despierta el interés de más y más personas que sirven como pastores o líderes en la iglesia local. Mientras existan iglesias y ministerios, el estudio de su crecimiento tendrá vigencia. La iglesia buscará las formas más efectivas de conducir su actividad ministerial hasta que Cristo venga de nuevo, *«a fin de perfeccionar a los santos para la obra del ministerio, para la edificación del cuerpo de Cristo»* (Efesios 4.12). La iglesia intentará diversas maneras de profundizar su función apostólica siendo obediente a Dios en lo que respecta a su Gran Comisión cuando dice: *«Id, y haced discípulos a todas las naciones»* (Mateo 28.19), y cuando nos ordena *«ser testigos hasta los confines de la tierra»* (Hechos 1.8). El iglecrecimiento concierne a todo cristiano y en particular a los líderes eclesiásticos.

El estudioso del iglecrecimiento se asemeja mucho al agricultor que prepara la tierra, planta la semilla, abona el lugar sembrado, cuida el árbol y lo riega, para luego cosechar su fruto y disfrutarlo. El agricultor sabe que Dios es el que controla la naturaleza y da el crecimiento. Pero también sabe que si no sale a trabajar y a plantar la semilla en la temporada de siembra, no podrá esperar nada el día de la cosecha. Además, tiene a su disposición todo el conocimiento de los agricultores que vinieron antes que él. También se beneficia de aquellos que trabajan en los laboratorios creando nuevas variedades de semillas, o los que estudian la composición de la tierra, crean los fertilizantes y pesticidas, analizan los ciclos climáticos, y proponen nuevas metodologías basados en experimentos. El agricultor busca siempre mejorar sus procesos de cultivo y añadir calidad y abundancia a su producción.

El que trabaja en la viña del Señor sembrando semilla espiritual también sabe que Dios es el que edifica su iglesia y que es el único que *«añade los que han de ser salvos»* (Hechos 2.47). Además, sabe que Dios le ha dado talentos y dones, sabiduría e inteligencia *«en ciencia y en todo arte»* (Éxodo 31.3) para realizar la obra a la que es llamado. Sabe que tiene una responsabilidad ante Dios de plantar, regar, abonar y cosechar. Constantemente buscará la forma más provechosa de realizar esta tarea con efectividad y excelencia. Así como el agricultor, empleará la experiencia de los que lo antecedieron. También tiene a su disposición los estudios de los teóricos, los resultados de las investigaciones científicas, los relatos de otros que pasaron por lo mismo, y las propuestas de principios y metodologías experimentadas por otros. Siempre buscará estar al tanto de los principios bíblicos del iglecrecimiento que le ayuden a mejorar su cultivo.

Como en toda materia, hay propuestas buenas y malas. Más de una vez una nueva semilla diseñada en el laboratorio para cierto clima en particular ha fallado. En más de una ocasión una rotación particular de cultivos sugerida por un «experto» ha fracasado. Pero eso no le resta al hecho de que mucho se ha avanzado gracias a buenas propuestas que *sí* revolucionaron la agricultura que conocemos hoy. Lo mismo se puede decir del iglecrecimiento. Hay estudios y consejos buenos y malos sobre este tema. Lo que falta es discernimiento espiritual y un buen entendimiento de la materia para captar la diferencia. Pero en ningún momento debemos rechazar al iglecrecimiento como materia solo porque algunas propuestas hechas en el pasado hayan sido negativas. Hablaremos más de esto en la sección de conceptos erróneos de iglecrecimiento.

Inquietudes que plantea el iglecrecimiento

El iglecrecimiento trata de responder las preguntas básicas que todo obrero cristiano se formula en algún momento de su ministerio. Este libro intenta elucidar algunas respuestas introductorias a estas inquietudes y preguntas:

• ¿De qué manera debemos realizar el ministerio al que Dios nos ha llamado?

- ¿Qué debemos hacer para que la iglesia crezca y sea saludable?
¿Cómo podemos ser más efectivos al desarrollar la misión de la iglesia?
- ¿Cómo querrá Dios que distribuyamos nuestro tiempo?
¿Qué resultará más sin que condicionemos el mensaje del evangelio?
- ¿Debemos enfatizar la calidad o la cantidad?

Propósito

El propósito de esta obra es explicar las bases bíblicas e históricas del iglecrecimiento, corregir ciertos conceptos erróneos acerca del tema desde una perspectiva autocrítica, sugerir varios esquemas organizativos para mayor efectividad ministerial, y definir algunos de los principios descubiertos en los estudios más recientes.

Objetivos

Confiamos en que el participante, al concluir este estudio, podrá entender los temas fundamentales del iglecrecimiento, reflexionar en sus aspectos principales, así como poner en práctica algunos principios universales útiles para la iglesia local. Intentamos entender bien la teoría para entonces llevarla a la práctica. Es posible que después de esta introducción al iglecrecimiento desee averiguar más del tema e iniciar su implementación. Cualquier beneficio que usted o su iglesia obtenga de este estudio debe redundar para la gloria de Dios y la extensión de su reino.

Diversos conceptos acerca de iglecrecimiento

Para comenzar, debemos analizar algunos conceptos utilizados para describir el iglecrecimiento:

1. El autor Carlos Miranda, citando la constitución de la Academia de Iglecrecimiento dice que:

«El iglecrecimiento es la ciencia que investiga la implantación, multiplicación, funcionamiento y salud de las iglesias cristianas, específicamente en lo relacionado a la implementación de la Gran Comisión de "hacer discípulos a todas las naciones" (Mateo 28.19). Iglecrecimiento es simultáneamente una convicción teológica y una ciencia aplicada, que trata de combinar los principios eternos de la Palabra de Dios con los conocimientos contemporáneos de las ciencias sociales y de la conducta humana».[1]

Observemos que esta definición combina los principios bíblicos con los sociológicos. Esto quiere decir que se aplican los patrones de la Biblia usando también el conocimiento del ser humano en su sociedad tal como Dios lo creó. Por ejemplo, usted funda una iglesia en una zona céntrica de la ciudad, aunque de alta criminalidad, porque entiende que el Señor —mediante su Palabra—, lo está llamando a ministrar a la gente en esa área. Es probable que ilumine el estacionamiento y los alrededores de la iglesia, considerando el dato sociológico de la criminalidad. Además, usted sabe que la gente quiere que su automóvil esté seguro o que las familias se sientan resguardadas cuando bajan del autobús en frente de la iglesia. En este sentido, usted estaría utilizando cierto conocimiento de la sociedad y, por ende, del ser humano para desarrollar la comunidad de fe a la que el Señor lo llamó.

La Palabra de Dios es nuestra fuente primaria de principios en cuanto al crecimiento de la iglesia cristiana. La motivación y el impulso misionero surgen de los propósitos de Dios según están revelados en las Sagradas Escrituras. La tarea de la iglesia tiene su origen en los mandatos de nuestro Señor Jesucristo. El pueblo de Dios, tanto en el Antiguo como en el Nuevo Testamento, es la herramienta que Dios usa para lograr sus cometidos. Somos instrumento suyo para darle honor y gloria.

---

[1] Miranda, Carlos, *Manual de Iglecrecimiento*, p. 11.

17

A eso se añade lo que podamos aprender de la creación de Dios, en manera especial lo que a la sociología y la teoría organizacional respecta. Es nuestra premisa que toda ciencia correcta pertenece a Dios. Por lo tanto, la sociología debe ponerse a disposición de los designios divinos para con Su iglesia. Tomemos un ejemplo del mundo de la medicina para aclarar este punto. La Biblia proporciona en sus páginas algunos datos al respecto, como cuando Pablo le da consejos a Timoteo en cuanto a su estómago y sus frecuentes enfermedades (1 Timoteo 5.23). También suele enseñarse que Lucas, autor del evangelio y del libro de Hechos, era un médico de profesión. Sin embargo, la Biblia no es un libro de medicina.

Aun cuando proporciona principios básicos y eternos que pueden y deben influir en cómo un médico practica su profesión y cómo trata a sus pacientes, la Biblia no nos detalla el modo en que debe realizarse una operación quirúrgica para sanar a alguien de una hernia. Así mismo nos dice mucho acerca del crecimiento de la iglesia, pero no nos da todos los detalles de cómo, cuándo, dónde y qué es lo que hay que hacer para implementar o promover el crecimiento de una congregación.

Es en su creación, por tanto, que Dios nos da los datos y los principios que complementan, en forma secundaria, lo que ya discernimos en su Palabra. Es así como debemos entender el uso práctico y sabio de la sociología y otras materias como las teorías organizacionales. En ningún caso pueden ellas contradecir o superar a las verdades bíblicas. De la misma manera que el médico cristiano ora por su paciente y luego hace todo lo posible por aliviarle el dolor, el obrero cristiano basa sus prácticas de iglecrecimiento en la Palabra de Dios y en todo conocimiento — sociológico, sicológico u otro—, que pueda redundar para la gloria de Dios y para realizar sus propósitos divinos en Su Iglesia. *El que menosprecia la idea de usar el conocimiento de otras disciplinas o materias para la gloria de Dios, las relega al uso del enemigo.*

2. El autor Fred Smith dice:

«La ciencia del iglecrecimiento puede ayudar a descubrir por qué creció una iglesia mientras otra declinaba. Tal ciencia diagnostica la salud de una iglesia y receta el remedio para su recuperación espiritual, y el crecimiento dinámico en el caso de la otra. Esa ciencia llama nuestra atención a los principios bíblicos, por medio de los cuales una iglesia puede crecer. Es una hipótesis que la iglesia que practica estos principios bíblicos crecerá tanto cuantitativa como cualitativamente».[2]

Esta definición enriquece el tema empleando un lenguaje que diagnostica la salud de la iglesia como organismo que es, y enfoca tanto su vitalidad como sus posibles enfermedades espirituales y errores eclesiásticos. Esto le proporciona al estudiante de iglecrecimiento algunas maneras de entender, detectar y sanar esas alteraciones, a la vez que le provee modos de medir el crecimiento de la iglesia, en cantidad y calidad, así como también formas de proyectar el crecimiento para el futuro.

Smith habla, por ejemplo, de la enfermedad de la «koinonitis», a la que añado intensidad, «koinonitis aguda». En el griego neotestamentario la palabra «koinonía» significa comunión entre los hermanos o compañerismo. Esto es algo bueno y recomendable. Pero cuando los hermanos se ocupan tanto en su círculo amistoso que no dejan entrar a nadie más, la koinonía se pervierte en una enfermedad eclesiástica. La definición de Smith enfatiza la salud de la iglesia. Esto se logra «ejercitando el cuerpo» y luchando contra las enfermedades que tienden a estancar o destruir a la iglesia.

3. El profesor Pedro Wagner opina así:

«Encontrar las respuestas a la pregunta de por qué las iglesias están creciendo o no lo están, es precisamente el objetivo del "Movimiento del crecimiento de la iglesia"».[3]

---

[2] Smith, *Dinámica del Iglecrecimiento*, p. 16.
[3] Wagner, *Su iglesia puede crecer*, pp. 1, 14.

Y citando a Donald McGavran dice:

«Crecimiento de la iglesia puede definirse como todo lo que implica llevar a hombres y mujeres que no tienen ninguna relación personal con Jesucristo a la comunión con Él y a una membresía responsable en la iglesia».

Nuevamente vemos una definición que intenta entender los factores del iglecrecimiento basada en la responsabilidad central de la iglesia: Llevar el evangelio a las personas que no conocen a Cristo e incorporarlas como miembros responsables de la congregación. Esto se podría resumir planteando lo siguiente: «¿Qué principios ayudan a la iglesia en su tarea evangelizadora, en cuanto al inconverso, y educadora, respecto al nuevo creyente?» Esta definición no enfatiza cantidad, sino ganar más personas para el evangelio y discipularlas.

Wagner afirma en *Guiando su iglesia al crecimiento* (p. 47):

«El crecimiento de las iglesias no es una fórmula mágica que produce incremento en cualquier congregación en un momento. Es tan solo una colección de ideas con sentido común que al parecer se ajustan bien a los principios bíblicos que se enfocan intentando cumplir la Gran Comisión de manera más efectiva. Los principios —me alegra informarlo— son usualmente útiles».

4. La definición que propongo, de acuerdo con el estudio realizado, es la siguiente:

«El iglecrecimiento es el estudio de los principios bíblicos que conducen al crecimiento integral de la iglesia según los propósitos de Dios. Partiendo de la Biblia y usando toda disciplina disponible, esta materia se ocupa de discernir los factores internos y externos que llevan a una iglesia a crecer en su desarrollo cuantitativo y cualitativo. (Por "interno" nos referimos a todos los sistemas presentes dentro de una iglesia. Con "externo" indicamos el contexto o medio ambiente en que se halla la iglesia local. Por "cuantitativo" nos referimos a las cantidades de personas y por "cualitativo" a la calidad.)»

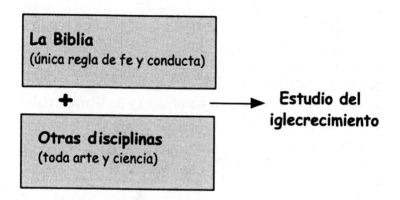

La Biblia
(única regla de fe y conducta)

✛

Otras disciplinas
(toda arte y ciencia)

⟶ Estudio del
iglecrecimiento

Esta definición propone las Escrituras como punto de partida para esta disciplina, y se arraiga en los propósitos de Dios para su iglesia. Ya que estos propósitos son varios y están bien integrados, el crecimiento que buscamos debe de ser integral en el sentido más amplio de la palabra. Con la Palabra de Dios como fuente central, comenzamos a poner a disposición de la iglesia las disciplinas que puedan redundar en su crecimiento. Esta definición considera los factores internos de la iglesia, como también los externos de su medio ambiente. A la misma vez implica una búsqueda consciente e intencional de crecimiento tanto numérico como cualitativo. El iglecrecimiento pone todo esto al servicio de la congregación, para que pueda cumplir mejor con los propósitos divinamente ordenados para la Iglesia de Cristo en general, y para la congregación local en su contexto particular.

Tipos de crecimiento

Debemos identificar varios tipos de crecimiento en el estudio de esta materia. Aunque casi siempre el iglecrecimiento se asocia con el factor numérico, no podemos conformarnos con esta interpretación reduccionista. El iglecrecimiento debe usar la palabra crecimiento en su forma integral, global y completa. Puede y debe, además, referirse al aumento cualitativo y no solo al cuantitativo. También pueden añadirse a esto varios aspectos del crecimiento cualitativo como son: el crecimiento orgánico, organizacional, espiritual, teológico y diaconal, para mencionar algunos. Otros sugieren que pensemos en términos de movimiento hacia abajo (crecimiento en profundidad bíblica), hacia arriba (crecimiento devocional), hacia adentro (crecimiento orgánico y espiritual) y hacia afuera (crecimiento misional). El Dr. Orlando Costas afirma:

TIPOS DE CRECIMIENTO

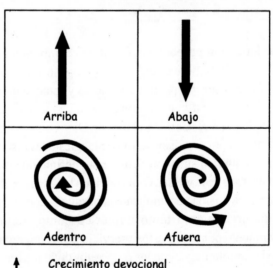

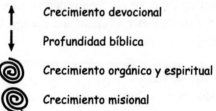

«Dios quiere y espera que su iglesia crezca, pero no cojeando ni anímica ni anormalmente. Quiere que su iglesia crezca en *anchura*, numéricamente como comunidad apostólica. Quiere que su iglesia crezca en *profundidad*, vivencial, orgánica y conceptualmente, como comunidad de adoración y nutrición. Quiere que su iglesia crezca en *altura*, como modelo viviente y visible, como signo del nuevo orden de vida introducido por Jesucristo que está desafiando a las potestades y principados de este mundo».[4]

Basado en lo que escribe Costas, el Dr. Raymond Brinks provee los siguientes resúmenes de sus definiciones acerca de los tipos de crecimiento que considera más importantes:[5]

Crecimiento numérico. Es la reproducción de miembros experimentada por la iglesia mediante la proclamación y el testimonio viviente del evangelio, y la incorporación de los que responden a la comunión de la congregación local. Este desarrollo necesita nuevas células para mantener su vitalidad. Como pueblo en peregrinaje no puede llegar a su fin hasta que incorpore a todos sus integrantes.

Crecimiento orgánico. Es el desarrollo interno de la comunidad de fe o el fortalecimiento del sistema de relaciones entre sus miembros. Esto incluye el gobierno de la iglesia, sus oficiales, su estructura financiera, el liderazgo, las actividades en las cuales se ocupa, y su celebración litúrgica. Aquí se trata del funcionamiento del cuerpo completo, una parte en relación con la otra, las cuales tienen que estar bien cuidadas, alimentadas y sanas.

Crecimiento conceptual. Implica que el conocimiento de la teología y la fe aumentan. Por lo tanto, debe profundizar en el entendimiento de sí misma y de su tarea. Es decir, debe haber un aumento del conocimiento bíblico, una mejor comprensión de la doctrina, así

[4] Costas, Orlando, *Compromiso y misión*, p. 78.
[5] Brinks, Raymond, *Asignatura: Crecimiento de la Iglesia*, 1996.

como también la formulación de una confesión. Frente a los desafíos internos y externos a sus credos debe saber defenderse. También tiene que estar lista para denunciar los errores, herejías, injusticias y pecados sociales.

Crecimiento diaconal. Se refiere al servicio que la iglesia le rinde al mundo. Ella debe estar ocupada en los conflictos, temores y esperanzas de la sociedad. Debe obrar para aliviar los sufrimientos, la opresión, la pobreza, el hambre y la enfermedad del mundo. Sin esta dimensión, pierde su identidad y su sentido de vocación, a la vez que pierde su credibilidad y autenticidad.

En *Una iglesia con propósito* (p. 55), Rick Warren sintetiza cinco facetas del crecimiento de la siguiente manera:

Las iglesias necesitan crecer en:
Amor, a través del compañerismo.
Profundidad, por medio del discipulado.
Fuerza, mediante la adoración.
Amplitud, a través del ministerio.
Tamaño, por medio del evangelismo.

Como se ve, hay muchas maneras de definir el crecimiento y sus diversas clases en la iglesia. A los fines de esta introducción al tema, nos limitaremos al crecimiento numérico y al cualitativo, como los términos utilizados en el resto de este libro, entendiendo que este último abarca todas las dimensiones antes mencionadas.

Formas de crecimiento
Una iglesia puede crecer o decrecer básicamente en tres formas:

1. Crecimiento biológico. Este se produce por nacimiento o muerte.
A. Crecimiento: Este tipo de crecimiento es el más elemental de

todos, y tal vez el más común. Muchas de las personas que creen en el Señor Jesucristo crían a sus hijos en los caminos del Señor. Esto definitivamente hace que la congregación crezca, además de que es una gran bendición para la Iglesia de Jesucristo y para la expansión del evangelio. Una iglesia llena de parejas jóvenes tiene un gran futuro con este tipo de crecimiento, pero treinta años más tarde será una congregación madura y, por lo tanto, la situación puede cambiar dependiendo de otras parejas jóvenes que se le unan. El peligro yace en las iglesias que dependen exclusivamente de este tipo de crecimiento, aquellas que no se preocupan por evangelizar ni por extender el trabajo de la iglesia para alcanzar a los que aún no conocen al Señor.

B. Decrecimiento: La iglesia, por otro lado, decrece cuando fallecen los miembros de la misma. Esto casi siempre se acentúa en las congregaciones de larga trayectoria que se componen de personas mayores y ancianas. En circunstancias normales cuanto mayor sea la edad promedio del grupo, mayor es la posibilidad de decrecer debido a fallecimientos. Esto es parte del ciclo de vida normal de una congregación.

2. Crecimiento por transferencia: Este ocurre por el movimiento de creyentes de una iglesia a otra.

A. Transferencia de: La iglesia crece cuando personas ya creyentes transfieren su asistencia y su membresía de una iglesia a otra. Esto sucede debido a diversos hechos, muy legítimos y comprensibles. El más común es cuando alguien se muda al área de la iglesia y comienza a buscar una en la que pueda participar y a la cual pueda afiliarse. Sin embargo, esta transferencia también ocurre cuando los creyentes huyen de la disciplina de su antigua iglesia o escapan de problemas y situaciones que no quieren confrontar. Este tipo de crecimiento puede ser una gran bendición en circunstancias normales, pero es posible que tenga sus peligros muy nefastos. Una iglesia seria no puede depender de este tipo de crecimiento.

B. Transferencia a: La iglesia decrece cuando los creyentes trasladan su membresía a otra congregación. Este es el otro lado de la moneda de lo que explicamos en el párrafo anterior.

3. Crecimiento por discipulado: Cuando alguien se une a la iglesia o abandona la fe.

A. Conversiones: La iglesia local crece cuando aquellos que andaban sin Cristo creen en Él, lo siguen y llegan a ser sus discípulos. Este es el objetivo principal y fundamental de la obra evangelizadora de la iglesia al cumplir su función apostólica en el mundo. Una vez evangelizado el nuevo discípulo se incorpora a la vida de la comunidad de fe y se hace miembro de la iglesia. Toda iglesia saludable busca este tipo de crecimiento intencionalmente.

B. Deserciones: La iglesia decrece cuando los creyentes deciden abandonar la iglesia temporal o definitivamente.

TABLA DE FORMAS DE CRECIMIENTO

Feligresía: aumento o descenso

Formas	Aumento	Descenso
1. Biológico	Nacimientos	Muertes
2. Transferencia	Transferencia de otra iglesia	Transferencia a otra iglesia
3. Discipulado	Conversiones	Deserciones

LECCIÓN 2

CONCEPTOS ERRÓNEOS ACERCA DE IGLECRECIMIENTO

Los conceptos que expondremos a continuación son desviaciones del verdadero iglecrecimiento. Es importante conocerlos bien para no caer en error y entender a los que rechazan totalmente ese estudio basados en tales desviaciones. No permita que le priven de las enseñanzas provechosas del iglecrecimiento por un malentendido o por la exageración de uno de los factores que mencionaremos.

Tenemos que seguir la enseñanza de Pablo en cuanto a retener lo bueno y desechar lo malo. Frecuentemente las cosas buenas se pueden distorsionar y manipular, pero no por ello dejan de ser buenas si se usan en forma correcta.

No debe ser nuestra intención imitar a los que pervierten algo que puede ser tan útil y de tanta bendición para nosotros y más aún para la obra del Señor. A continuación presento cinco de las críticas más comunes en contra del movimiento de iglecrecimiento.

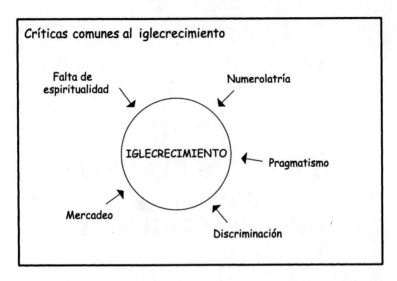

Críticas comunes al iglecrecimiento

Falta de espiritualidad

Numerolatría

IGLECRECIMIENTO

Pragmatismo

Mercadeo

Discriminación

1. Numerolatría: Cualquier cosa que se exagera en su valor debe considerarse como ídolo. El afán por los números y por tener más gente en la iglesia puede convertirse en idolatría. Al interés obsesivo en las estadísticas de asistencia o matrícula se le conoce como *numerolatría*. Esto ocurre cuando es excesiva la valoración de un resultado frío y sin significado. Incluye una preocupación constante con la asistencia. Como dice Costas, en *Dimensiones del Crecimiento Integral de la Iglesia* (p.14): «El crecimiento numérico por sí solo se conviete en obesidad; el orgánico, en burocracia; el conceptual, en abstracción teórica; y el diaconal, en activismo social».

Algunos críticos del iglecrecimiento señalan que muchos manipulan a la muchedumbre y han diluido el evangelio para alcanzar metas cuantitativas.

Por ejemplo, un pastor que no disciplina a una persona que vive en pecado porque teme que se ofenda y se vaya de la iglesia con toda su familia, compuesta por 12 personas, y además se lleve su diezmo, comete una gran falla. O la iglesia cuya directiva decide que eliminará la predicación de la Palabra para tener más tiempo para la música «porque eso es lo que a la gente le gusta», y piensa que así tendrá mayor asistencia. En ambos casos se pasa del iglecrecimiento a la numerolatría, ya que notamos una exageración contraria a la Palabra de Dios y a lo que es ser iglesia. Lo primero del iglecrecimiento es *ser iglesia* y, a la vez, *buscar crecimiento*; por lo tanto, no hay lugar para la numerolatría.

La esencia del iglecrecimiento es que la iglesia que crece siga siendo iglesia, y no se convierta en un club social, una empresa privada ni un negocio. El reino de Dios no busca simplemente aglutinar gente. Tampoco se puede pretender que el crecimiento signifique automáticamente la aprobación o bendición de Dios. ¿Qué diríamos de tantas sectas que crecen vertiginosamente alrededor nuestro? ¿O de muchas iglesias que adaptan el evangelio para entretener y atraer a la gente? Como bien dice Bernardo Serrano en su artículo, *«Megaiglesias: El síndrome del crecimiento numérico»*:[1]

«En nuestros días, muchas de las masivas decisiones por Cristo —debemos reconocerlo— no son resultado de la bendición de Dios, sino de una bien planificada estrategia humana de captación de miembros. Debido a eso mucho de lo que hoy se llama crecimiento debería ser considerado un simple engorde exterior, que como ya manifestamos no implica un crecimiento interno de la persona ni el desarrollo de una bien establecida personalidad cristiana en el nuevo creyente... No debemos confundir los números con la bendición de Dios».

La Palabra de Dios, por otro lado, contiene muchos casos en los que se usan los números en forma positiva. El libro de Hechos a menudo nos relata cuántos fueron convertidos o tocados por el Espíritu Santo. Hechos 2.41 nos cuenta que *«los que recibieron su palabra fueron bautizados; y se añadieron aquel día como tres mil personas».* Esta es una manera de arcar el progreso y de saber

---

[1] *Guía Pastoral*, LOGOI, Miami, N° 13, 1998.

cómo va la obra. Es uno de los índices que nos dicen bastante, aunque no todo, acerca de nuestro trabajo. Los números simplemente nos dan una visión parcial de lo que está sucediendo en la congregación. Son una herramienta más a nuestra disposición en el ministerio. Cuando uno ve una congregación que promediaba de 130 a 150 personas cada domingo y que desciende rápidamente a 70 asistentes en cuestión de seis meses, es normal que se pregunte: «¿Qué pasó?» Los números indican que algo cambió que afecta a la iglesia en muchos sentidos. Puede ser que una fábrica que emplea a mucha gente, se mudó al otro lado del país y varios de los empleados, incluidos algunos miembros de la iglesia, se fueron con ella. O pudiera ser que el divorcio de un líder clave haya causado que mucha gente dudara del ministerio y dejara de asistir.

Los números y las estadísticas nos ayudan a completar el panorama, y a menudo nos alertan respecto a lo que pasa en la iglesia. El error surge cuando algunos exageran la importancia de los números; como sucedió con el rey David en 1 Crónicas 21.1-2, que hizo un censo en Israel para vanagloriarse. En otras instancias es Dios mismo quien ordena los censos. De ahí que el cuarto libro de la Biblia se llame Números (Números 1:2 y 26:2). El problema no está en los números como tal, sino en la manera en que los usamos. Bien empleados, los números pueden ser una bendición. Mal usados se convierten en un ídolo.

2. Pragmatismo: Algunos críticos del iglecrecimiento indican que es fácil caer en la trampa de buscar lo práctico a costa de la espiritualidad y la fe bíblica. Si definimos las cosas en la iglesia por lo que da crecimiento numérico, podemos terminar con una congregación enfermiza. Por ejemplo, si a la gente de su comunidad le gusta el lechón asado y usted como pastor les ofrece un suculento almuerzo con ese ingrediente después del culto dominical, seguramente llegarán muchas personas y crecería la asistencia. Pretender dar una estadística mes tras mes basado en el gancho del lechón asado,

no sería real y ni siquiera honesto. La gente iría por el lechón asado y no por Cristo. Por otro lado, si la iglesia decide ofrecer una comida una vez al mes para celebrar un «Día del amigo» y un servicio evangelístico en el que presente a Jesucristo a los vecinos de la comunidad, lo práctico del lechón asado cambia. Ahora hay una meta clara y bíblica, a la misma vez que lo práctico sirve a un propósito honesto y noble. No es la frecuencia sino la intención, en este ejemplo, lo que hace la diferencia.

Vemos en el Antiguo Testamento que algunas veces los profetas que traían la Palabra de Dios terminaban apedreados, asesinados o aprisionados en una cisterna, como Jeremías. Desde el punto de vista pragmático éstos no eran buenos resultados. Sin embargo, los profetas cumplían con los mandatos divinos a riesgo de cualquier costo. Queremos evitar que se endiose al pragmatismo, otra idolatría, y no estamos dispuestos a hacer lo que sea para lograr ciertas metas. También caemos en el riesgo de «justificar nuestros medios» para llegar a cierto fin. Es por eso que la Palabra de Dios es el punto de partida para toda implementación del iglecrecimiento. Quizás la mejor ilustración para responder a esta inquietud es la parábola de los talentos (Mateo 25.14). El Señor y dueño de la iglesia nos dejó cierta cantidad de talentos y es nuestra responsabilidad utilizarlos, porque si una cosa es segura, es que el Padre va a volver y nos va a exigir resultados. Y más que eso, demandará fidelidad en el uso de los talentos que repartió. Es una cuestión de mayordomía. El que entierra el talento enfrenta grandes penalidades. Esta parábola tiene implicaciones prácticas que exigen nuestro trabajo diligente y obediente.

Al Señor de la mies le interesan los resultados. La madurez espiritual nos hace detectar la diferencia que hay entre hacer un trabajo práctico, dentro de un marco bíblico y teológico, y hacer un dios y una teología de lo práctico. ¡Esta diferencia es clave! El iglecrecimiento integral serio no quiere intrínsecamente caer en la trampa del pragmatismo y el funcionalismo. Más bien intenta buscar respuestas prácticas y funcionales a los desafíos misionales y bíblicos de cumplir con la Gran Comisión. ¡Esta diferencia también es relevante!

3. Discriminación: Tal vez una de las críticas más fuertes al iglecrecimiento sea la acusación de que emplea un «racismo santificado» o una discriminación de personas para lograr ciertos objetivos numéricos. Esto se debe a que algunos de los primeros y más conocidos proponentes del iglecrecimiento recomendaban el uso de algo que titulaban el «Principio de las unidades homogéneas». Esto simplemente indicaba que una iglesia debía dirigir sus metas a un tipo de persona en específico, porque a la gente le gusta estar con quienes mantienen afinidades y gustos parecidos.

«Unidades homogéneas», por lo tanto, serían grupos de un solo tipo de persona o personas de un mismo parecer. Por ejemplo, si un pastor quería alcanzar a un grupo de personas de los barrios más pobres en una aldea pesquera, se le recomendaba que no perdiera mucho tiempo invitando a la gente adinerada de la zona urbana. Mejor sería que se concentrara en los sencillos pescadores. La idea era que cuando la iglesia consolidara su tamaño, entonces podría realizar eventos combinados con otro tipo de gente para expresar la unidad del cuerpo de Cristo. Hay varios libros que tocan estos temas.

Autores como René Padilla (*Misión Integral*) y Orlando Costas (*Compromiso y Misión*) se esforzaron por enfocar este tema bíblicamente. En la sección de apéndices hallará varios artículos que desglosan estos puntos de vista como correctivo a ciertos expositores de iglecrecimiento. Toda una generación de líderes ha debatido este tema tan controversial. Más recientemente hay una mejor comprensión, un acercamiento, entre los diferentes puntos de vista y se admite que se puede encontrar un punto medio donde se comprende el mandato de Jesús de romper las barreras raciales, económicas y sociales que los seres humanos levantamos, y a la vez trabajar de una manera estratégica y eficaz para alcanzar al mayor número posible con el poder cambiante que produce conocer a Jesús sin comprometer el mensaje del evangelio.

No hay lugar para la discriminación dentro del reino de Dios. Debemos hallar maneras bíblicas e íntegras de trabajar sin caer en discriminación, aun cuando un ministerio se enfoque en cierto tipo de gente por razones de estrategia misional.

4. Mercadeo: Otra crítica en contra del iglecrecimiento es que se asemeja más al manejo de un negocio que a la responsabilidad de dirigir y ministrar en una iglesia cristiana. Estos críticos no tienen nada en contra de la buena administración de empresas, pero entienden que esta no tiene nada que ver con la administración de la Iglesia del Señor. Los puntos que se han puesto sobre la mesa en este respecto son bien recibidos y el iglecrecimiento integral y responsable entiende la diferencia entre un negocio y una iglesia. El problema está en que muchos que dicen esto lo usan como excusa para no hacer nada acerca de iglesias y denominaciones enteras que están en decrecimiento. Pretenden esconderse tras la defensa de una «sana doctrina» como explicación de por qué la iglesia está estancada y no crece. No hacen algo positivo para llevar esa sana doctrina a otros y encarar ciertos cambios que pudieran ser necesarios para crecer y establecer iglesias más saludables. En algunos casos extremos, cualquier iniciativa que no se pueda probar con un texto bíblico queda marcada como una estrategia de «negocios» o peor, como algo «del mundo».

Permítame dar una ilustración que para algunos sería mercadeo, pero que creo trae un punto válido para la iglesia. Hace años los dueños de los supermercados tenían una estrategia para que la gente comprara más. Ellos sabían que el cliente iba a comprar, entre otras cosas, dos artículos básicos: pan y leche. Así que ponían el pan a un lado del negocio y al otro extremo la leche. En lo que la persona caminaba de un lado del negocio al otro, podía ver todas las cosas, supuestamente «buenas y necesarias», expuestas en los estantes. Una forma sutil para que el cliente comprara más productos que los que iba a buscar originalmente. Y resultaba. Eso era hace mucho tiempo.

Hoy los supermercados saben mucho más acerca de cada uno de nosotros que lo que uno se imagina. Un artículo en *Selecciones,* de agosto de 1996, indica que «los dueños y gerentes de los supermercados han estudiado nuestros hábitos mediante investigaciones, observando videos de seguridad y analizando encuestas científicas».

Ellos descubrieron lo siguiente:

• La altura promedio, para hombres y mujeres, que ofrece el mejor ángulo para ver es a 15 grados debajo de la línea de visión horizontal. Así que, sabiendo esto, ponen los artículos más solicitados, y los que dejan mayor margen de ganancia en los estantes donde más rápido cae la vista del comprador.

• Si la distribución de los pasillos es tal que obliga a doblar el carrito en cierta dirección, uno volteará la cabeza y mirará en la dirección opuesta a la que está doblando. Y ahí, va a ver, estratégicamente colocado, lo que parece ser una tremenda oferta.

• Cada minuto adicional que el comprador permanece en la tienda propende a gastar más dinero. Por lo tanto, el ritmo de la música de fondo disminuye. ¿Por qué? Si bajan la música de fondo de un allegro de 108 tiempos a un adagio de 60 tiempos, los estudios muestran que la velocidad con la que uno camina por el negocio disminuye, la persona se detiene más a menudo para apreciar los diferentes productos y, por lo general, comprará sobre un 30% adicional.

Claro, no todo se puede reducir al juego de números y hay esfuerzos de servicio que van más allá de las estadísticas. Pero no cabe duda que hoy el panorama es muy diferente al de los días del pan a un lado y la leche al otro. Ahora surge la pregunta: «¿Qué tienen que ver los supermercados con el iglecrecimiento?» Los supermercados tienen un conocimiento sofisticado de nosotros para llenarse los bolsillos. ¿Qué conocimientos tenemos nosotros, no para llenarnos los bolsillos, sino para extender el reino de Dios? ¡No es vender más, sino alcanzar a más personas y a más familias con el mensaje de las buenas nuevas! Hoy hay muchas iglesias que siguen operando como décadas atrás: «Colocando la leche a un lado y el pan al otro». Con solo conocer el principio de Venn —que la iglesia sea autosostenible, autogobernante y autopropagante— ya se sienten preparadas para la obra. Pero el contexto de trabajo ha cambiado en forma drástica, incluidos cambios generacionales, tecnológicos, filosóficos, comunicacionales a lo que se suma la globalización.

Es hora de que las congregaciones usen el conocimiento desarrollado en el iglecrecimiento y las disciplinas que lo conforman, para ministrar de una manera más efectiva. No se trata solo de nuevas metodologías, sino de una mejor definición de la naturaleza misionera de la iglesia y su tarea en el mundo, así como de estrategias clave para desarrollarla para la gloria de Dios. Hablaremos más de esto en los siguientes capítulos.

De modo que la iglesia sí puede aprender ciertos detalles del supermercado. De la misma manera que ellos estudian una comunidad para ver si hay demanda y competencia, la iglesia puede hacer una investigación para ver si en el lugar determinado hay muchas congregaciones evangelizando o si hay nuevos desarrollos habitacionales en la zona. Así como el supermercado se coloca en un lugar estratégico y provee amplio estacionamiento para sus clientes, la iglesia debe considerar esos asuntos por amor a sus miembros y a las vidas que quiere alcanzar.

Hay que reconocer que los tiempos han cambiado y que debemos hacer uso de los adelantos en la misionología y de las herramientas provistas por el iglecrecimiento al entrar en el nuevo milenio.

Si uno no lo hace, habrá otros grupos que aprovecharán la oportunidad. Cuando empezamos a ministrar por televisión en San Juan, Puerto Rico, quisimos saber de inmediato cuáles eran las horas en que más gente miraba la televisión, el alcance de cada estación, y el estilo de programa que más captaba la atención de los receptores. ¡Estos son datos de las ciencias sociales que están a disposición de los ministerios para ser más efectivos en la obra evangelizadora! Permítame aclarar, a riesgo de ser redundante: ¡La iglesia no es un negocio! Pero sí comparte el uso de las ciencias sociales para lograr mejor su objetivo y su cometido.

5. **Falta de espiritualidad:** Muchos piensan que al estudiar y escudriñar las diferentes maneras de crear una estrategia para el crecimiento de la iglesia, le estamos quitando a Dios lo que a Él solo le pertenece. Estos críticos del iglecrecimiento acusan de poco espirituales a los que realizan estudios demográficos, analizan la zona antes de plantar una obra nueva, y utilizan estrategias prácticas para lanzarse al crecimiento. Casi siempre esta gente «superespiritual» dice que lo único que uno debe hacer es orar y predicar. Aun cuando la oración y la predicación son obviamente esenciales en cualquier ministerio, eso no explica el por qué hay tantas iglesias estancadas y en decrecimiento que oran y predican con toda sinceridad y con la misma espiritualidad que otras que sí crecen y que sí tienen ministerios efectivos.

No dudo de la espiritualidad ni de la oración ni de la predicación de miles de iglesias en nuestro continente que no están creciendo, aunque en algunas de ellas pudiera haber problemas en estas áreas. Lo que me pregunto es si han tratado de diseñar una estrategia práctica y visionaria de acuerdo al llamado que el Señor les ha dado. Entonces «¡sí!» se enfocan mejor la oración y la predicación a los propósitos de Dios en esa comunidad.

La premisa de todo es que Dios da el crecimiento. Uno planta, otro riega, pero Dios da el crecimiento. Dice Pablo en 1 Corintios 3.6-9:

> *Yo planté, Apolos regó; pero el crecimiento lo ha dado*
> *Dios. Así que ni el que planta es algo, ni el que riega, sino*
> *Dios, que da el crecimiento. Y el que planta y el que riega*
> *son una misma cosa; aunque cada uno recibirá su recom-*
> *pensa conforme a su labor. Porque nosotros somos cola-*
> *boradores de Dios, y vosotros sois labranza de Dios.*

Es interesante notar que solo Dios puede hacer crecer la obra, pero nos usa a nosotros como colaboradores del reino. Cuando uno planta y cuando uno riega lo hace de la mejor manera posible. Y hay recompensa conforme a la labor. O sea que hay trabajo bueno, prudente, calificado, excelente; y hay trabajo malo, poco útil y hasta inservible. El iglecrecimiento busca la bendición dada por Dios (acción divina), probando la mejor manera de plantar, regar y edificar (labor humana). ¡Plantar, regar y edificar bien es una de las cosas más espirituales a las que se puede dedicar el cristiano, ya que esto es nuestro llamado bíblico! El resultado se lo dejamos a Dios.

Hay dos formas en las que aparece el superespiritualismo que critica al iglecrecimiento: el vago y el gnóstico dualista. El problema del primero está en que mucha gente cubre con superespiritualidad su vagancia para realizar la tarea misionera. Recuerdo a un amigo que me decía que su mamá se reía de él por pasar tanto tiempo estudiando los lenguajes bíblicos. Ella le decía: «¿Para qué estudias tanto si el Espíritu Santo te lo puede dar todo en menos de un minuto? Ahórrate el trabajo». Parecía muy espiritual la mamá. ¡Pero uno se pregunta para qué Dios le dio al hombre un cerebro, si según esta señora no es espiritual usarlo! Esta actitud solo promueve la vagancia y la disimula con un barniz espiritual.

El segundo, el gnóstico dualista, cree que lo material y lo físico nada tiene que ver con las cosas del Señor. Aunque no lo diga en palabras, en lo práctico niega al Dios creador que hallamos en Génesis, y solo ve a Dios obrando cuando se trata de cosas milagrosas, místicas o sobrenaturales. Este tipo de gente no reconocen que esta tierra fue creada por Dios y que Él está reconciliando al mundo consigo mismo por medio de Jesucristo. El orden y las cosas maravillosas de este planeta son creados y sustentados por la mano del Creador. El que no admite esto relega la creación al usurpador. El gnóstico dualista rechaza el estudio del iglecrecimiento porque, según él, es mundano y secular. Cree que no es suficientemente espiritual. Para el gnóstico la cosa tiene que ser espectacular, si no no es de Dios. El gnóstico dualista es un espiritualista.

«¿Para qué planificar, estudiar y evaluar tanto?», se pregunta el espiritualista. Note que hay una diferencia entre ser un espiritualista y ser una persona espiritual. El primero no encuentra a Dios en el orden natural de las cosas y menos en las cosas prácticas y los patrones comunes del orden creacional. Para el espiritualista todo se mueve en el orden místico. La persona espiritual contesta al espiritualista con la misma Palabra de Dios. En el siguiente pasaje de Lucas 14.28-32, que trata el tema del discipulado, es interesante notar que Cristo mismo usa ejemplos que incluyen la planificación, el cálculo y la evaluación.

> *Porque ¿quién de vosotros, queriendo edificar una torre, no se sienta primero y calcula los gastos, a ver si tiene lo que necesita para acabarla? No sea que después que haya puesto el cimiento, y no pueda acabarla, todos los que lo vean comiencen a hacer burla de él, diciendo: Este hombre comenzó a edificar, y no pudo acabar. ¿O qué rey, al marchar a la guerra contra otro rey, no se sienta primero y considera si puede hacer frente con diez mil al que viene contra él con veinte mil? Y si no puede, cuando el otro está todavía lejos, le envía una embajada y le pide condiciones de paz* (Lucas 14.28-32).

Que quede claro que el estudioso del iglecrecimiento planta, riega y edifica porque ama al Señor y quiere obedecerle y servirle responsablemente. ¡Cristo es la piedra angular y quiere que construyamos sobre ella! Este no le quita lo que a Dios le pertenece, sino que por medio de la estrategia y de la planificación obedece a su Maestro.

Hemos visto en esta sección algunas de las desviaciones del verdadero iglecrecimiento. Debemos reconocer con tristeza que hay ejemplos y modelos negativos que provocan este tipo de argumento en contra del iglecrecimiento. Pero no podemos perder el valor de algo bueno por unos conceptos erróneos de la materia. En Isaías 54.2-3 el profeta proclama: *Ensancha el sitio de tu tienda, y las cortinas de tus habitaciones sean extendidas; no seas escasa; alarga tus cuerdas, y refuerza tus estacas. Porque te extenderás a la mano derecha y a la mano izquierda.*

En los próximos capítulos estudiaremos más acerca del tema del iglecrecimiento para ayudarnos a ensanchar la tienda, alargar las cuerdas y reforzar las estacas.

LECCIÓN 3

HISTORIA Y LITERATURA ACERCA DE IGLECRECIMIENTO

El iglecrecimiento neotestamentario se inicia el día de Pentecostés con la fuerza del Espíritu en una forma muy visible y concreta. El estudio de esta materia en cuanto a la aplicación intencional de las ciencias sociales, la antropología cultural y la misionología al iglecrecimiento es, sin embargo, algo relativamente nuevo. Seguro han habido muchos misionólogos, entre ellos el inglés Roland Allen y el holandés Johannes Verkuyl, interesados en el asunto a lo largo de la historia, pero nadie formalizó su estudio como el Dr. Donald McGavran. El movimiento de iglecrecimiento como ciencia de estudio comienza formalmente con el misionero norteamericano D. McGavran, alrededor de 1936, y su preocupación por saber cómo creció la Iglesia de Jesucristo de 120 —en Pentecostés— a más de mil millones en su tiempo.

Este tremendo crecimiento ha sido intenso en unos sitios y lento en otros. La semilla del estudio del movimiento del iglecrecimiento moderno se podría decir que germinó en la India. McGavran, misionero en ese país, se preguntaba por qué en algunos lugares se notaba un crecimiento lento o nulo, mientras que ciertas congregaciones crecían fervientemente en otros. Esto aguzó en él la curiosidad por estudiar esas iglesias y determinar cuáles eran las causas, si había alguna, de esta marcada diferencia entre ellas. Por ejemplo, en la India McGavran notaba que, debido al sistema de castas sociales se hacía difícil evangelizar a una persona de otra casta, particularmente si se trataba de alguien de una superior a la que pertenecía el evangelizador. También notó que muchas iglesias se involucraban positivamente en la acción social pero sin evangelizar a nadie y no obtenían resultados. Además de esto observó que el individualismo del occidente no cabía en el molde de India, donde familias y grupos enteros llegaban a los pies de Cristo de una sola vez. Así comenzó la discusión acerca de «indigenizar» y «contextualizar» el mensaje.

Basado en todas sus experiencias, McGavran escribió su primer libro: *Bridges of God* [Los puentes de Dios] como introducción al tema del iglecrecimiento. A esto dedicó toda una vida de estudio y enseñanza. Viajó a muchos países para observar el trabajo misionero/evangelístico y estudiar el iglecrecimiento, incluyendo países latinoamericanos como México y Puerto Rico. Después de estudiar el fenómeno durante dos décadas regresó a Estados Unidos a fundar el Instituto de Iglecrecimiento en la Universidad Cristiana Northwest, en Eugene, Oregón. Así nació lo que podemos llamar el movimiento moderno del iglecrecimiento. Ese mismo año estableció la conferencia anual de iglecrecimiento en Winona Lake, Indiana, que a través de los años ha impactado a miles de misioneros, pastores y evangelistas, siempre con un sabor internacional y transcultural.

Mucha gente se equivoca al pensar que el estudio del crecimiento de la iglesia se origina y nace en Estados Unidos. Al contrario, pasaron casi treinta años desde que McGavran escribiera sus primeras ideas en la India, para que el iglecrecimiento llegara a las costas norteamericanas. Y aun así, la disciplina mantuvo primeramente un interés misionero e internacional. Fue en la década de 1970 que los principios del iglecrecimiento se empezaron a aplicar al contexto de congregaciones estadounidenses. Peter Wagner, en *Su iglesia puede crecer*, dice:

«La amplia difusión del movimiento empezó con la publicación de *Los puentes de Dios* y *Cómo crecen las iglesias*. Estos libros llamaron la atención al crecimiento de la iglesia en lo que se refiere a la evangelización, en el ámbito nacional e internacional. Fueron discutidos detalladamente por los críticos de las revistas misioneras, a ambos lados del Atlántico y del mundo entero ... McGavran ... ilustró sus principios casi exclusivamente con datos procedentes de las misiones y de las nuevas denominaciones de ultramar. En consecuencia, los pocos trabajadores cristianos dedicados al ministerio en Canadá y los Estados Unidos que asistían a sus clases y seminarios o leían sus libros, no creían que el crecimiento de la iglesia aplicara a Norteamérica (pp. 15-16)».

En 1965, el Seminario Teológico Fuller, en California, llamó a McGavran para que tomara las riendas de su nueva facultad de estudios de postgrado en el área de misiones. Esto realmente impulsó el estudio del iglecrecimiento a niveles mayores y a todos los rincones del mundo. En 1970, McGavran impacta con su libro *Comprendiendo el iglecrecimiento*. En los años siguientes McGavran reclutó a otros profesores de misiones como Ralph Winter, Alan Tippett y C. Peter Wagner, nombres reconocidos en misionología e iglecrecimiento. Este último es uno de los autores más prolíficos acerca del tema, el que enseña desde 1971 en el Seminario Fuller. Mientras que McGavran concentró su estudio del iglecrecimiento a nivel internacional, fue Peter Wagner, misionero a Bolivia por muchos años, quien más que cualquier otro, lo enfocó y aplicó a su país natal, los Estados Unidos de América. Algunos de sus libros son: *Su iglesia puede crecer, Sus dones espirituales* y *Plantando iglesias para una mayor cosecha*, entre otros. Wagner, cuyo nombre se asocia con el movimiento de iglecrecimiento más que cualquier otro, ha tenido que reconocer muchas de las críticas constructivas al movimiento que surgieron en sus primeras etapas. (Véanse artículos de Paredes y Padilla al final de este texto.)

Iglecrecimiento en América Latina

Se han realizado numerosos estudios en este subcontinente como la disertación de Juan Hall, *Factores de ministerio urbano en América Latina*, que investiga a más de 130 iglesias en cinco países (Guatemala, Perú, Costa Rica, Honduras y México). También tenemos la famosa investigación en Costa Rica del éxodo masivo de las congregaciones protestantes a las iglesias católicas (*El crecimiento y la deserción en la Iglesia Evangélica Costarricense,* de Jorge Gómez). Estos estudios, junto a muchos otros, son evidencia del gran interés por aplicar las ciencias sociales, las investigaciones académicas, las pesquisas y los principios del iglecrecimiento en toda Iberoamérica. Ya la mayoría de los institutos bíblicos y seminarios teológicos han incluido algunos cursos relativos al asunto de las misiones y el iglecrecimiento aunque queda mucho por hacer en el área educativa. También hay programas de evangelización y de crecimiento que aplican la teoría a la práctica en varios países de Centro y Sudamérica.

En *El protestantismo en América Latina* (pp. 168-169), el Dr. Pablo Deiros escribe:

«Nunca como hoy ha habido entre los cristianos latinoamericanos una preocupación tan generalizada por el desarrollo y el crecimiento de la iglesia. No se trata de la promoción de una determinada teoría o estrategia de crecimiento numérico, sino de una auténtica inquietud por ver la expansión integral del reino de Dios sobre la tierra ... Es posible detectar también un auténtico proceso de crecimiento y vitalidad en la mayor parte de las iglesias ... Muchas congregaciones que por décadas se contentaron con ser "un pequeño pueblo feliz" se están proponiendo ganar miles de almas para Cristo ... Hoy el Señor está dando a la iglesia, en muchas partes del continente latinoamericano, un crecimiento como esta no conoció desde el día de Pentecostés».

Aunque Juan Calvino ya había enviado un misionero protestante al Nuevo Mundo en 1556, la Iglesia Católica mantuvo el dominio casi exclusivo de América Latina hasta el siglo XIX. Su monopolio religioso comenzó a mermar con los movimientos independentistas en los países que fueron fuertemente influidos por el activismo político liberal-modernista. Al zafarse del yugo español, los líderes criollos buscaban maneras de escapar de las influencias de la Iglesia Católica, la que casi siempre era aliada del estado. Tanto el pensamiento de la Revolución Francesa como la ideología capitalista de Europa y Estados Unidos, contribuyó a que los nuevos estados de la América Latina tuvieran una nueva apertura a la perspectiva e influencia protestante.

Si bien en la mayoría de los casos fue con motivos más bien políticos que religiosos, queriendo minimizar el poder de la Iglesia Católica, el caso es que las sociedades latinoamericanas se abrieron a una nueva dimensión espiritual que hasta hoy sigue creciendo en número e influencia. Comenzó poco a poco, pero de manera creciente, una invasión de inmigrantes protestantes, escuelas evangélicas, sociedades bíblicas, colportores de la Palabra, misioneros extranjeros y el establecimiento de iglesias locales, centros de salud, orfanatorios así como otras instituciones, penetraron la sociedad con el mensaje evangélico.

Fue recién en el siglo XX que la semilla sembrada una centuria antes germinó y floreció con vigor. Aun en 1910, en la Conferencia Misionera de Edimburgo, no se hablaba de Latinoamérica como campo misionero. Muchos de los países nórdicos la consideraban ya cristianizada por la presencia de la Iglesia Católica. Pero una década más tarde cambió su perspectiva al notar las realidades espirituales del continente. Pablo Deiros dice:

«La Iglesia del período colonial se encontraba en una situación decadente en muchas partes y no podía producir en América Latina lo que el protestantismo había realizado en otras latitudes. La falta de vitalidad, la conformidad con una religiosidad meramente formal y ritualizada, la incapacidad para cumplir una tarea auténticamente evangelizadora, la carencia abrumadora de sacerdotes y obispos, la falta de medios materiales y la opresión del regalismo republicano de los diferentes países, se unieron a otros factores para llevar poco a poco a la Iglesia Católica a un estado de creciente parálisis». *El protestantismo en América Latina* (p. 31).

El impresionante crecimiento de las iglesias protestantes y evangélicas ha sido documentado por diferentes organizaciones y entidades socioreligiosas. El director de PROLADES (Proyecto Latinoamericano de Estudios Socioreligiosos), Clifton Holland, estima que había más de 50.8 millones de protestantes en América Latina en 1995 y una población general de 497 millones. En otras palabras, más del 10% de la población ya es evangélica. Esta cifra parece un poco baja ya que Patrick Johnstone de *Operation World* reporta 51 millones de evangélicos en 1993. Pablo Deiros, según sus estadísticas (1997), estima que la población evangélica pasa los 75 millones.

Hay más concordancia en que la tasa anual de crecimiento de la comunidad evangélica gira alrededor de 10%. Esto se debe en gran parte al perfil pentecostal y carismático que compone más de 75% de los evangélicos y protestantes en América Latina. El Caribe, América Central y el Cono Sur tienen un representante cada uno con los tres porcentajes más altos de población evangélica con relación a la población general: Puerto Rico, Guatemala y Chile. Se anticipa que pronto Guatemala pudiera ser el primer país del área con la mitad de la población evangélica. Vale mencionar que Uruguay es quizás el país más secularizado de la región y que México, Colombia y Venezuela representan grandes desafíos para el trabajo evangélico. Vea la tabla de porcentajes que presentamos a continuación para observar ciertos detalles en las estadísticas evangélicas de América Latina.

PORCENTAJES DE PROTESTANTES EN AMÉRICA LATINA POR PAÍS

PAÍS	% EVANGÉLICOS 1990	% EVANGÉLICOS 2000*
CHILE	27	28
PUERTO RICO	23	—
GUATEMALA	23	29
HAITÍ	21	—
EL SALVADOR	20	22
BRASIL	18	20
NICARAGUA	15	—
PANAMÁ	14	—
HONDURAS	10	20
COSTA RICA	10	12
BOLIVIA	8	11
ARGENTINA	7	11
PERÚ	6	—
REP. DOMINICANA	6	8
VENEZUELA	5	—
PARAGUAY	4	—
MÉXICO	4	—
COLOMBIA	3	6
ECUADOR	3	6
CUBA	3	—
URUGUAY	2	4

Tomado de Patrick Johnstone, Operation World, 1993
Nota: Los porcentajes del año 2000 fueron obtenidos directamente de Patrick Johnstone.

TABLA DE CRECIMIENTO DE LA POBLACIÓN PROTESTANTE EN AMÉRICA LATINA

AÑO	POBLACIÓN EVANGÉLICA
1900	50.000
1930	1 Millón
1950	5 Millones
1960	10 Millones
1970	20 Millones
1980	50 Millones
2000	75 Millones (aprox.)

Tomado de Pablo Deiros, *Protestantismo en América Latina*, 1997.

Hispanos en Estados Unidos

Este grupo representa más de 10% de la población total, cuenta con unos 30 millones de personas y sigue creciendo a pasos agigantados. Las proyecciones del censo indican que en esta década los latinos serán la «minoría» más representada en ese país. Para el año 2050 será igual en tamaño numérico que todas las demás minorías combinadas, según el criterio de la oficina del censo. Esto hace que la población hispana en Estados Unidos esté en quinto lugar después de México, España, Colombia y Argentina.

Solo cinco estados —California, Texas, Nueva York, Florida e Illinois— reúnen 75% de la población hispana. Las metrópolis de Los Ángeles, Nueva York y Miami se consideran ya grandes centros latinos con mucho poder político y económico. ¡Se estima que aproximadamente una cuarta parte de estos 30 millones de hispanos son cristianos evangélicos! Es válido tomar en cuenta, por su creciente influencia, a este segmento de la población aunque no se considere parte de América Latina en términos estrictamente geográficos.

Etapas y crisis del iglecrecimiento

El iglecrecimiento ha experimentado varias etapas y crisis. Se podría decir que comenzó con la visión de renovar las iglesias establecidas para que fueran más evangelizadoras y más dinámicas. El énfasis era movilizar a los cristianos demasiado cómodos para que se entusiasmaran con su fe y cumplieran la tarea de la Gran Comisión (Mateo 28). Luego se enfocó en aquellas estrategias que podían dar más crecimiento numérico a la iglesia. Aquí el énfasis era descubrir los elementos vitales de la materia y diseñar una metodología que condujera al crecimiento. Por ejemplo, estudiar la demografía de una comunidad para ver dónde situar una iglesia nueva. Hoy, considerando lo anterior, se piensa más en términos de efectividad ministerial y en cumplir los propósitos de Dios y su misión en la iglesia local. El énfasis se pone en pensar y actuar en una forma congruente con la efectividad ministerial, partiendo de los mandatos bíblicos para toda iglesia y a la misma vez reconociendo las particularidades del contexto local.

Tal vez la mayor crisis del iglecrecimiento fue tratar con el debate del *principio de las unidades homogéneas* (vea la sección Discriminación en el capítulo 2). McGavran define esto como un grupo de personas que tienen las mismas características y sienten que se pertenecen los unos a los otros. Básicamente muchos teólogos reaccionaron en forma negativa ante la idea de enfocar el ministerio en un solo tipo de persona como proponía McGavran en *Comprendiendo el iglecrecimiento* al decir: «Que toda persona en el mundo tenga la oportunidad de conocer a Cristo sin necesidad de cruzar barreras raciales, lingüísticas o de clases». El debate destaca la unidad del cuerpo de Cristo, por un lado, y el concepto misionológico de alcanzar un pueblo específico por el otro. McGavran insistía que uno debe reconocer que el evangelio crece con más efectividad cuando corre por líneas de relaciones familiares y amistosas. Él ilustra que el mundo es como un gran mosaico y uno debe usar diferentes metodologías y estrategias para alcanzar a diversas partes del mosaico. El misionero debía aprender bien el lenguaje, modo de pensar, sistema de valores y patrones de comunicación de un grupo y concentrarse en eso. La idea es que las congregaciones crecen más rápido cuando la gente trae a sus pares al evangelio en un contexto en el que se sienten en casa. Por ejemplo, un inmigrante coreano en Buenos Aires, Argentina, puede ser evangelizado por una iglesia de argentinos, pero es más probable que el evangelio llegue a él con más efectividad a través de una congregación que enfoca su ministerio a los coreanos que viven en Argentina. Estos últimos comprenden sus valores, sus necesidades, sus temores y pueden comunicar el evangelio en lenguaje que él entienda. Los que critican este principio argumentan que esto daña el aspecto reconciliador y sanador del evangelio de Cristo que rompe todas las barreras habidas y por haber. Los defensores del principio dicen que como punto de partida hay que evangelizar de tal manera que no haya obstáculos para recibir a Cristo, y que luego se puede trabajar en un discipulado que una a los creyentes de diferentes grupos. Hay mucha literatura que discute este punto que causó una de las controversias más grandes del estudio del iglecrecimiento. Gran parte de la controversia tiene que ver con la perspectiva filosófica que uno toma como punto de partida. Una posición «funcionalista», con acento en la práctica pastoral, definiría la iglesia en términos de lo que hace y cómo lo hace, mientras que una posición que yo llamo «esencialista», con énfasis en el aspecto teológico, la define por lo que es y debe ser. Aunque ambas son perspectivas bíblicas e inseparables, una enfatiza la estrategia operativa y la otra la esencia teológica de la iglesia.

Es lamentable, pero hay que admitir que el iglecrecimiento falló mucho al comienzo al permitir que la experiencia pragmática dictara con exageración los principios de la materia. Desde sus inicios hasta hoy ha habido muchos ajustes que mejoraron la ciencia del iglecrecimiento y la manera en que esta se proyecta de una manera más equilibrada e integral. (Vea los artículos en la sección final de este libro.)

La historia del iglecrecimiento, por lo tanto, es relativamente nueva y un fenómeno del penúltimo siglo. Aún hay mucho campo para refinar esta materia y seguramente continuarán surgiendo controversias y discusiones que ayudarán a enfocar este tema tan importante para la vida de nuestras iglesias y congregaciones. Parte de esta historia del crecimiento de la iglesia es el abundante desarrollo de su literatura. Aquí presentamos un breve repaso de la misma.

Literatura recomendada de iglecrecimiento

En las últimas décadas se ha escrito mucho acerca de iglecrecimiento. Afortunadamente, cada año aumenta la cantidad de literatura. En esta sección presentaremos lo que hay disponible en español y que puede ser útil al que desee continuar estudiando el iglecrecimiento. Esta lista que sigue no es completa, pero incluye algunos de los mejores recursos en esta materia. Ahora bien, si desea conseguir más literatura, puede ver la bibliografía al final de esta obra.

1. *La dinámica del iglecrecimiento*, por Fred Smith. Este libro es útil para introducir el tema. Smith, misionero y pastor con amplia experiencia en América del Sur, expone treinta y cinco principios importantes para el crecimiento de la iglesia. Incluye una sección muy interesante acerca de las «enfermedades eclesiásticas», cómo diagnosticar una enfermedad y cómo proveerle remedio. Enseña, además, el uso de gráficas para medir el crecimiento numérico de la congregación.

2. *Una iglesia con propósito*, de Rick Warren. Es quizás el libro más vendido de iglecrecimiento en los últimos años. Goza de reputación por el buen fundamento bíblico que emplea y el tremendo éxito del autor en la práctica de los principios allí expuestos. Es una lectura altamente recomendada.

3. *Mi iglesia puede crecer*, por Bruce Grubbs. Esta obra de la Casa Bautista de Publicaciones presenta la importancia de dos conceptos en la iglesia: el nacimiento y la nutrición. El primero se refiere a personas que nacen de nuevo en Cristo Jesús. La *nutrición* trata del crecimiento espiritual, es decir, el proceso de madurar en la fe cristiana. Grubbs contribuye con ayudas prácticas para desarrollar una iglesia vigorosa. Los doce capítulos del libro hablan acerca de la manera en que uno puede crecer en algún aspecto particular de la iglesia como el liderazgo eficaz, el establecimiento de prioridades, el desarrollo de mayordomía, la formación de discípulos o en una forma integral.

4. *Principios del reino para el crecimiento de la iglesia*, por Gene Mims y Ramón Martínez. Esta obra enfatiza el proceso y no los métodos para el crecimiento. Basado en la Gran Comisión como fuerza impulsora, presenta principios y funciones especiales utilizables en cualquier iglesia.

5. *Avanzando: Estrategias modernas para el crecimiento de la iglesia*, por Reeves y Jenson. Un buen libro que trata los principios y procedimientos para que la congregación crezca. Dirige a la iglesia para que se plantee un propósito definido, forme un liderazgo efectivo, promueva una membresía activa, delegue a varios niveles, fomente un equilibrio entre la evangelización y el discipulado, y provea puentes de unidad entre la congregación y la comunidad. Contiene una excelente sección de tipologías históricas, contextuales e institucionales ausente en otras obras.

6. *Ocho características básicas de una iglesia saludable*, de Christian Schwarz. Este libro es uno de los mejores que hay en el mercado. Schwarz, erudito alemán, expone los resultados de una de las investigaciones más extensas jamás realizadas en este campo. El estudio cubre más de mil iglesias en los cinco continentes. El

autor presenta el concepto de «desarrollo natural de la iglesia» a través de ocho características bióticas, que fueron el resultado de la reflexión bíblica y el esfuerzo científico de este estudio. Esas características incluyen liderazgo capacitador, ministerio conforme a los dones, espiritualidad contagiosa, estructuras funcionales, culto inspirador, células integrales, evangelización según las necesidades y relaciones afectivas. Lo interesante de este libro es que logra medir estos conceptos en escalas prácticas y a la vez nos libera de muchos de los mitos que abundan con respecto a esta materia del crecimiento de iglesias.

7. *La caja de herramientas para fundadores de iglesias*, por Bob Logan y S. Ogne. Este es un recurso que sobresale de los demás por venir acompañado de doce casetes que contienen los elementos más importantes para los líderes que establecen nuevas iglesias. Es un manual de trabajo muy serio. Conduce al estudiante, paso por paso, a desarrollar y definir una visión para fundar iglesias; ayuda a diseñar una estrategia con un plan de trabajo, e incluye recomendaciones para capacitar y entrenar líderes que movilicen a los otros miembros así como también para reproducir iglesias. Particularmente empleo este recurso como parte de los libros de texto para enseñar iglecrecimiento. Todo fundador de iglesia debe tener este manual en su arsenal de armas ministeriales.

8. *Manual de iglecrecimiento*, por Juan Carlos Miranda. El Dr. Miranda ha trabajado con iglesias en todo el continente americano como director del Departamento Hispano del Instituto de Evangelismo e Iglecrecimiento Charles E. Fuller. En esta obra presenta los factores que impiden el crecimiento en la iglesia y la manera de revitalizarla para alcanzar a los perdidos para Cristo.

9. *Iglecrecimiento y la Palabra de Dios*, por A.R. Tippet. Este pequeño libro expone los fundamentos bíblicos del iglecrecimiento.

Tippet compara la iglesia con un árbol que tiene solo dos opciones: «Crece o muere». El autor intenta demostrar que la Iglesia de Jesucristo debe ser una que crece y desafía a todo creyente a participar en la gran empresa misionera de un Dios que está buscando a los perdidos y discipulando a los hallados. Aquí tenemos una buena exposición bíblica, concisa y clara, acerca de la importancia del estudio del iglecrecimiento.

10. *La Iglesia de Jesucristo*, de Alfredo Smith. Un curso ofrecido por FLET en forma audiovisual. El misionólogo y pastor argentino, Alfredo Smith, analiza la visión, iniciativa, desarrollo y resultados del movimiento de iglecrecimiento que dirigió y llamó: «Lima al Encuentro con Dios», en Perú. Allí relata que una iglesia de 117 miembros llegó a multiplicarse hasta llegar a tener 25 congregaciones con 30 mil miembros en solo 15 años. El curso consta de conferencias en vídeo y una guía de estudio para el alumno desarrollada por FLET titulada: *La Iglesia de Jesucristo y cómo hacerla crecer.* Son un recurso muy valioso que estimula a trabajar.

LECCIÓN 4

BASES BÍBLICAS Y TEOLÓGICAS DEL IGLECRECIMIENTO

Es interesante notar que el estudio del iglecrecimiento usualmente cae bajo la disciplina de la misionología, aunque también puede ser parte de la eclesiología. El iglecrecimiento produce un diálogo entre estas dos ramas de la teología ya que combina los elementos de las funciones misionológicas del cuerpo de Cristo con asuntos de la misma existencia de la iglesia, su misión y su llamado. Muchos misionólogos recalcan que la función de la iglesia implica involucrarse en la misión de Dios en el mundo. Por definición, ser iglesia es —en parte— estar en misión. Así como vemos al fuego arder, vemos a la iglesia *misionando* [en misión]. O como dijo Emil Brunner: «La iglesia es a la misión lo que el fuego a la combustión». La esencia de la iglesia implica estar en misión hacia un mundo perdido, quebrantado y adolorido. Gran parte de esa misión es fomentar que las iglesias crezcan integralmente y se multipliquen.

Hay muchos libros que acusan y defienden al iglecrecimiento. Dado que algunos expositores no creen que esta disciplina es bíblica, autores como el australiano A.R. Tippet escribieron tratados y libros que analizan el asunto. Recomiendo particularmente su libro

El iglecrecimiento y la Palabra de Dios (p.17). Allí dice: «Toda la Biblia vibra con expectación, desde el salmista y el profeta hasta el evangelista y el apóstol, incluido el propio Señor. Si la Biblia aún nos habla, nos habla de la difusión de la experiencia de la salvación, y la incorporación de los salvados a una hermandad».

En esta sección analizaremos algunas imágenes bíblicas de la iglesia y su relación con el crecimiento. El Nuevo Testamento emplea varias imágenes para describir a la iglesia. Cada una de ellas expresa, como metáfora o ejemplo, algún aspecto esencial de lo que es la comunidad de fe en Cristo Jesús. Muchas de esas imágenes proyectan una expectativa de crecimiento para la iglesia. ¡Queda claro que Dios quiere que su cuerpo crezca! Además, analizaremos las funciones básicas de la iglesia en su llamado a ministrar al, y en el, mundo. Veremos que cada función a que la iglesia fue comisionada es dinámica y activa. Estas funciones, bien coordinadas y dirigidas, son la llave al iglecrecimiento integral. Estudiaremos, por lo tanto, ciertos aspectos de lo que la Biblia dice que la iglesia *es* y lo que *hace*, a medida que crece para la gloria de Dios.

Imágenes de la iglesia en el Nuevo Testamento

1. Edificio

A la iglesia se la llama edificio o edificación de Dios (1 Corintios 3.9). Aunque muchos de los edificadores rechazaron la piedra que Cristo representa, este edificio lo tiene a Él por piedra angular. En 1 Pedro 2.5 se compara a todos los cristianos como «piedras vivas» que forman parte de ese hermoso edificio, ese templo que Dios está construyendo. Dice: «*Vosotros también, como piedras vivas, sed edificados como casa espiritual...*» El edificio recibe cohesión y fundamento de parte de Cristo; los cristianos siguen levantándolo cada vez que se le agregan nuevos ladrillos vivos. La imagen se presta muy bien para expresar que se trata de algo que *sigue* en proyecto de construcción y que *continúa* creciendo, tanto hacia los lados como para arriba. El edificio se está agrandando. La Iglesia está creciendo. Efesios 2 lo expresa claramente:

> *Así que ya no sois extranjeros ni advenedizos, sino conciudadanos de los santos, y miembros de la familia de Dios, edificados sobre el fundamento de los apóstoles y profetas, siendo la principal piedra del ángulo Jesucristo mismo, en quien todo el edificio, bien coordinado, va creciendo para ser un templo santo en el Señor; en quien vosotros también sois juntamente edificados para morada de Dios en el Espíritu* (vv. 19-22).

2. Cuerpo o Cuerpo de Cristo

En 1 Corintios 12 tenemos la imagen de la Iglesia como cuerpo, y cuerpo de Cristo: *Vosotros, pues, sois el cuerpo de Cristo, y miembros cada uno en particular* (v. 27). Este capítulo nos enseña que hay un solo cuerpo y que existen muchos miembros que le pertenecen. El cuerpo es algo que permanece unido y que crece. Efesios 4.12 enseña que los líderes son instituidos por Cristo *a fin de perfeccionar a los santos para la obra del ministerio, para la edificación del cuerpo de Cristo.* El autor obviamente tiene en mente la edificación de la iglesia. En el mismo capítulo Pablo nos insta a que *siguiendo la verdad en amor, crezcamos en todo en aquel que es la cabeza, esto es, Cristo, de quien todo el cuerpo, bien concertado y unido entre sí por todas las coyunturas que se ayudan mutuamente, según la actividad propia de cada miembro, recibe su crecimiento para ir edificándose en amor.*

Estos pasajes describen la realidad de la iglesia que Cristo diseñó. Tiene estas características como *don divino* (ya realizado), pero también como *función humana* (tarea a realizar). Esta función consiste en incorporar nuevos miembros al cuerpo de Cristo de una manera integral y saludable.

Colosenses 2.19 continúa este pensamiento al decir que *todo el cuerpo, nutriéndose y uniéndose por las coyunturas y ligamentos, crece con el crecimiento que da Dios.* No cabe duda de que la imagen del cuerpo de Cristo también se presta para expresar nutrición, fortalecimiento, edificación y crecimiento. ¡Dios quiere que su iglesia crezca!

3. Planta, labranza, agricultura

Las Escrituras (1 Corintios 3.6-9, Juan 15.1-5, Mateo 21.33-34) también comparan a la iglesia con una planta, con la labranza de Dios y con los pámpanos que crecen en la vid. En cada instancia la comparación sirve para traer un punto diferente, pero siempre enfoca algo vivo, que crece, que madura, que se enraiza en los propósitos de Dios para su pueblo. Por ejemplo, Pablo dice que él plantó, que Apolos regó, pero que Dios dio el crecimiento. La imagen de la planta, por lo tanto, unifica ambos aspectos del crecimiento de la iglesia: la iniciativa divina y la colaboración humana.

En Juan 15 la Biblia dice que todo pámpano que no lleva fruto será quitado. Jesús afirma: *«Yo soy la vid, vosotros los pámpanos; el que permanece en mí, y yo en él, éste lleva mucho fruto; porque separados de mí nada podéis hacer»* (v. 5). Este fruto tiene que ver con practicar la ley del amor y guardar los mandamientos de Dios. El Padre quiere que llevemos mucho fruto (v. 8).

En Mateo 21.33-46 también se desarrolla la idea de la iglesia y del reino como una gran viña. En esta parábola el padre de familia plantó una viña y se fue lejos dejándola a cargo de unos labradores. Después manda a sus siervos a recoger unos frutos de ella, pero son golpeados, apedreados y asesinados por los labradores. Cuando el padre envía a su propio hijo, también lo matan para quedarse con la heredad. Luego Jesús concluye diciendo que *el reino de Dios será quitado de vosotros, y será dado a gente que produzca frutos de él* (v. 43). Es evidente que aquí también hay una imagen por la que se espera recibir un fruto de la labor realizada. La parábola en sí contiene un significado teológico más importante, pero no le resta al hecho de que la imagen se construye en base a una viña que da fruto. En Juan 4.35 Jesús habla de su cosecha, que está madura y lista. Las imágenes relacionadas con la agricultura también demuestran que el gran agricultor espera recibir gran fruto en su cosecha. La iglesia cual planta y viña tiene que dar fruto, tiene que crecer en todos los sentidos.

4. Rebaño, grey

Las Sagradas Escrituras presentan a Jesús como el buen Pastor y a la iglesia como su rebaño. Jesús vino por la casa de Israel, pero también a salvar a los gentiles. Por eso les dice a los judíos: «*También tengo otras ovejas que no son de este redil; aquellas también debo traer, y oirán mi voz...*» (Juan 10.14-16). Los gentiles y las naciones del mundo son parte del rebaño de Dios. ¡Apocalipsis indica que habrá adoradores de toda tribu, lengua y nación! La iglesia tiene el privilegio y la responsabilidad de ser el portavoz del mensaje de Jesucristo y debe buscar las ovejas que componen parte del gran rebaño de Cristo. Esta imagen de la Iglesia nos recuerda a la parábola de la oveja perdida como aparece en Lucas 15.1-7: «*¿Qué hombre de vosotros, teniendo cien ovejas, si pierde una de ellas, no deja las noventa y nueve en el desierto, y va tras la que se perdió, hasta encontrarla? Y cuando la encuentra, la pone sobre sus hombros gozoso; y al llegar a casa, reúne a sus amigos y vecinos, diciéndoles: Gozaos conmigo, porque he encontrado mi oveja que se había perdido. Os digo que así habrá más gozo en el cielo por un pecador que se arrepiente, que por noventa y nueve justos que no necesitan de arrepentimiento*».

Aunque, por su contexto, esta parábola posiblemente trata con los ya cristianos, un punto queda claro: El Dios de la Biblia es el que busca a los perdidos para traerlos a su redil. La Iglesia, por lo tanto, es un rebaño de ovejas que le pertenecen al Padre. El Pastor de pastores, Jesucristo, instituyó a otros pastores y líderes que también apacientan las ovejas, ayudan a edificar el cuerpo, y siguen en busca de las ovejas perdidas. La imagen señala que la Iglesia es cuidada y fortalecida por Cristo. Al ser nutrida así, puede crecer.

5. Nación santa

«Mas vosotros sois linaje escogido, real sacerdocio, nación santa, pueblo adquirido por Dios, para que anunciéis las virtudes de aquel que os llamó de las tinieblas a su luz admirable...» (1 Pedro 2.9). En esta carta Pedro define a la iglesia como sacerdocio que intercede ante Dios y trae su palabra al mundo, pero también es una nación santa que debe anunciar las virtudes de Jesús. La iglesia tiene un propósito misionero. Trabaja en el mundo y para el mundo. La nación santa trae luz a las otras naciones. Lamentablemente algunas naciones occidentales creían que como ente político representaban a Dios y que esto les daba el derecho de lanzarse a la conquista de otras naciones. Hoy en día se reconoce que la nación santa es la Iglesia de Cristo en todo el mundo, donde y cuando se celebra la diversidad y la unidad en Cristo. No se puede equiparar la nación santa con una entidad étnica o geopolítica particular.

6. Familia

No solo somos parte de una misma nación, somos familia. Efesios 2.19 señala que somos *conciudadanos de los santos, y miembros de la familia de Dios*. La imagen de familia de Dios evoca un cuadro de unidad, de amor, de procreación y de crecimiento. Si Dios es nuestro Padre, quiere decir que todos somos hermanos. El lazo familiar implica unión de sangre y en el caso de la Iglesia es la sangre de Cristo la que nos vincula como familia espiritual. Esta sigue creciendo a través de la historia.

7. Embajadores de Cristo

En 2 Corintios 5.20, Pablo indica que somos *embajadores en nombre de Cristo*. El embajador representa a un rey o un gobernante de un país en otras tierras. Aunque en el sentido estricto

Pablo y Timoteo son los embajadores aquí mencionados, en este caso se puede derivar que la Iglesia de Cristo es embajadora de Dios en el mundo. Representa sus intereses en la tierra y entre los hombres. Cada iglesia se puede considerar como una embajada, y cada cristiano como un embajador. Es nuestra tarea representar bien al Rey de reyes y expandir su influencia e imperio por doquier. Somos emisarios de buenas nuevas a toda tribu y toda nación, involucrados en el ministerio de reconciliación. Dice en el versículo anterior que *Dios estaba en Cristo reconciliando consigo al mundo, no tomándoles en cuenta a los hombres sus pecados, y nos encargó a nosotros la palabra de la reconciliación* (2 Corintios 5.19).

Funciones de la Iglesia en Hechos 2.42-47

Y perseveraban en la doctrina de los apóstoles, en la comunión unos con otros, en el partimiento del pan y en las oraciones. Y sobrevino temor a toda persona; y muchas maravillas y señales eran hechas por los apóstoles. Todos los que habían creído estaban juntos, y tenían en común todas las cosas; y vendían sus propiedades y sus bienes, y lo repartían a todos según la necesidad de cada uno. Y perseverando unánimes cada día en el templo, y partiendo el pan en las casas, comían juntos con alegría y sencillez de corazón, alabando a Dios, y teniendo favor con todo el pueblo. Y el Señor añadía cada día a la iglesia los que habían de ser salvos.

La Biblia, desde Génesis a Apocalipsis, tiene abundante evidencia de que Dios está en misión en su creación. Pero cuando reflexionamos en la función de la iglesia, instrumento central de Dios para extender su reino, pensamos en aquella que se inició en este pasaje tan conocido de Hechos 2. En Pentecostés, la Iglesia es investida con poder de lo alto para lograr los cometidos de Dios. Su Espíritu se derrama sobre su iglesia para que ella pueda cumplir los mandatos que Cristo le dejó. Esta iglesia descrita en Hechos es dinámica, alegre y entusiasta, pero también obediente, sufrida y fiel a su Señor. Solo tenemos que leer el resto del libro de Hechos para percatarnos de que también había contiendas, falsos maestros, engañadores, celos, orgullos, etc.

En Hechos 2.42-47, sin embargo, se vislumbra a la iglesia en su primer amor, cumpliendo las funciones y los propósitos por los que Cristo la fundó. Recordemos que Él mismo dijo: *«Yo edificaré mi Iglesia»*. Jesús glorifica al Padre edificando su iglesia y extendiendo su reino. ¿Cuáles son los propósitos que vemos en Hechos 2? Podemos resumirlos en las cinco funciones vitales que se observan en este pasaje: el discipulado, la adoración, la comunión, el servicio en ministerio y la evangelización.

CINCO FUNCIONES DE LA IGLESIA

DISCIPULADO

ADORACIÓN

SERVICIO

EVANGELISMO

COMUNIÓN

LAS CINCO FUNCIONES DE LA IGLESIA SEGÚN HECHOS 2.42-47

1. Discipulado (v. 42)

Y perseveraban en la doctrina de los apóstoles...

La iglesia primitiva entendía claramente que su fundamento era la enseñanza de Jesús. La palabra «doctrina» significa «enseñanza». Perseverar en la doctrina quiere decir que los discípulos estudiaban esas enseñanzas, las escudriñaban y las practicaban. Permanecían en, y evaluaban toda nueva idea según, el marco de ellas. Aun los judíos de la sinagoga de Berea analizaban lo que les dijo Pablo a la luz de las Escrituras (Hechos 17.11) ¡Y sigue diciendo: *«Así que creyeron muchos de ellos!»*

«Discípulo», en griego *mathetes*, es uno que aprende. El discípulo sigue a Jesús y aprende de Él. Ser discípulo, por lo tanto, requiere que uno persevere en la doctrina cristiana y en el estudio de la Palabra de Dios. Este era el fundamento de la iglesia primitiva. Y también debe serlo hoy para toda congregación seria y comprometida con su Señor.

En Efesios 4, Pablo nos llama a la madurez cristiana. Si bien es cierto que en los evangelios se dice que debemos ser como niños en términos de nuestra fe y entrega, eso no quiere decir que seamos infantiles. Por eso Pablo dice que ya no seamos «niños fluctuantes», sino que *crezcamos en todo en Aquél que es la cabeza, esto es, Cristo* (Efesios 4.14). El autor de Hebreos les dice a unos cristianos:

> *Porque debiendo ser ya maestros, después de tanto tiempo, tenéis necesidad de que se os vuelva a enseñar cuáles son los primeros rudimentos de las palabras de Dios; y habéis llegado a ser tales que tenéis necesidad de leche, y no de alimento sólido. Y todo aquel que participa de la leche es inexperto en la palabra de justicia, porque es niño; pero el alimento sólido es para los que han alcanzado madurez...* (Hebreos 5.12).

En el iglecrecimiento integral debe haber un énfasis especial en el discipulado hacia la madurez cristiana. Todo lo que se hace en la iglesia gira alrededor del mandato de «haced discípulos», según lo encontramos en la Gran Comisión (Mateo 28). Para construir bien el «edificio» de la iglesia tiene que haber un fundamento sólido en el conocimiento de Jesús y un compromiso con su mensaje. En términos prácticos, esto quiere decir que una iglesia saludable provee varias oportunidades en su ministerio para que las personas crezcan espiritualmente en su discipulado. El calendario semanal y mensual debe reflejar que hay amplias posibilidades para el aprendizaje y el crecimiento personal. Sin seguidores de Jesucristo no puede haber adoración, ni compañerismo en Cristo, ni evangelización, ni servicio cristiano. Una iglesia que practica el iglecrecimiento integral prestará mucha atención a esta función de su llamado y practicará lo que dice 2 Pedro 3.18: *Antes bien, creced en la gracia y el conocimiento de nuestro Señor y Salvador Jesucristo.*

2. Adoración y oración (vv. 42, 47a)

Perseveraban ... en el partimiento del pan y en las oraciones ... alabando a Dios.

Los primeros cristianos perseveraban también en el partimiento del pan, en las oraciones y en las alabanzas. Una comunidad dinámica como la de los primeros cristianos, que pronto sufriría todo tipo de persecución, obtenía su enfoque y su vitalidad en la adoración y la alabanza a Dios. La predicación de la Palabra, como acababa de proclamar Pedro en su primer discurso después de Pentecostés, tenía el primer lugar. Segundo, el partimiento del pan equivalía a lo que conocemos hoy como Santa Cena o Comunión, dentro del marco de una comida mayor. Recordando con ello lo que el Señor Jesucristo experimentó en su muerte y resurrección, los discípulos se fortalecían espiritualmente con el sacramento. Participaban de la comunión acompañada de una fiesta ágape, un festejo de amor. Tercero, con las oraciones lograban centrar sus vidas en lo más importante sin enredarse en las cosas de este mundo. La oración era el lubricante que mantenía la unidad entre los hermanos para así enfrentar la oposición, la espada y hasta los leones. Ella incluía alabanza, gratitud, confesión y súplica. La oración también preparaba el terreno para la obra evangelizadora.

John Stott, en su obra *Señales de una iglesia viva*, nos recuerda que en nuestra adoración debe existir un equilibrio entre lo formal y lo informal, entre lo gozoso y lo reverente. ¡Cuando hay un equilibrio bíblico podemos festejar el amor de Dios a la vez que reverenciamos su poder y majestad! La iglesia de hoy necesita darle el debido lugar a la alabanza y la adoración enfocada en Cristo, la centralidad de la predicación bíblica y la enseñanza de las doctrinas bíblicas, la importancia del sacramento y el poder eficaz de la oración para hallar el dinamismo de la iglesia primitiva. Solo así podrá enfrentar el rugir de los desafíos modernos del nuevo milenio cumpliendo con los propósitos eternos de la Iglesia de Cristo.

La iglesia que busca el crecimiento integral fomentará la excelencia en la adoración, tanto en el culto dominical como en las otras actividades semanales que incluyan la adoración a Dios. El lugar que la adoración ocupa entre las funciones de la iglesia es primordial. Cuando evangelizamos o enseñamos siempre tenemos como una de las metas buscar adoradores que adoren en espíritu y en verdad (Juan 4). En todo el continente americano hay un gran renacer en la adoración del pueblo cristiano, especialmente a través de la música. Aunque a menudo hay ciertos excesos y abusos, debemos reconocer que esta área debe ser bien enfocada para que la iglesia tenga la oportunidad de experimentar un crecimiento saludable y equilibrado.

3. Comunión (vv. 42, 44, 46)

Perseveraban ... en la comunión unos con otros ... Todos los que habían creído estaban juntos, y tenían en común todas las cosas ... Y perseverando unánimes ... comían juntos con alegría y sencillez de corazón.

La iglesia primitiva comprendía que en la unión está la fuerza. Pero más que eso ella obedecía a la oración de Jesús (Juan 17), que le pidió al Padre varias veces que le concediera unidad a los discípulos *para que el mundo crea que tú me enviaste* (v. 21). La unidad de la iglesia se basa en el vínculo entre Jesús y el Padre. Ese testimonio de unidad constituiría la fuerza misionera que impulsaría a la iglesia del primer siglo. Ese mismo testimonio sigue siendo la fuerza misionera que impulsa a la iglesia de hoy.

Esta unidad es superior al sentimiento de amor fraternal. La iglesia primitiva no se limitaba a una simple emoción pasajera, sino que se dedicaba a un compromiso en las buenas y en las malas. Repartían voluntariamente las pertenencias personales para beneficiar a los demás en la comunidad. Este amor radical con seguridad que asombraba a la comunidad en general.

Los cristianos que se aman disfrutan estar en comunión —juntos, unidos. Eso es lo que llamamos «koinonía» cristiana. *Koinos* es una palabra griega que significa común. Koinonía, entonces, es compartir en unidad cristiana y tener cosas en común. De allí también proviene la palabra comunión. Gran parte de la vida cristiana es compartir con otros en amor fraternal. Lo importante es nunca olvidar su propósito misionero, como lo pidió Jesús: *Para que el mundo conozca que tú me enviaste* (Juan 17.23).

Si queremos que la iglesia crezca en una manera integral, hay que administrar bien el propósito misionero de la comunión cristiana. En un mundo que sufre de aislamiento, soledad, separación y violencia, es imperativo que la iglesia provea una comunidad de amor, de reconciliación, de gracia y de perdón. Estas cualidades, que difícilmente se encuentran en otros sitios, contribuyen al crecimiento de la Iglesia del Señor.

4. Servicio (vv. 45, 46)

... y vendían sus propiedades y sus bienes, y lo repartían a todos según la necesidad de cada uno ... teniendo favor con todo el pueblo ...

La iglesia primitiva compartía sus bienes entre los fieles y daba también a los necesitados. Esto impresionaba al pueblo que los rodeaba y testificaba de la fuerza del amor cristiano. El cambio interno que Cristo realizó en sus vidas se mostraba en los hechos y obras exteriores que modificaban a la sociedad. La transformación espiritual llevaba a un compromiso social y comunitario. Aunque sabemos por otros textos que no todos vendían sus propiedades, muchos lo hicieron para ayudar al bien común. Esto va muy de acuerdo con lo que leemos en Santiago cuando afirma que *La fe sin obras es muerta* (2.17). Las obras manifiestan la transformación por gracia en Cristo Jesús. Y aunque no contribuyen a la salvación que es puramente por gracia (Efesios 2.8-9), nos ayudan a vivir la vida cristiana en forma dinámica y edificante. En términos teológicos, las obras no caen bajo la *justificación*, sino bajo la *santificación* del creyente.

Efesios 4 nos habla de que cada miembro del cuerpo desarrolla su propia actividad de servicio y testimonio. Todo el cuerpo bien concertado está involucrado en ayudarse mutuamente para edificación y para compartir con el que padece necesidad. Efesios 2.10 nos dice: *Porque somos hechura suya, creados en Cristo Jesús para buenas obras, las cuales Dios preparó de antemano para que anduviésemos en ellas.* El mandato de servir es claro. El mismo Jesús dijo que no vino a ser servido, sino a servir (Mateo 20.28).

La iglesia que adora y mantiene una buena comunión entre los hermanos, pero no sirve a los demás, es una iglesia coja. No está completa. Cada cristiano debe encontrar su lugar de servicio a Dios con el ministerio que Dios le dio según sus dones. Sea algo tan sencillo —como barrer un lugar de reunión— o tan complejo —como luchar contra la opresión y la injusticia, predicar la Palabra de Dios o cualquier otro asunto de su reino—, uno tiene que participar en un área de servicio. Esta función de la iglesia no puede faltar en una congregación que decide crecer de manera integral y saludable. Es responsabilidad del liderazgo ayudar a cada miembro a ubicar su lugar de servicio para la edificación del Cuerpo de Cristo y la gloria de Dios.

5. Evangelización (v. 47)

Y el Señor añadía cada día a la iglesia los que habían de ser salvos.

Dios es el que da el crecimiento. La Biblia es clara en esto. Los discípulos obedecían el mandato de ir y predicar el evangelio, sin embargo, comprendían que Dios a través de su Espíritu Santo era el que hacía crecer la iglesia. Tres mil personas se acababan de añadir a la comunidad de fe con el discurso de Pedro, según el relato de Hechos 2. Dios estaba bendiciendo a la iglesia neotestamentaria de una forma fuerte y acelerada difundiendo el Evangelio de Jesucristo por doquier. Hechos 16.5 afirma: *Así que las iglesias eran confirmadas en la fe, y aumentaban en número cada día.*

Sabemos que uno planta y otro riega, pero que es Dios quien da el crecimiento. Esta regla sigue vigente hoy. El hombre siembra y riega, pero Dios continúa siendo el que da el crecimiento. Es importante que nuestras iglesias estén a la expectativa del crecimiento que Dios pueda dar. Lo lamentable es que hay muchas iglesias cuya expectativa es tan poca que siempre la logran: Simplemente, no crecen.

Tenemos que confiar que el Señor sigue llamando a sus escogidos y los quiere añadir a su iglesia. Esta es el instrumento que Dios emplea para hallar a los perdidos y discipular a los hallados. El apóstol Pablo habla mucho en sus epístolas de los escogidos que Dios *llamó desde antes de la fundación del mundo* (Efesios 1.4). Pero ni usted ni yo sabemos quiénes son escogidos, por lo tanto proclamamos las buenas nuevas a todo el mundo para encontrar a aquellos que el Señor está llamando. El Señor los añadirá a su grey. Sin embargo, nos manda que seamos su instrumento en esa búsqueda. Tenemos que obedecer el mandato bíblico de ir y hacer discípulos a todas las naciones.

El último mandamiento que Cristo nos dejó antes de ascender al cielo debe ser nuestra primera prioridad. No podemos conformarnos con el testimonio presencial nada más, sino que donde y cuando sea posible, hay que proclamar verbalmente las buenas nuevas de Jesucristo. Por eso Jesús da uno de sus primeros mandatos al comienzo de su ministerio cuando afirma: *Venid en pos de mí, y haré que seáis pescadores de hombres* (Marcos 1.17). Veamos los gráficos que siguen con relación a la Gran Comisión en los evangelios y en Hechos.

TABLA DEL CRECIMIENTO DE LA IGLESIA EN EL LIBRO DE HECHOS

Hechos

2.41	Bautizados... 3000 personas.
2.47	Y el Señor añadía cada día...
4.4	Creyeron ... y el número ... 5000
5.14	Y los que creían en el Señor aumentaban más.
6.1	Como creciera el número de los discípulos...
6.7	Y crecía la palabra del Señor y ... se multiplicaba...
8.1	Esparcidos por todas partes (Judea y Samaria)
8.4	Y las multitudes escuchaban...
9.31	Las iglesias ... se acrecentaban.
12.24	Pero la palabra crecía y se multiplicaba.
13.43	Muchos ... siguieron a Pablo y a Bernabé.
13.48, 49	La palabra se difundía.
14.21	Después de .... hacer muchos discípulos...
16.5	Aumentaban en número cada día.
16.14	El Señor abrió el corazón de ella ... y su familia...
16.33	Se bautizó él con todos los suyos.
17.12	Así que creyeron muchos de ellos.
18.8	Y muchos de los corintios ... creían...

18.10   «Tengo mucho pueblo en esta ciudad...»
19.20   Así crecía y prevalecía ... la palabra del Señor.
21.20   Millares de judíos hay que han creído...

Parte de esta lista es de *La dinámica del Iglecrecimiento*

NOTA
Descubrí una manera fácil de recordar estos cinco puntos clave de la Iglesia primitiva que deben describir a la iglesia local hoy. En Las iglesias que crecen *(p. 21), el venezolano José Calixto Patricio, sugiere el siguiente acróstico:*

P •   Proclamación (Evangelización)
E •   Enseñanza (Discipulado)
S •   Servicio
C •   Compañerismo
A •   Adoración

VISIÓN Y MISIÓN EN LOS EVANGELIOS Y HECHOS

Pasaje clave	Mandato bíblico	Beneficiario	Visión de iglecrecimiento
Mateo 28.16-20	Ir Discipular Bautizar Enseñar	Todas las naciones	Mateo muestra que el evangelio comienza en la cuna judía para llevar el mensaje universal a los gentiles. Emanuel, Dios con nosotros, llega al mundo y termina comisionando a su iglesia y acompañándola hasta el fin.
Marcos 16.15-18	Ir Predicar	Todo el mundo Toda criatura	Marcos muestra los grandes portentos de Dios por medio de su Hijo Jesucristo.Las señales y maravillas que desempeña confirman que Él es el Siervo de Dios. Manda a la Iglesia a predicar a toda criatura.
Lucas 24.45-49	Testificar el cumplimiento de las Escrituras	Todas las naciones comenzando en Jerusalén	Lucas escribe para los griegos y presenta a Jesús como el nuevo Adán, el Hombre perfecto, ideal y universal. El evangelio es para todos y debemos pregonar libertad a los cautivos y vista a los ciegos.
Juan 20.21-23	Ir Proclamar	A quienes remitiereis... y retuviereis...	Juan escribe para todos los creyentes y presenta al Hijo de Dios que perdona los pecados del mundo. Él que cree en Él tiene vida eterna. Nos dice que alcemos nuestros ojos y miremos los campos...están blancos para la siega.
Hechos 1.8	Testificar	Jerusalén, Judea, Samaria y hasta lo último de la tierra	En su segundo tratado, Lucas muestra cómo Dios derrama su poder sobre la Iglesia para que esta crezca desde Jerusalén hasta Roma. El libro termina con la predicación constante del evangelio.

IGLECRECIMIENTO COMO DESARROLLO DE LA IGLESIA: LOS SISTEMAS ABIERTOS

Hay muchos sistemas organizacionales en el mundo empresarial útiles en su debido lugar y momento histórico particular. Del sector científico y de la medicina aprendemos a valorar la perspectiva de los *sistemas* en los organismos así como también su interrelación. Por ejemplo, el hombre posee varios sistemas como: circulatorio, nervioso, vertebrado, respiratorio, digestivo, etc. En un momento dado puede haber un problema con una parte del sistema que, si no se trata a tiempo, a la larga afectará a los otros sistemas o subsistemas. Existe una interdependencia e interrelación entre todos los sistemas, y es que forman a la vez otro más complejo, que al mismo tiempo acciona y reacciona (o responde) a otros sistemas y a su medio ambiente.

Observar todos esos sistemas interactuando en su contexto es lo que llamamos «sistemas abiertos» o «macrosistemas». El buen médico entiende la importancia de comprender todo el sistema para poder prevenir, diagnosticar y sanar. El sistema cerrado es aquel cuyo ámbito de análisis es el mismo sin tomar en cuenta a otros. No presta atención a la manera en que afecta al sistema vertebrado, ni como este influye en el aspecto emocional. El sistema cerrado solo se concentra en un área e ignora las demás, es decir, ve en una sola dirección. Esa clase de sistema es deficiente para proveer soluciones perdurables. Más aún, no se debe tomar en cuenta solo el sistema interno en este ejemplo, sino también el ambiental, como son el contexto familiar, laboral y otros aspectos importantes que pudieran afectar, en cierta manera, al sistema nervioso. ¡Preferimos ver las cosas desde la perspectiva de los sistemas abiertos para poder no solo apreciar el árbol, sino también el bosque!

De la misma manera, la iglesia es un sistema complejo y variado, con muchos subsistemas, que actúa en un medio ambiente. No solo es una *organización* (me refiero a su parte estructural e institucional), sino también un *organismo* (el aspecto vivo y dinámico). Pablo, en sus epístolas, hace referencia a la iglesia como el cuerpo de Cristo, y explica que las partes del cuerpo van unidas entre sí (Romanos 12.5 y Efesios 4.15-16). La iglesia está viva porque Dios, mediante su Espíritu, la sustenta; y como todo ser vivo, por supuesto, crece. El organismo total de la Iglesia de Cristo también tiene, en cada expresión local, muchos subsistemas que componen el conjunto. Saber esto es valioso para entender tanto la suma de las partes y su integración, como cada parte por sí sola y su diferenciación. Por tanto, la iglesia se puede mirar simultáneamente como un organismo y como una organización. Pasemos entonces a los componentes de un sistema abierto en la iglesia.

Componentes de un sistema abierto en la iglesia

Para facilitar la comprensión de este concepto diríjase al diagrama titulado «Sistema Transformacional 1» (de uso público gracias al Dr. Craig Van Gelder). Allí puede apreciar cómo se encuentra la iglesia dentro de una comunidad a la que llamamos su medio ambiente o su contexto. La iglesia tiene ciertos marcos teológico-bíblicos y organizacionales, a la misma vez que se define por su localidad (geográfica) y su local (instalaciones físicas), a lo que llamamos parámetros eclesiales.

Sistema Transformacional 1

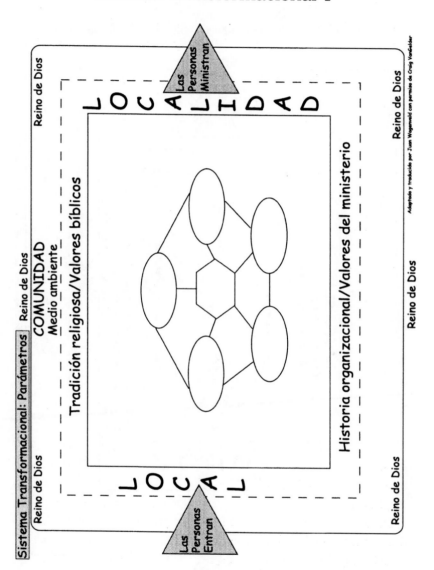

Sistema Transformacional 2

Ahora observe el diagrama titulado «Sistema Transformacional 2».

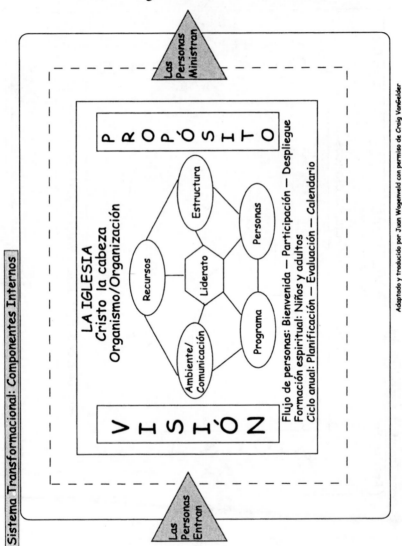

Tal vez nada define a la iglesia tanto como su visión para el ministerio y su manera de entender sus propósitos divinamente otorgados y bíblicamente enfocados. Una asociación de iglesias en Canadá decidió alcanzar a millones de turistas que iban a la feria internacional de Vancouver. Proyectaron un presupuesto que parecía casi imposible de reunir, pero creían que eso era lo que debían hacer. Oraron continuamente para conocer la voluntad de Dios en este proyecto y trabajaron fuerte para alcanzar las metas establecidas. Cuando llegó el momento de la feria habían recaudado todas las finanzas que necesitaban y lograron presentar el evangelio de Jesucristo a miles de personas que entregaron sus vidas a Él. Sin una visión y un propósito jamás podrían haber logrado todo eso.

Al centro del diagrama notará los subsistemas principales que yacen en toda iglesia. Esto incluye el liderato, la estructura, las personas, el programa, la forma y los canales de comunicación, así como los recursos disponibles con que cuenta. Cuando todos estos subsistemas funcionan al máximo dentro de la visión y los propósitos de la iglesia, ocurre el proceso de transformación de vidas, familias, comunidades y sociedades, lo cual puede y debe afectar todas las esferas de la vida: espiritual, social, económica, política y cultural. La fe cristiana transforma. Esta transformación es guiada por el Espíritu Santo. La gente entra, es transformada y sale a ministrar (vea el «Sistema Transformacional 3»).

Sistema Transformacional 3

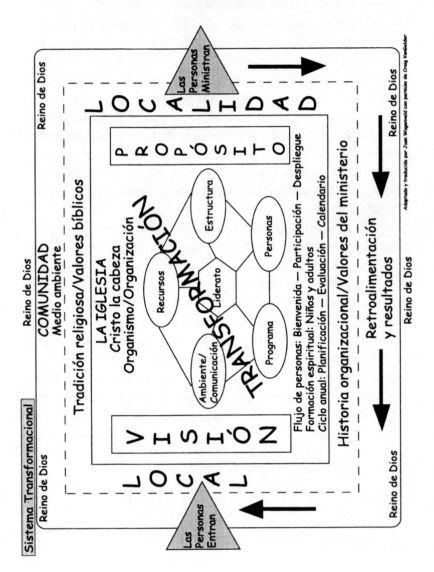

Estos son principios que se aplican universalmente. El Dr. Rick Warren diría que la persona *Entra*, se *Edifica*, se *Entrena* y se *Envía* (vea la gráfica del «Plan de trabajo» en la sección de apéndices (p. 237). Estos son los cuatro pasos básicos del discipulado cristiano. Todo esto sucede dentro del sistema abierto de la iglesia. El tesoro principal de la iglesia saludable, después del propio evangelio, es su gente. Esta es la «materia prima» que Dios usa para transformar al mundo y difundir el evangelio. El flujo de gente (bienvenida, involucramiento y despliegue de miembros según sus dones y talentos), la formación espiritual de niños y adultos, así como el ciclo anual de planificación y evaluación reflejado en el calendario, dice mucho acerca de la eficacia o la falta de ella en la iglesia local. Observe ahora el diagrama titulado «Sistema Transformacional 3». Todo culmina con los resultados y la retroalimentación, donde vuelve a comenzar el proceso transformador guiado por Dios.

Veamos el ejemplo de la Iglesia Comunidad Cristiana Shalom. En esta congregación de 125 personas surge un debate acerca de un cambio que algunos proponen como una buena idea. Un grupo musical secular del barrio en el que se ubica el templo, acaba de desmembrarse y decide vender todo su equipo. Uno de los jóvenes del grupo, Pedro, es cristiano y quiere que la iglesia compre la batería para usarla durante los cultos y así acompañar al piano y la guitarra. Pedro se ofrece para tocarla. Sus familiares en la iglesia están de acuerdo y apoyan la idea con entusiasmo.

Los ancianos y miembros de la directiva, sin embargo, no están preparados para agregar una batería a los cultos dominicales. Temen que eso pudiera molestar a algunos de los miembros antiguos de la iglesia que, dicho sea de paso, son los que más diezman y apoyan las actividades. No quieren ahuyentarlos con música que tal vez no les guste. Pedro insiste en que eso ayudaría a captar más jóvenes y les recuerda que la edad promedio del vecindario es de 24 años de edad y que muchas parejas jóvenes están mudándose a esa área de viviendas económicas para comenzar sus carreras y sus familias. «¡Aprovechemos el momento!», dice Pedro con urgencia. «Poco a poco», responde uno de los ancianos.

Aquí vemos la manera en que un evento relativamente insignificante en el «medio ambiente» afecta a la iglesia: *el grupo del barrio se desbanda.* Hay una «tradición organizacional y religiosa» en la iglesia: *siempre se ha usado solo el piano y la guitarra clásica para la adoración.* Hay ciertas consideraciones por los «recursos» de la iglesia: *los diezmos de los más antiguos y la compra de un instrumento*; y hay una «estructura» a través de la cual se canaliza la propuesta de Pedro para tomar la decisión. El «clima y el subsistema de comunicación» también se activan debido a las diferentes opiniones respecto al asunto. La discusión plantea un asunto mayor del «medio ambiente»: *el cambio demográfico de los últimos años por el que más parejas jóvenes se están mudando al área debido a la vivienda económica y accesible.* Según se lidie con esta situación todo el sistema será afectado.

Si se añade la batería puede significar un cambio de estilo en otras áreas y afectará el resto del sistema. Si no se agrega, también quedará afectado todo el sistema en términos de lo que se hace o no se hace (resultados y retroalimentación). También es posible que el impacto sea mínimo, hagan lo que hagan.

Este breve ejemplo muestra cómo una sencilla decisión puede afectar a todo un sistema eclesiástico. Tome un momento para analizar el esquema transformacional (en la gráfica) y piense en alguna situación que esté pasando su iglesia en este momento. Trate de encajar la situación en cada parte del sistema total para ver si eso le ayuda a entender la gráfica mejor. Observe cómo cualquier situación afecta varios subsistemas.

Una iglesia creciente y saludable revisa constantemente todo su sistema para poder diagnosticar posibles problemas y soluciones, y asegurar el buen flujo de gente desde que entran a la iglesia hasta que salen ministrando en su comunidad y su medio ambiente.

Conceptos clave de un sistema abierto

Hay ciertos puntos fundamentales para la iglesia que ve su organización desde una perspectiva abierta. Lo interesante es que este esquema ayuda a comprender aun a las iglesias que dicen no tener sistema u organización ni planificación. Toda congregación, aunque no lo reconozca, consciente o inconscientemente tiene un sistema operativo que usa siempre en el proceso de alcanzar sus propósitos y metas. Esto es cierto aun en aquellas que dicen carecer de organización y que se dejan «llevar por el Espíritu». Este sistema presentado aquí ayudará a cualquier cristiano que reflexiona con seriedad acerca de los asuntos de su iglesia. A continuación veremos los puntos más importantes en el sistema organizacional de los macrosistemas abiertos para la iglesia. Estos conceptos, según el Dr. Craig Van Gelder, ayudarán a todo ministerio a la hora de planificar, implementar y evaluar. Él sugiere los siguientes ingredientes como base fundamental:

1. Contexto

El énfasis principal de los sistemas abiertos es la relación entre la organización y el medio ambiente. El contexto en el que reside y se mueve un ministerio determina muchas cosas. No es lo mismo fundar una obra en un pueblo dominado por guerrilleros en Colombia que en San José de Costa Rica. No es lo mismo trabajar con indígenas que acaban de mudarse a la ciudad de México buscando el progreso, que trabajar en la misma ciudad con gente establecida en una zona de clase alta. No es lo mismo plantar una iglesia en Buenos Aires, Argentina, que comenzar una obra entre la comunidad de ex refugiados salvadoreños en la ciudad de Los Ángeles, California. Aun cuando existen principios universales útiles para todas esas iglesias, hay que tomar en cuenta las particularidades que distinguen a cada caso. Cada ambiente tiene sus propias exigencias para la iglesia que ministra allí. Eso es lo que llamamos contexto. Por eso hablamos de «contextualizar» una idea que se origina en algún sitio y se lleva a otro. Los cambios y las situaciones que fluctúan en el ambiente se llaman «turbulencia», porque causan una especie de choque con el sistema que siempre busca la estabilidad. El alcance de la turbulencia en el medio ambiente tiene un impacto directo o indirecto en *todos* los subsistemas dentro de la organización.

2. Integración e interdependencia

El estudioso del iglecrecimiento debe considerar todo el panorama de la iglesia y verlo como un sistema completo que se compone de varios subsistemas relacionados entre sí. Un cambio en un área afecta todas las demás. Por ejemplo, uno puede ser director musical en una iglesia local, pero si desea tener un mayor impacto en la congregación, debe comprender cómo este subsistema de la música encaja dentro del sistema completo. Si decide cambiar los horarios de ensayo del coro y el estilo de música que van a cantar, eso tendrá repercusiones (positivas o negativas) en todo el resto del sistema. El horario de actividades, los participantes y aun los otros ministerios son afectados.

Veamos en detalle este ejemplo. El director musical cambió el horario nocturno de ensayo sabatino por los lunes en la noche. Lo hizo porque tiene que tomar una clase de dirección coral los sábados y quiere asistir al curso para mejorar como director. Varias personas del coro se frustran porque no pueden ensayar los lunes ya que trabajan ese turno. Algunos se quejan al pastor y otros simplemente dejan de asistir al coro. Una persona, nueva en la fe, hasta deja de asistir a la iglesia.

Los lunes hay un grupo de jóvenes que se reúne en el salón donde está el piano, el mismo en que se encontrarán los integrantes del coro de ahora en adelante. El líder juvenil tiene que buscar otro sitio para reunirse. El comité de seguimiento, por otra parte, decide visitar a la persona que se fue. Además, un anciano de la iglesia le escribió una carta a la junta directiva para proponerle que se cambiara al director musical y no el estilo de la música...

Esta ilustración, algo graciosa tal vez, exagera el asunto para comprobar un punto; pero los que han trabajado en iglesias saben que esto es el pan de todos los días. El que conoce los sistemas abiertos tendrá una ventaja al planificar, ejecutar y evaluar. El punto central es que, aunque un ministerio particular (la música) es diferenciable de otro (el comité de seguimiento), siempre hay una relación de dependencia entre ellos. Todo junto compone el sistema de la iglesia en forma integral.

3. Propósito

Toda organización tiene su razón de ser. La iglesia local también tiene sus propósitos y sus metas. Algunas congregaciones, por ejemplo, han adoptado los cinco propósitos de adoración, evangelización, discipulado, comunión y servicio. Además, crean estrategias para desarrollar estos cinco elementos dentro de todo lo que hacen en su vida eclesiástica. Además, buscan poder formular su misión y su visión en una pequeña frase fácil de recordar para así motivar a los miembros a fin de lograr sus propósitos. La organización que no está consciente de sus propósitos o que no actúa de acuerdo a ellos (porque una cosa es decirlo y otra cosa ejecutarlo), relega la organización a la peor meta que puede existir: la supervivencia. Según el Dr. Van Gelder esta es la meta de última instancia. El que comprende los sistemas abiertos, sabe la importancia de tener un propósito y unas metas bien claras y definidas. El que no planifica según sus propósitos... planifica fracasar.

Ejemplo de un propósito bien definido sería: «La Iglesia Cristiana Príncipe de Paz tiene como objetivo, en toda su actividad, glorificar el nombre de Dios estableciendo una congregación dinámica y bíblica que haga discípulos que sirvan a Dios adorando, evangelizando, discipulando, confraternizando y sirviendo». Un ejemplo negativo sería el de aquel líder que actúa como si la iglesia local le perteneciera, cual un pequeño reino, y confunde los propósitos de Dios con los suyos propios. Cuando hay que tomar decisiones críticas, decidirá en base a cómo saldrá afectado él personalmente en vez de darle a la iglesia la prioridad.

4. Estabilidad y homeóstasis

Todo sistema busca la estabilidad y resiste el cambio. De la misma manera que nuestro cuerpo resiste ejercitarse y correr distancias que no hemos corrido antes, la organización resiste cambios a los que no está acostumbrada. Esta resistencia se llama «homeóstasis», refiriéndose a que busca mantener el mismo punto estático en el que está en el momento. También le llamamos a esto el *status quo*. Cualquier intervención, como la de la gente recién evangelizada o de los nuevos líderes de la iglesia, afecta al sistema que busca aguantar y resistir los cambios y mantener una cierta estabilidad. El orden y la monotonía son los valores que promueve la organización aun cuando hay cambios que parecieran ser provechosos. La cantidad de energía que uno pone para efectuar un cambio, es la misma que la organización sostiene para mantener todo igual y resistir la alteración.

Cuando el doctor le receta a una persona que empiece a caminar, ejercitarse y cambiar ciertos hábitos alimenticios, es posible que esta se decida y salga esa misma noche a caminar. A partir de ese momento empieza a comer cosas saludables. Pero una semana más tarde vuelve a comer lo que no debía y deja de hacer ejercicios. ¿Por qué? Parte de la razón es que el cuerpo humano también busca su estabilidad y su homeóstasis. Por eso también se les hace tan difícil a las iglesias comenzar nuevos proyectos, sostenerlos y seguir creciendo.

Como organización la iglesia tratará de encontrar un punto «cómodo» y seguir operando en ese punto allí ofreciendo resistencia a cualquier cambio, sea útil o no. Esto nos hace pensar en el joven rico de la parábola de Jesús, él no estaba dispuesto a cambiar para seguir a Cristo. En el Antiguo Testamento también tenemos a los israelitas que, después de seguir a Moisés, querían volver a Egipto y quedarse con lo que conocieron bajo el yugo de Faraón.

Muchas iglesias también resisten los cambios, a tal nivel que adoptan el lema: «¡Es mejor malo conocido que bueno por conocer!» Cuando alguien propone una idea innovadora en la iglesia, ¿Quién no ha oído una respuesta como esta: «Es que nunca hicimos eso, siempre lo hemos hecho así?» Luego dicen: «Seremos siempre iguales: ayer, hoy, y siempre... por los siglos de los siglos. Amén!»

5. Diferentes caminos al éxito (equifinalidad)

Una característica vital de los sistemas abiertos es que reconoce la variedad de posibilidades para obtener los mismos resultados. Aun cuando el sistema cerrado siempre hace las cosas de la misma manera ignorando los cambios en el medio ambiente y en los subsistemas, la iglesia que opera bajo la perspectiva de los sistemas abiertos buscará diferentes formas de llegar a las metas establecidas para funcionar con eficiencia. Podemos llegar al mismo fin deseado probando rutas alternas y caminos variados. Por eso llamamos a esta característica «equifinalidad» (que tiene el mismo fin).

Cuando nos quedamos en la misma ruta pensando que no hay otra forma de hacer las cosas, nos «esclavizamos» y atamos a esa senda cómoda a la que estamos acostumbrados y, por ende, cerramos la puerta a nuevas oportunidades de crecimiento y de bendición. Es como la ilustración que sigue: «El elefante de un circo estaba amarrado a una gran estaca con una cadenita muy finita y débil para su tamaño. Un curioso que observó el asunto le preguntó al dueño del circo por qué el animal no se escapaba. Y el dueño le contestó: "Es que desde recién nacido le pusimos esa cadena. Siempre trató de zafarse sin conseguirlo, porque era pequeño y débil. Hasta que un día se dio por vencido, y ahora, aunque está fuertísimo y enorme, ¡cree que no puede romper la cadena y por lo tanto ni lo intenta!"» Muchos ministerios, de la misma manera, están «encadenados» porque no ven otras formas de llegar al destino que Dios tiene para ellos. La perspectiva de los sistemas abiertos reconoce la importancia de la equifinalidad.

6. Organizaciones complejas con plan de contingencia

Hay que reconocer que las organizaciones de la iglesia son complejas y no se puede simplificar todo con un par de reglas y planes. Por lo tanto, la congregación que utiliza los sistemas abiertos para su organización siempre cuenta con un plan de contingencia. Tiene un plan alterno que anticipa los cambios que puedan ocurrir y que toma en cuenta posibles escenarios con los que tendrá que enfrentarse. Para comenzar, hay que recordar que los cambios inesperados pueden suceder tanto internamente como en el contexto o medio ambiente de la iglesia. Parte de la visión de la obra de Dios es justamente considerar la complejidad de la organización y preparar de antemano planes flexibles de contingencia.

7. Marcos y parámetros

Todo tiene marcos o límites, sea la iglesia o cualquier otra organización. El local y la propiedad de la iglesia son uno de ellos. El marco organizacional es otro tipo de límite. Lo mismo se puede decir acerca de la historia, el liderazgo, la teología, la doctrina, los valores conscientes e inconscientes, las reglas internas, las denominacionales, el papel del pastor, la tradición eclesiástica, las costumbres y tantas cosas más. La clave para el progreso de una congregación yace en reconocer esos límites, saber cuándo expandirlos, según su elasticidad, y saber operar dentro de cada uno de ellos al desarrollar los propósitos de la iglesia.

Los marcos y parámetros también deben ser respetados. En toda iglesia hay ciertos marcos que son «negociables o expandibles», pero hay otros que no se pueden traspasar. Cuando estos marcos y parámetros son comprendidos por los líderes y comunicados a la iglesia, se reducen las probabilidades de choques y conflictos. También es útil entender que cuando la iglesia crece, ciertos marcos obligatoriamente se extenderán. Ayuda mucho comprender estos procesos a la hora de introducir nuevos esquemas sin quebrantar los linderos y marcos establecidos.

Hemos introducido los sistemas abiertos como teoría de sistema organizacional aplicada a la iglesia. Un buen manejo de los componentes y conceptos clave de los sistemas abiertos permitirá que uno pase a las áreas de trabajo descritas en el próximo capítulo con una herramienta de mucho valor para la planificación, ejecución y evaluación de un ministerio creciente y saludable.

EFICIENCIA MINISTERIAL: OCHO ÁREAS DE TRABAJO

Parte I: Cuatro elementos vitales

Hay muchas maneras de enfocar el tema de la efectividad en el ministerio. Con el proceso de transformación y de los sistemas abiertos que explicamos en el capítulo anterior, estamos listos para desarrollar un esquema que enfoque la labor pastoral (incluidos los líderes clave) en una iglesia saludable y creciente. Seleccioné el esquema que incluye ocho áreas de trabajo porque me ayudó mucho como fundador y pastor de una iglesia local y me ha sido muy ventajoso al enseñar los conceptos acerca del iglecrecimiento. Este esquema fue diseñado por Dirk Hart y, con su debido permiso, quisiera exponerlo en este libro.

Como profesor de seminario en el departamento de misiones e iglecrecimiento hallo que este sistema ayuda a los pastores y estudiantes a fijar en sus mentes las diferentes áreas vitales de sus congregaciones. Este esquema se fundamenta en los principios bíblicos discutidos en el capítulo 4. Recuerde que la buena práctica puede comenzar con una buena teoría o por lo menos con un buen esquema organizativo. Pensar correctamente acerca de un asunto ayuda a actuar en forma correcta. Por eso decimos que la *ortodoxia* (creencia correcta) lleva a la *ortopraxis* (práctica correcta). Para que el ministerio sea más eficiente, es importante entender las *áreas vitales* de una congregación saludable. Ellas son:

1. Visión
2. Liderazgo
3. Cuerpo ministrante
4. Recursos
5. Adoración y oración
6. Educación y discipulado
7. Compañerismo y cuidado pastoral
8. Testimonio: Servicio y evangelización

La gráfica que observamos a continuación muestra estas áreas con sus definiciones correspondientes. Una iglesia saludable las tendrá todas operando de una manera efectiva y equilibrada. Ninguna de ellas puede ser ignorada. Todas se interrelacionan y son interdependientes. Ellas son vitales ya que sirven universalmente a toda iglesia, no importa dónde se encuentre o en qué etapa de madurez. En las siguientes páginas elaboraremos sobre cada una de ellas, y la forma en que llevan a una mayor efectividad en el ministerio. Estas ocho áreas vitales de una iglesia saludable se pueden dividir en dos partes. La primera, presenta los cuatro elementos esenciales que debe tener toda iglesia. La segunda, expone las cuatro funciones clave que se deben considerar como áreas de trabajo.

Cuatro elementos vitales

En esta parte analizaremos los cuatro elementos que toda iglesia debe tener presente como punto de partida para estudiar el ministerio a fin de fortalecerlo y ayudarlo a crecer. Ellos son fundamentales para su definición, sea para uno que quiera incrementar su efectividad en una iglesia ya establecida, o para otro que va a iniciar una obra nueva. Los primeros cuatro elementos indispensables sobre los cuales se construye un ministerio saludable son: visión, liderazgo, cuerpo ministrante y recursos.

SEÑALES VITALES DE UNA IGLESIA SALUDABLE

VISIÓN. La iglesia ve claramente lo que Dios quiere que sea y haga como cuerpo de Cristo en acción, de manera que establezca su nueva creación en la comunidad.

LIDERAZGO. A la iglesia le sirven las personas que entiendan su visión, que la comuniquen con claridad a la congregación y que organicen al cuerpo para hacerla realidad.

CUERPO MINISTRANTE. Los miembros de la iglesia trabajan juntos usando sus dones con responsabilidad en la congregación y la comunidad.

ADORACIÓN Y ORACIÓN. La iglesia se reúne como familia de Dios para encontrarse con su Padre en adoración, confesión y gratitud, a fin de consagrarse a una vida de servicio y oración.

EDUCACIÓN O DISCIPULADO. La iglesia ayuda al pueblo a ver a Cristo con claridad y a conocer su voluntad para seguirle en todos los aspectos de la vida.

La iglesia saludable establece una diferencia en su comunidad al suplir las necesidades de otros en el nombre de Jesucristo. Llama al pueblo a una nueva vida en Cristo y lo ayuda a vivir en Él.

CUIDADO. Los miembros se ayudan mutuamente en sus cargas mostrando así el amor y la compasión de Cristo.

SERVICIO Y TESTIMONIO. La iglesia suple las necesidades de las personas en el nombre de Cristo y las invita a ser sus discípulos.

Cada iglesia tiene una personalidad distintiva y habilidades únicas para llegar a la creciente familia de Dios. Las iglesias con señales vitales saludables y facultadas de poder por el Espíritu Santo, responden a las necesidades de sus comunidades para la gloria de Dios.

RECURSOS. La iglesia desafía a los miembros a ser buenos mayordomos de sus posesiones y bienes. Además, emplea estos materiales y las donaciones financieras para realizar la obra del reino de Dios en ella misma y en su comunidad.

1. Visión

«La visión permite que la iglesia vea con claridad lo que Dios quiere que sea, de modo que el Cuerpo de Cristo actúe para establecer su nueva creación en su comunidad.»

Observe en la gráfica que la visión es el círculo más amplio del diagrama. Este es el bloque fundamental sobre el cual se construye todo lo demás. La visión que tiene la iglesia será determinante en todos los aspectos de su vida. Ella determinará la dirección y existencia de todos sus ministerios.

Recientemente me tocó exponer una conferencia para futuros sembradores de iglesias en Puerto Rico, y hablé acerca de la importancia de la visión para la iglesia. Era interesante notar que algunos tenían una visión muy clara del tipo de iglesia que iban a plantar en el próximo año. Pero había otros que no tenían la menor idea de lo que era una visión. Aun otros, sencillamente, no sabían cómo expresar la visión en palabras. Después de un fin de semana de entrenamiento los participantes salieron con una comprensión mucho más amplia y clara de cuál era la visión que el Señor le había dado a cada uno y cómo comunicarla.

¿Qué es una visión?

No hace mucho el oftalmólogo me prescribió unos lentes, ya que comencé a ver los objetos distantes un poco borrosos. Nunca pensé que estuviera tan mal la situación, pero aproveché un día que mi esposa fue al médico para acompañarla y hacer una cita. Al cabo de unas semanas me llamaron para avisarme que los lentes estaban listos. ¡Cuando me los puse, no podía creer que viera tan bien! Todo brillaba y se veía con mayor nitidez. Veía todo con mayor claridad.

De la misma manera ocurre con las iglesias. Cuando uno se pone los lentes de Dios, comprende con claridad lo que Él quiere hacer con nuestra vida y con su iglesia. Todo se hace más claro, aun las cosas a largo como a corto plazo. Usted puede «ver» lo que el Señor quiere hacer con su ministerio, su congregación y su persona, y es así que entiende a lo que el Señor lo quiere llevar según sus propósitos divinos y eternos. La visión comienza cuando usted se siente insatisfecho con las cosas como están. Tiene que haber cierta inconformidad con el *status quo*. Usted «ve» un futuro mejor, un futuro preferible, un ideal hacia el cual trabajar. La visión implica mirar la realidad con los ojos de Dios y prestar atención a sus propósitos redentores.

Una vez le preguntaron a un hombre por qué golpeaba un pedazo de roca con un martillo y un cincel. Él contestó que era porque veía una hermosa estatua dentro de la roca y la quería descubrir para que otros también la pudieran apreciar. El artista ya veía la estatua, solo era cuestión de trabajar la roca hasta llegar a concretar esa realidad. Algunos ven la roca, otros ven la estatua esculpida. Eso es tener visión en el mundo del arte. Ver anticipadamente lo que otros todavía no ven. Es como cuando los doce espías israelitas volvieron de explorar la tierra que Dios les prometió. Josué y Caleb regresaron con un informe positivo del lugar, afirmando que en esa tierra fluía leche y miel; pero los otros diez dieron un reporte negativo porque no confiaban que Dios les podía entregar esa tierra llena de gigantes y ciudades fortificadas. Todos vieron lo mismo, pero Josué y Caleb observaron algo mejor porque conocían la palabra de Dios y confiaban en Él.

Un ejemplo que usamos en los Campamentos Intensivos para Fundadores de Nuevas Iglesias es el de los obreros que trabajaban en un gran campo con ladrillos y bloques. Un transeúnte pasó y le preguntó a uno de ellos: «¿Qué está haciendo?» El trabajador respondió: «Ganándome el pan de cada día». Luego le preguntó lo mismo a otro: «¿Qué está haciendo?» Este contestó que practicaba su oficio como albañil. Cuando llegó al tercero, le preguntó: «¿Qué está haciendo?» Este le respondió: «Estoy construyendo la catedral más hermosa que habrá en esta ciudad».

De esto se trata la visión: Poder ver lo que todavía no está ante nuestros ojos. ¿Está usted simplemente desempeñando una función o tiene un sueño, una expectativa, hacia la cual labora? Una definición sencilla de visión sería la siguiente: «Es mirar hacia el futuro y ver lo que Dios quiere hacer a través de usted para realizar sus propósitos redentores». Esta visión le da sentido de dirección, le guía, le orienta a lo que quiere alcanzar. Tener visión es también un asunto de fe porque estamos lidiando con cosas que aún no se ven físicamente o en forma concreta. Sin fe no puede haber una visión. Si no hay visión no hay misión.

La Palabra de Dios afirma en Proverbios 29.18 que *«un pueblo sin visión perecerá»*. La iglesia sin visión es ciega, conforme e inerte. Casi siempre la falta de visión conduce a un severo estancamiento. Esa clase de congregaciones pueden describirse como cómodas y satisfechas. No tienen urgencia por realizar la tarea a la que Dios las llamó. Es como el sapo de la ilustración que alega Jorge Barna en su libro *The Frog in the Kettle*. Barna señala que si metemos un sapo en una olla con agua hirviente, inmediatamente saltará fuera de la olla. Pero si lo ponemos en agua tibia y aumentamos el calor poco a poco, el batracio se quedará cómodo y contento hasta que muera en el agua hirviente, sin darse cuenta del peligro. Así ocurre con la iglesia que está conforme e instalada en su contexto y que no se percata de que la falta de visión la está matando poco a poco. ¡El pueblo que no tiene visión perecerá!

Siete elementos clave de la visión

*Proyecta un cuadro claro de un futuro ideal
*Enfoca el futuro con los lentes de Dios y da dirección
*Se basa en los propósitos redentores de Dios
*No se conforma con el *status quo* (con las cosas como están)
*Ejercita la fe. Es ambicioso, aunque realista
*Comunica en forma sencilla a otros
*Motiva a actuar. Provee sentido de urgencia

Ejemplos bíblicos

En la Biblia tenemos ejemplos claros de la visión que Dios les da a los que llama. Adán y Eva tenían tareas específicas a las cuales Dios los llamó. El mandato cultural de llenar la tierra y sojuzgarla como mayordomos de todo lo creado no era tarea pequeña. Aun después de la caída Dios continúa trazando planes definidos para los hombres. Todo nace con los propósitos de Dios para su pueblo. En Génesis 12.1-3, Dios llama a Abram y le ordena: *Vete de tu tierra y de tu parentela, y de la casa de tu padre, a la tierra que* TE MOSTRARÉ. *Y haré de ti una nación grande, y te bendeciré, y engrandeceré tu nombre, y serás bendición. Bendeciré a los que te bendijeren, y a los que te maldijeren maldeciré; y serán benditas en ti todas las familias de la tierra.*

Luego en Génesis 13.14-18 le dice: ALZA AHORA TUS OJOS, Y MIRA *desde el lugar donde estás hacia el norte y el sur, y al oriente y al occidente. Porque toda la tierra que ves, la daré a ti y a tu descendencia para siempre. Y haré tu descendencia como el polvo de la tierra; que si alguno puede contar el polvo de la tierra, también tu descendencia será contada.* LEVÁNTATE, *ve por la tierra a lo largo de ella y a su ancho; porque a ti la daré. Abram, pues, removiendo su tienda, vino y moró en el encinar de Mamre, que está en Hebrón, y edificó allí altar a Jehová.*

Estos pasajes indican claramente que Dios es el que ordena que uno alce la vista y mire lo que Dios le mostrará. Él es quien da la visión de lo que se va a hacer. ¡Es después de habernos mostrado algo, que nos dice que nos levantemos, luego entonces podemos edificar! Debemos confiar que Dios tiene un propósito divino con nuestras vidas y con nuestros ministerios. Nuestra tarea es discernir esta visión y comenzar a darle forma concreta. El primer paso es definir la visión que Él da. Para ello uno debe orar fielmente de modo que el Señor muestre lo que quiere desarrollar en su ministerio. Haga un inventario de sus dones, habilidades e intereses y la manera en que piensa que puede ponerlo al servicio de Dios. Recuerde que las Escrituras determinan la substancia de los propósitos de Dios para toda iglesia, pero la visión es la expresión particular de cómo se trabajan esos propósitos en su contexto local.

La visión puede ajustarse y cambiar según el contexto pero los propósitos de Dios para su iglesia son absolutos y eternos. La visión del liderazgo siempre debe estar arraigada en los propósitos redentores de Dios, pero contextualizada al lugar del ministerio. Por ejemplo, Dios tiene un propósito para su iglesia de que lo alaben y adoren. La música y los cánticos son parte de esa alabanza, pero el estilo de música y la instrumentación, si alguna, será determinada según los valores y la visión general de la congregación local en particular.

Uno debe compartir con otros la visión que tiene para buscar confirmación en la comunidad de fe. Es importante que sea su comunidad, gente madura y sabia, la que le confirme la visión que el Señor le da. Fuera de esa comunidad de fe solo tendrá, incomprensión, obstáculos y burla. ¡Cuando Noé comenzó a construir el arca, por fe y obediencia, mucho antes de venir el diluvio, la gente se reía a carcajadas de ese loco que construía una nave donde no había agua!

Cuando el cuadro de un futuro ideal está confirmado, uno necesita comunicárselo a otros. Una cosa es conocer la visión y otra es poder compartirla. Para ello la visión debe registrarse por escrito y memorizarse para comunicarla en frases cortas, sencillas, y fáciles de recordar. A menudo se usa una imagen que acompañe la idea. (Para un ejemplo de la formulación de una visión en una iglesia real, refiérase al apéndice en la parte final de este libro.) Si quiere comunicar y contagiar a otros con la visión de una manera efectiva, debe dar los siguientes pasos:

A. Compartir la visión claramente y con poder.

Debe motivar a otros compartiendo la visión en forma contagiosa. Uno debe comunicar la visión claramente y con sentido de urgencia. Hay gente dispuesta a trabajar junto a usted hacia metas comunes si entienden bien cuál es la meta final. La fuerza impulsora es una visión clara, bíblica y realizable. El apóstol Pablo siempre comunicaba su visión para la expansión del evangelio con poder, claridad y valor. Pudo hacerlo así al ser guiado por el Espíritu Santo.

B. Crear un ambiente en el que otros puedan identificarse con la misma visión.

Hay gente que tiene una tremenda visión para el ministerio, pero que no permite que otros se apropien de ella. Una verdadera visión debe ser compartida. Nadie se unirá a ella si no se le da participación. Recuerdo una iglesia en que el líder era un gran visionario que comunicaba claramente la visión, pero este no lograba crear un ambiente en el que otros dirigentes pudieran participar para hacer realidad la visión. Pasaba un líder tras otro por la congregación, pero solo «comían banca». Esa iglesia nunca prosperó. Para fomentar la visión, debe haber un ambiente de comunicación clara, transparencia, honestidad, respeto, participación y unidad. Este ambiente en la iglesia visionaria debe hacerse evidente tanto para los líderes como para los recién llegados.

C. Formar un equipo de trabajo cohesionado por la visión establecida.

Cada día tenemos más conciencia de la importancia de trabajar en equipo. En este aspecto la labor ministerial de la iglesia se parece mucho más a un partido de fútbol que a un juego de tenis. Los jugadores tienen un capitán y un entrenador, pero si a la hora del juego ninguno pasa la pelota ni se ponen de acuerdo entre ellos, no lograrán el gol tan buscado. La visión común, guiada por Dios, es el factor unificador de un ministerio.

No se puede decir suficiente aquí acerca de la importancia de trabajar en equipo. El apóstol Pablo, por ejemplo, viajaba a menudo acompañado. Las Escrituras revelan que no siempre concordó con sus compañeros de trabajo en ciertas cosas e incluso que tuvo dificultades con algunos de ellos, pero continuaba laborando en equipo. Es evidente que el evangelio avanza debido al trabajo corporativo y no solo individual. Nuestro Señor Jesucristo reunió a los doce discípulos y con esa base revolucionó al mundo. Luego mandó a predicar el evangelio de «dos en dos». En la iglesia de hoy también debemos establecer un ambiente de trabajo colectivo, y no trabajar como llaneros solitarios. La visión común, centrada en la persona de Jesucristo, será el factor unificador en el equipo de trabajo.

D. Permitir que miembros del equipo experimenten y a veces fracasen.

Para que la visión se haga realidad es necesario experimentar varias estrategias. Debe haber lugar para lo nuevo y esto abre la puerta a que ciertas iniciativas fracasen. Otros estarán más dispuestos a unirse a la visión si saben que se permite fracasar antes de llegar al éxito deseado. El famoso inventor Edison fracasó miles de veces antes de descubrir la luz eléctrica como la conocemos hoy. Sepa también la diferencia entre líderes y gerentes. John Maxwell, en su libro *Desarrolle los líderes que están alrededor de usted,* dice: «Los gerentes son mantenedores que se apoyan en sistemas y controles. Los líderes son innovadores y creadores que dependen de personas». ¡Otros líderes se pondrán en acción si uno crea un ambiente propicio para probar, a veces fracasar, pero a la larga vencer!

E. Mantener la visión constantemente ante los ojos de todos.

En el contexto eclesiástico es bueno comunicar la visión mediante la predicación, educación, literatura, rótulos, banderines, panfletos, etc. Hay que servirse de todos los medios posibles para enfatizar la visión de la iglesia. Usualmente es recomendable recordarles la visión a la congregación y a los líderes en una forma periódica. Busque siempre maneras novedosas y frescas para mantener la visión ante los ojos de las personas involucradas.

Por supuesto, la visión es el primer factor a considerar cuando se evalúa la dirección de un ministerio. Mientras daba una clínica de fútbol a los entrenadores de los niños del club al que pertenezco, enfatizaba la importancia de los mediocampistas. «Acuérdense que un partido de fútbol se gana o se pierde en la media cancha», les dije. Así es la importancia de una visión espiritual. Es en esta área que podemos diagnosticar muchos de los problemas que surgen en las congregaciones. Una visión firme y clara encaminará correctamente el trabajo del liderazgo, la membresía y el buen uso de los recursos. También dará dirección a las otras áreas de trabajo de la iglesia. Los primeros llamados a enfocar la visión para la comunidad de fe son los líderes. Ellos son el vehículo crucial de la visión, los primeros en soñar, los primeros en implementar, los primeros en desafiar a otros para que vean los nuevos horizontes y se unan al equipo para llegar a la meta establecida.

2. Liderazgo

«A la iglesia la sirven las personas que entienden la visión de ella, la comunican claramente a la congregación, y organizan al cuerpo para que se haga realidad.»

«El líder», se suele decir, «¡es la clave o el clavo!» El liderazgo es el eslabón imprescindible entre la visión y el cuerpo ministrante. Una cadena será tan fuerte como su eslabón más débil, pero el vínculo del liderazgo debe ser uno de los más confiables en todo el ministerio. La iglesia necesita líderes. Los gerentes pueden trabajar con planes y presupuestos, pero la iglesia requiere de líderes para comunicar una visión clara y formular estrategias pertinentes. Los gerentes son necesarios en toda organización y aportan considerablemente, pero uno de los problemas en muchas iglesias es que se conforman con tener un administrador al frente y no un líder. ¡Qué bendición cuando la iglesia tiene al líder que posee dones de administración! ¡Qué frustración, sin embargo, cuando al frente de ella hay un administrador sin dones de liderazgo!

Hay abundante literatura disponible acerca del liderazgo cristiano. Muchos textos enfocan las características esenciales de un buen líder. Otros enumeran los requisitos bíblicos del líder de iglesia y aun otros buscan ciertas características universales que todo líder cristiano debe poseer. A la misma vez hay un reconocimiento amplio en cuanto a que diferentes tipos de líderes funcionan mejor en diversas situaciones. En las siguientes páginas intentaremos identificar los rasgos principales que el estudio del iglecrecimiento ha determinado como esenciales para la labor del liderazgo en la iglesia de Jesucristo. Nos enfocaremos en el liderazgo que se considera efectivo para el crecimiento. Debido a propósitos organizativos, los dividiremos en las siguientes categorías: características bíblicas, misionales y diferenciadoras. Luego hablaremos de los estilos de liderazgo.

A. Características bíblicas

En toda la Escritura vemos que Dios siempre empleó líderes para dirigir a su pueblo y cumplir sus propósitos. En nuestra iglesia local tenemos un lema clave para el liderazgo: Efesios 4.11-16. Creemos que este pasaje es esencial para comprender los designios de Dios para el líder cristiano.

> *Y él mismo constituyó a unos, apóstoles; a otros, profetas; a otrós, evangelistas; a otros, pastores y maestros, a fin de perfeccionar a los santos para la obra del ministerio, para la edificación del cuerpo de Cristo, hasta que todos lleguemos a la unidad de la fe y del conocimiento del Hijo de Dios, a un varón perfecto, a la medida de la estatura de la plenitud de Cristo; para que ya no seamos niños fluctuantes, llevados por doquiera de todo viento de doctrina, por estratagema de hombres que para engañar emplean con astucia las artimañas del error, sino que siguiendo la verdad en amor, crezcamos en todo en Aquel que es la cabeza, esto es, Cristo, de quien todo el cuerpo, bien concertado y unido entre sí por todas las coyunturas que se ayu-*

dan mutuamente, según la actividad propia de cada miem-
bro, recibe su crecimiento para ir edificándose en amor.

En este pasaje hay mucha tela para cortar. Señala que el liderazgo tiene diferentes formas, todas ellas constituidas por Cristo mismo. Sean evangelistas, maestros o pastores, todo líder debe tener la misma meta bíblica: *perfeccionar a los santos para la obra del ministerio.* En otras palabras, el ministerio de Dios lo hace TODA la congregación y todo su pueblo — no solo los líderes. La función de los que dirigen es ayudar a la congregación a hallar su lugar, según la actividad propia de cada miembro, de acuerdo a sus dones y talentos. Todo es realizado para la edificación del cuerpo. Pablo nos insta a crecer en todo, siempre centrados en Cristo. Para ello Dios puso líderes que puedan concertar la tarea y la obra de la iglesia. Vea la gráfica siguiente.

Las epístolas más explícitas acerca del liderazgo en la iglesia son 1 y 2 Timoteo además de la carta a Tito. Tenemos aquí, por ejemplo, algunas de las cualidades necesarias para ser anciano o diácono en la iglesia.

Descripción del oficio de anciano

Palabra fiel: Si alguno anhela obispado, buena obra desea. Pero es necesario que el obispo sea irreprensible, marido de una sola mujer, sobrio, prudente, decoroso, hospedador, apto para enseñar; no dado al vino, no pendenciero, no codicioso de ganancias deshonestas, sino amable, apacible, no avaro; que gobierne bien su casa, que tenga a sus hijos en sujeción con toda honestidad (pues el que no sabe gobernar su propia casa, ¿cómo cuidará de la iglesia de Dios?); no un neófito, no sea que envaneciéndose caiga en la condenación del diablo. También es necesario que tenga buen testimonio de los de afuera, para que no caiga en descrédito y en lazo del diablo

(1 Timoteo 3.1-7).

Descripción del oficio de diácono

*Los diáconos asimismo deben ser honestos, sin doblez,
no dados a mucho vino, no codiciosos de ganancias deshonestas; que guarden el misterio de la fe con limpia conciencia. Y éstos también sean sometidos a prueba primero, y entonces ejerzan el diaconado, si son irreprensibles.
Las mujeres asimismo sean honestas, no calumniadoras,
sino sobrias, fieles en todo. Los diáconos sean maridos de
una sola mujer, y que gobiernen bien sus hijos y sus casas.
Porque los que ejerzan bien el diaconado, ganan para sí
un grado honroso, y mucha confianza en la fe que es en
Cristo Jesús* (1 Timoteo 3.8-13).

Según estos pasajes queda claro que el testimonio del líder cristiano es de suma importancia. Debe usar bien la Palabra, ser estudioso, persona de oración, humilde, disciplinado, paciente, íntegro
y altamente comprometido con el Señor y su Iglesia. Hay que tener
mucho cuidado para seleccionar los líderes idóneos de la iglesia,
evitando a aquellos que presenten problemas en su comportamiento
y los que asumen actitudes negativas. Veamos otras descripciones
bíblicas aplicables a todo líder.

*Por lo cual te aconsejo que avives el fuego del don de
Dios que está en ti por la imposición de mis manos. Porque no nos ha dado Dios espíritu de cobardía, sino de
poder, de amor y de dominio propio. Por tanto, no te aver-
güences de dar testimonio de nuestro Señor, ni de mí, pre-
so suyo, sino participa de las aflicciones por el evangelio
según el poder de Dios, quien nos salvó y llamó con llamamiento santo, no conforme a nuestras obras, sino según el propósito suyo...* 2 Timoteo 1.6-9a

*Procura con diligencia presentarte a Dios aprobado,
como obrero que no tiene de qué avergonzarse, que usa
bien la palabra de verdad.* 2 Timoteo 2.15,22

CARACTERÍSTICAS DEL LIDERATO

Efesios 4.7-16

Aspectos de Liderato...	Función	Estructura en la Iglesia	Características
APOSTÓLICO	Establecer la Iglesia y el testimonio cristiano. Cruzar fronteras y todo tipo de barreras.	· Misionero · Proclamador	Requiere un catalizador que pueda abrir brecha en el nuevo campo de misión.
PROFÉTICO	Anunciar el evangelio y denunciar el pecado y la injusticia. Corregir y dirigir.	· Predicador · Activista	Necesita un revitalizador que pueda señalar el camino correcto al pueblo de Dios y llamar a mayor compromiso.
EVANGELÍSTICO	Alcanzar a los inconversos e incorporarlos a la Iglesia. Proclamar el evangelio.	· Evangelista	Exige un iniciador que logra comunicar claramente el Evangelio e invitar a una relación con Cristo.
PASTORAL	Cuidar, pastorear y proteger al rebaño de Dios.	· Pastor · Consejero · Predicador	Demanda un organizador que pueda dirigir y pastorear un rebaño para que este a la vez cumpla su llamado.
EDUCATIVO	Edificar, corregir, enseñar y entrenar a la Iglesia.	· Maestro · Profesor · Pastor docente	Requiere un operador que pueda educar a los líderes y a los miembros de las iglesias para una preparación mejor.

Huye también de las pasiones juveniles, y sigue la justicia, la fe, el amor y la paz, con los que de corazón limpio invocan al Señor.　　　　2 Timoteo 2.22

Que prediques la palabra; que instes a tiempo y fuera de tiempo; redarguye, reprende, exhorta con toda paciencia y doctrina.　　　　2 Timoteo 4.2

Pero tú sé sobrio en todo, soporta las aflicciones, haz obra de evangelista, cumple tu ministerio. 2 Timoteo 4. 5

Exhorta asimismo a los jóvenes a que sean prudentes; presentándote tú en todo como ejemplo de buenas obras; en la enseñanza mostrando integridad, seriedad, palabra sana e irreprochable, de modo que el adversario se avergüence, y no tenga nada malo que decir de vosotros.　　　Tito 2.6

Jesús como ejemplo

Debemos recordar también el ejemplo del maestro por excelencia, Jesús mismo. Fue preparado y ungido por el Espíritu Santo para el ministerio. Además, les lavó los pies a los discípulos y dijo que vino a servir y no a ser servido (Juan 13.1-17). Enseñó con autoridad que ser líder es servir. Él lo hacía con humildad. Quien quisiera ser el primero entre los discípulos debía ser el último. El que quisiera ser mayor debía ser antes menor. El estilo de liderazgo puede variar según la situación, pero nuestro carácter debe ser templado o formado por el carácter y la persona de nuestro Señor Jesucristo. Siempre deberíamos preguntarnos: ¿Qué haría Jesús? o ¿Qué quisiera Jesús que yo hiciera? Al fin y al cabo, Él es nuestro líder supremo.

Es el fundamento en el servicio a los demás lo que distingue al liderazgo cristiano del mundano. El pastor da su vida por las ovejas. El líder sirve a la misma vez que dirige y guía. Es justamente su espíritu de servicio lo que lo confirma como siervo del Señor. El siervo no manda, no dicta ni impone. ¡El siervo sirve! Hoy más que nunca, necesitamos liderazgo basado en servicio. Como dice el refrán: «El que sirve sirve, y el que no sirve, no sirve».

Jesucristo como comisionador

Se agrega a esto el hecho de que Jesucristo ahora reina por medio de su Palabra y el Espíritu desde su trono, y es Él mismo quien constituye líderes terrenales en su iglesia a objeto de preparar a los santos para el ministerio (Efesios 4). Jesús no es solo ejemplo, también es comisionador y enviador. Las últimas palabras de nuestro Señor en Hechos 1.8 fueron: *Pero recibiréis poder, cuando haya venido sobre vosotros el Espíritu Santo, y me seréis testigos en Jerusalén, en toda Judea, en Samaria, y hasta lo último de la tierra*. Como sugiere el lema de Evangelismo Explosivo: «Su último mandato... nuestra primera prioridad».

El hecho de que Jesús sea comisionador, le da al líder cristiano la tremenda seguridad de trabajar para el mejor jefe que pueda haber. Pero también le da un gran sentido de responsabilidad, ya que sabe que un día tendrá que rendir cuentas a su Señor y responder por lo que hizo o dejó de hacer.

B. Características misionales

Después de la visión, el liderazgo es uno de los factores más importantes en cualquier iglesia, ya que es el factor que transmite y lleva la visión hacia adelante. El liderazgo es parte de «la vasija de barro» que lleva «el tesoro» del evangelio (2 Corintios 4.7). Aquí brevemente presentamos tres aspectos clave del liderazgo misional.

(1) Busca a los perdidos: El movimiento del iglecrecimiento ha demostrado en numerosos estudios que los ministerios más efectivos son los que tienen un liderazgo que no solo alimenta a las ovejas en el corral, sino que se preocupa, al igual que Cristo, por la extraviada o perdida. En Marcos 2, observamos que Jesús llama a Leví, un publicano que recolectaba impuestos para el Imperio Romano. Luego fue a cenar con varios publicanos y pecadores. Cuando los escribas y los fariseos

vieron eso, cuestionaron a los discípulos por lo que su Maestro hacía. *Al oír esto, Jesús, les dijo: Los sanos no tienen necesidad de médico, sino los enfermos. No he venido a llamar a justos, sino a pecadores* (Marcos 2.17). El líder bíblico también enfoca su labor en las necesidades de su comunidad e incluye como parte clave de su agenda a aquellos que aún no han conocido a Jesucristo como su Señor y Salvador. Es la clase de líder que tiene un ojo puesto en el espejo de su iglesia y el otro en la ventana hacia su comunidad.

(2) Motiva e involucra a los miembros: Un estudio de las iglesias en América Latina (*Factores de ministerio urbano en América Latina,* por Juan Hall) demostró que uno de los factores más importantes del líder es poder *motivar e involucrar* a su congregación. Ya no se puede usar el rol del pastor «hácelo todo», «hombre orquesta», o «pastor corcho» en el contexto posmoderno en que vivimos. Imagínese a la iglesia como una botella que contiene todo el talento y el ministerio posible. Los líderes pueden ser los embudos que canalizan positivamente todo ese talento y esa energía que sale de la botella para beneficio de la obra del Señor. Ellos quieren ampliar, mejorar, canalizar, equipar, entrenar y delegar, pero hay líderes como el «pastor corcho». Ese que no deja que fluyan los talentos, dones y habilidades de otros y produce un embotellamiento por el cual el ministerio se estanca. Esto puede deberse a personalismos, celos, temores, inseguridad, orgullo u otras razones. Nuestra época requiere pastores y líderes que abran nuevas avenidas de servicio y ministerio para sus congregaciones y que no le pongan frenos a las buenas iniciativas que puedan surgir. Líderes efectivos son aquellos que se multiplican en otros y que ayudan a cada miembro a ubicar el ministerio al cual el Señor les llama.

(3) Enfoca misionalmente: Kennon L. Callahan, en su libro sobre el liderazgo, *Effective Church Leadership,* desafía a la iglesia a pensar menos en dirigentes *profesionales* y más en líderes *misione-*

ros. Según Callahan, vivimos en tiempos en que la gente ya no busca a la iglesia. Ahora el líder tiene que preparar a las congregaciones para que salgan al mundo a buscar a los perdidos. Los líderes ya no se pueden dar el lujo de ser simplemente profesionales que sirven dentro de las cuatro paredes de su iglesia, sino que deben enfocarse al mundo donde Dios está reconciliando a un pueblo para sí. ¡Nuestras comunidades son un campo misionero! Por lo tanto se requiere que el líder de hoy sea uno misional. Uno que mira las necesidades de un mundo perdido y errante; uno que llama a los pecadores con la Palabra de Dios y la fuerza del Espíritu Santo. La clave es que el enfoque misional del líder no sea solo en el aspecto evangelístico de la iglesia, sino que sea un estilo de vida que influya todas sus áreas. La adoración, la hermandad, la consejería y todos los sistemas deben estar saturados del aspecto misional.

C. Características diferenciadoras

Últimamente hay una mayor comprensión de la variedad de líderes que se necesita para la amplia gama ministerial de la obra de Dios. El Señor usa diferentes tipos de líderes en diversos lugares. Los líderes son como las huellas digitales: No hay dos idénticos. Sin embargo, al igual que las huellas digitales tienen ciertas características por las que se pueden identificar los rasgos generales de estilo y tipo de liderazgo. Hay varias características esenciales que todo líder debe poseer. También hay una variedad de destrezas y habilidades útiles en mayor o menor grado en diferentes contextos.

Los autores Shenk y Stutzman, en su obra *Creando comunidades del reino,* describen cuatro tipos de líderes. Tomando y adaptando ideas de Carl George, erudito de iglecrecimiento, identifican cuatro tipos de líderes que trabajan mejor en situaciones dadas.

(1) Catalizador. Este líder trabaja en forma óptima cuando tiene que comenzar algo de la nada. Casi nunca necesita que otros lo estimulen para trabajar, se automotiva para iniciar proyectos; pue-

de ser muy efectivo plantando obras nuevas para una denominación. A menudo esta persona es extrovertida, confiada y tiene el carisma necesario para atraer a personas y comenzar un grupo o un nuevo ministerio. Cuando las cosas crecen demasiado, esta persona necesita ayuda para organizarlas porque no presta mucha atención a los detalles. El catalizador se frustra cuando las cosas crecen a un nivel que requiere más estructura y organización. Esa frustración hace que, por lo general, busque nuevos desafíos.

(2) Organizador. Esta clase de líder puede tomar algo en desorden y ordenarlo para maximizar su efectividad. A esta persona le gusta el desafío que le presenta organizar y promover con los recursos disponibles. Los aprovecha y le da una estructura mejor a lo que antes era un montón de piezas sueltas. Deja de sentirse útil cuando ya no hay un desafío por delante para continuar organizando y mejorando.

(3) Operador. Este tipo de persona es excelente para mantener una organización en marcha. Logra conservar el rumbo de la iglesia en el curso correcto siempre y cuando no haya cambios drásticos en el ambiente. La mayoría de los líderes necesariamente caen bajo este rubro, aunque puedan compartir características de los otros estilos.

(4) Revitalizador. Esta persona trae ciertas características de las tres categorías previas y tiene la capacidad de movilizar y «resucitar» a la iglesia aunque esté declinando. Tiene muchas cualidades parecidas a la del catalizador, pero comienza con algo ya establecido, lo que en sí tiene sus ventajas y desventajas. Por ejemplo, una desventaja sería tener que reentrenar y movilizar a los miembros de la iglesia que están acostumbrados a no trabajar. El revitalizador pasa, con frecuencia, por muchas experiencias y puede usar las lecciones aprendidas en el contexto que se le presente.

Estilos de liderazgo

Existen tres modelos básicos de liderazgo frecuentes en la literatura de iglecrecimiento. Primero el del líder *autocrático,* que es impositivo, mandón, tipo cacique, que se cree indispensable. Supone que los demás deben seguir sus instrucciones sin protestar ni evaluar. El otro extremo es el líder *liberal,* que es suave o débil y permite que cada cual siga su camino. Todos pueden opinar y las decisiones nunca llegan a un consenso. El grupo que tiene a un líder de esta clase se siente sin dirección ni guía. Tercero, el estilo de liderazgo llamado *participativo.* Este último involucra a las personas en las decisiones y toma en cuenta las opiniones y críticas constructivas de otros. Dirige con flexibilidad y sabe discernir cuándo debe mantener cierta postura con verticalidad. Nunca impone, siempre es receptivo a las sugerencias y a las mejoras.

Es bueno entender los estilos de liderazgo para estar consciente de las diferencias. Pero la Biblia promueve un liderazgo *pastoral.* Y el buen liderazgo pastoral discierne en qué momento debe acentuar más el uso de un estilo que otro. Estudios en el campo del iglecrecimiento indican que diferentes estilos funcionan mejor en diversas situaciones. En el ambiente eclesiástico parece funcionar bien el estilo participativo, visionario y directivo. El pueblo latinoamericano espera un liderazgo seguro y decidido, que a la misma vez tome en cuenta la opinión de otros, comparta el poder y la autoridad, y se base en el servicio a los demás.

LIDERAZGO CENTRADO

Permisivo	Participativo	Legalista
LIBERAL	PASTORAL	AUTOCRÁTICO

El líder efectivo debe saber motivar e involucrar a su congregación y multiplicar la cantidad de líderes en la misma. Este es el modelo discipulador de 2 Timoteo 2.2, en el que Pablo instruye al joven: *Lo que has oído de mí ante muchos testigos, esto encarga a hombres fieles que sean idóneos para enseñar también a otros.* Es una gran ventaja cuando el líder es inspirador y tiene carisma, pero no es el único modelo, como lo demuestran tantos ejemplos de líderes idóneos en la Biblia. Se piensa que el mismo Timoteo era reservado y algo tímido. La Palabra a veces nos demuestra que quien menos uno cree, es el que Dios usa para sus grandes obras. Sin embargo, es esencial desafiar a la congregación a alcanzar las metas y los objetivos establecidos.

El líder efectivo delega en otros, no solo para «sacarse trabajo de encima», sino sobre todo porque esos otros usarán sus dones y ministrarán al tener más responsabilidad. Moisés, en Éxodo 18, tuvo que reconocer el consejo de su suegro y dejar de hacer todo por sí solo. Jetro le recomendó que delegara el trabajo a otros y que solo resolviera los casos más difíciles. De la misma forma el líder de hoy debe incluir a otros en la asignación de tareas en el ministerio de la iglesia. Vea el «Contraste de estilos de liderazgo».

Contraste de estilos de liderazgo

Líder fuerte, autoritario	**Líder directivo**, organizado
Establece la visión *para* la iglesia	Establece la visión *con* la iglesia
Asigna las metas solo	Asigna las metas en equipo
Busca resultados individualmente	Busca resultados colectivamente
A veces puede delegar	Busca la participación activa
Ignora las áreas débiles	Fortalece las áreas débiles
Enfoca sus propios dones	Equipa y entrena a la iglesia
Distribuye: «Tomen esto»	Señala el camino: «¡Por aquí...!»

Esta gráfica la diseñé para mi tesis de maestría y la fundamenté en una charla dictada por un pastor argentino que habló de la gran necesidad actual de líderes visionarios que movilicen a sus congregaciones a participar en el ministerio.

Algunos expertos de iglecrecimiento indican que el pastor debe pasar ochenta por ciento de su tiempo con el veinte por ciento de sus líderes clave. Estos pastorearán y movilizarán al resto de la congregación. Creo que el hecho de que haya tantas iglesias de 30 a 50 personas, se debe a que la mayor parte del trabajo recae sobre el pastor solo. Ese es, en la mayoría de los casos, la cantidad que una persona puede pastorear sin mucha ayuda. Lo que queda claro por la experiencia es que el líder que va a crecer y expandir su ministerio, debe utilizar y maximizar los dones de todos en la iglesia. En su libro *El pastor evangelista*, el profesor Rogelio Greenway enseña que la responsabilidad del líder cristiano incluye no solo la predicación y enseñanza del evangelio, sino también la movilización de la congregación a actuar en el ministerio.

La clave del liderazgo en la iglesia es como hallar a un «jugador de tenis» (que juega individualmente) que sepa «jugar bien el fútbol» (en equipo). En otras palabras, hay que combinar la autoridad y la fuerza de un líder dirigente con la participación de un buen equipo de trabajo unidos en un ministerio participativo. ¡Este bien puede ser uno de los factores más críticos para las congregaciones que desean crecer y ser efectivas al ministrar! Eso nos conduce a hablar del cuerpo ministrante, la comunidad de fe en acción.

3. Cuerpo ministrante

«Los miembros de la iglesia trabajan unidos usando sus dones responsablemente en su congregación y en la comunidad.»

Recuerdo un estudio bíblico en el que un colega entregó un paquetito a cada uno de los presentes. «¿Saben qué tienen en sus manos?», preguntó. No sabíamos específicamente lo que era, pero parecía un regalo. «¿Qué se debe hacer para descubrir qué es?» Respondimos que teníamos que abrirlo, y procedimos a hacerlo. Qué sorpresa nos llevamos cuando nos dimos cuenta de que cada uno tenía en sus manos un pedazo de un rompecabezas.

Luego preguntó: «¿Qué debemos hacer para que esto sea útil?» En ese momento nos percatamos de lo que quería. Teníamos que trabajar juntos si queríamos ver el rompecabezas completo y armado. Nos movimos a una mesa y trabajamos juntos colocando todos los pedazos del rompecabezas en su sitio; así comenzó a vislumbrarse un bonito paisaje de una iglesia en un campo precioso. Pero pronto notamos que faltaban algunos pedazos para completar la figura. «Raúl, faltan piezas», le dijimos. Entonces nos respondió emocionado: «¡Tenemos que buscar más vidas para Cristo y entonces los dones de esas personas completarán el trabajo que hemos iniciado en esta iglesia!» ¡Qué gran lección aprendimos ese día! Es solo en la medida en que cada uno descubre su don, un regalo del Espíritu Santo, y lo pone a la disposición de la comunidad de fe en misión, que podemos realizar los propósitos de Dios para su Iglesia.

En la realidad no siempre es tan sencillo. Si bien no lo dicen, muchos creyentes tienen una mentalidad encarcelada entre las cuatro paredes de la iglesia. Hay demasiados cristianos inactivos en sus congregaciones. No están sirviendo ni se involucran en ministerios. Cuando el cuerpo no se activa para hallar su lugar de servicio y ministerio es porque existe un tremendo problema de desempleo en la comunidad de fe. Tenemos muchos «consumidores» y pocos «contribuidores». Hay varias razones por las que eso ocurre.

Muchos líderes fomentan esta actitud de desidia, aunque no sea intencionalmente. A veces por tratar de hacer todo, los pastores no le dan lugar a otros para encontrar su lugar en el ministerio. Recuerdo una lección que me enseñó mi padre, que fundó varias iglesias en diferentes países (Argentina, Estados Unidos y El Salvador). La lección se podría titular: «No le robes a otro la oportunidad de servir y ministrar». Él mismo se dio cuenta de que cuaı. 'ո llegaba a la iglesia por la mañana, hacía café para todos porque supuestamente no había quien lo hiciera. Más adelante notó que había una dama a la que le alegraba considerar la preparación del café y la merienda como parte de su ministerio en la iglesia y entre los visitantes. Así fue que mi papá delegó esa tarea para dedicarse a otras que ameritaban más su participación. A la vez que se libraba de un trabajo adicional, una dama de la congregación se sentía alegre porque hallaba su posición para servir en la iglesia. Y aparte de todo, ¡el café empezó a saber mejor!

Otro problema surge cuando no se entiende lo que es la iglesia y su función. La actitud de un cuerpo que no ministra se refleja especialmente en aquellas comunidades de fe que piensan en la iglesia como el edificio físico donde se reúnen. La iglesia, para ellos, es el lugar al que uno asiste. Muchos creyentes creen que con ir al templo a adorar a Dios, ya cumplieron su tarea y función como creyentes. No existe en ellos una conciencia de «ser» Iglesia de Cristo y, por lo tanto, también fallan en su perspectiva de lo que están llamados a «hacer».

Otras iglesias simplemente están demasiado cómodas y satisfechas con las cosas como están. Son las congregaciones egoístas y centradas en sí mismas. Los programas y presupuestos sirven solo a los que están «dentro de la iglesia», la cual se mira en el espejo, pero no se asoma a la ventana para servir a su comunidad y a aquellos que aún no conocen a Jesucristo. Cuando no hay misión hacia la comunidad, hay muchos menos «espacios» para servir y, por lo tanto, no hay tanta necesidad de movilizar a la congregación entera al ministerio. Con unos pocos se mantienen las cosas. *Hay los que piensan en misión y los que piensan en mantenimiento.* La diferencia es abismal.

Tenemos que recordar que la iglesia es el pueblo de Dios y el Cuerpo de Cristo en misión. Un organismo crece mejor en la medida que todos sus miembros estén bien activos y cumpliendo sus funciones. El músculo que no se usa se atrofia. En mi propio ministerio he podido constatar que cuando un miembro de la iglesia se activa para ministrar y servir, es que más crece en su propio discipulado, fidelidad y compromiso al Señor. Edificando a otros se edifica uno también. En 1 Pedro 2.4, el apóstol nos exhorta: *Vosotros también, como piedras vivas,* sed edificados *como casa espiritual y sacerdocio santo, para ofrecer sacrificios espirituales aceptables a Dios por medio de Jesucristo.*

Todo cristiano es ordenado a ser edificado como parte de la casa espiritual. Más adelante, el versículo 9, continúa: *Mas vosotros sois linaje escogido, nación santa, pueblo adquirido por Dios,* para que anunciéis *las virtudes de aquel que os llamó de las tinieblas a su luz admirable.* Este pasaje integra el «ser» con el «hacer». Aquí vemos que la edificación del cristiano va ligada a su función de anunciar, proclamar, servir y ministrar. (Para una discusión más extensa de la iglesia, sus fundamentos y sus finalidades, vea el libro *La iglesia en que sirvo,* por Alberto Barrientos, de FLET).

Sacerdocio de todos los creyentes

Es hora de que la iglesia completa se libere para ministrar. Es hora de romper las cadenas que tienen a las personas engordando y calentando bancas. Es hora de movilizar a todo el pueblo de Dios en cada iglesia local para servirle según los dones que les dio. ¡Esto es esencial porque esta es la iglesia de Cristo por naturaleza! El cuerpo de un Dios misionero es una iglesia misionera. Cuando Cristo estableció los mandatos misioneros como la Gran Comisión, no les dirigía la palabra solo a los pastores y ministros, sino a todos sus discípulos de todas las edades. El principio del «sacerdocio de todos los creyentes», proclamado en la carta a los Hebreos y replanteado en la Reforma protestante del siglo XVI, debe ser rescatado y puesto en práctica. Como oímos decir a menudo: «Los pastores no paren ovejas, solo las ovejas paren ovejitas». El pastor las cuida y las guía. La iglesia es más efectiva de acuerdo a su llamado cuando todos trabajan juntos hacia el mismo propósito. Los estudios que he hecho acerca de las iglesias hispanas en los Estados Unidos también confirman esta gran verdad. Las encuestas que realicé entre congregaciones que promediaban de 30 a 50 miembros indicaban que un cincuenta y cinco por ciento de las personas llegaban allí a través de un amigo o pariente mientras que menos de veintiséis por ciento lo hacían por medio del pastor. Otros estudios demuestran que en iglesias grandes la diferencia es aun mucho mayor.

Ministerio según los dones

El apóstol Pedro en su primera carta indica: *Cada uno según el don que ha recibido, minístrelo a los otros, como buenos administradores de la multiforme gracia de Dios* (4.10). El cristiano que no usa sus dones es, por lo general, un creyente aburrido porque no ejerce aquello para lo cual el Señor lo creó, equipó y llamó. ¡Y cristianos aburridos no hacen buenos cristianos! Una de las metas de una iglesia saludable debe ser tener el porcentaje más alto posible de miembros activos en algún ministerio según sus dones. Estos serán cristianos vigorosos y motivados. El ministerio mismo motiva. Uno se entusiasma con su fe cuando está haciendo y aprendiendo algo en el desafío del ministerio y la misión en y hacia el mundo.

El alemán Christian Schwarz, en *Las ocho características de una iglesia saludable,* descubrió que «un resultado adicional muy interesante de nuestras investigaciones fue que hay poquísimos factores relacionados tan estrechamente con el sentimiento subjetivo del gozo en la vida del creyente como la cuestión de si está viviendo o no de acuerdo con sus dones espirituales». Este estudio, en más de mil iglesias en 32 países, demuestra la importancia de emplear los dones de todos los miembros de la iglesia.

Identifique sus dones. Cada día sale a la luz nueva literatura para ayudar a la iglesia a identificar los dones de sus miembros. Algunas casas publicadoras como *Libros Desafío*, por ejemplo, tienen entre sus materiales varios cuadernos de trabajo con su guía de estudio para líderes; recomiendo uno de ellos en particular: *Descubra sus dones*. La iglesia puede ayudar a los miembros a identificar sus dones, en un taller de fin de semana, para ubicarlos en el ministerio adecuado. La clave es que los conozcan y los empleen de modo que puedan desarrollarlos. Esto ayuda a las personas a identificarse con la visión de la iglesia, con sus proyectos y sus programas. Para ello el liderazgo debe delegar no solo la responsabilidad de una tarea, sino también la autoridad para ejecutar esa responsabilidad.

Roberto Logan y Carl George, en *Leading & Managing Your Church,* recomiendan que uno «delegue el poder de tomar decisiones hasta el nivel más básico posible, ya que las personas se sienten más comprometidas con los proyectos que ayudan a formular» (p. 143). Compartir el poder de decisión y ejecución genera más motivación y compromiso con el proyecto, a la vez que produce mayor efectividad y mejores resultados.

Muévase. El destacado teólogo y pastor Alberto Barrientos afirma: «Los símbolos empleados [iglesia como cuerpo, edificio, planta, esposa, rebaño, nación y reino] hablan claramente de un diseño o modelo, o sea de lo que Dios tiene en mente y qué es lo que toca a los cristianos seguir y construir y, muy en particular, es una señal muy clara a los dirigentes de cómo deben proceder. Así como a Moisés Dios le advirtió: "Mira, haz todas las cosas conforme al modelo que se te ha mostrado en el monte", igualmente el Señor espera que sus ministros y todos los cristianos plantemos, edifiquemos y organicemos al pueblo conforme a los modelos mostrados» (Hebreos 8.5).[1]

De nada sirve si usted identifica el don de un miembro y luego no lo emplea en un ministerio de la iglesia. Esto solo frustra al creyente. Mucha gente no conoce con seguridad el área en que des-

---

[1] Barrientos, Alberto. *La iglesia en que sirvo*, FLET-Unilit, Miami, 1997, p. 31.

taca su don. Y entre quienes sí lo saben, muchos no están usándolo para la edificación de la iglesia. Esta desperdicia, en esencia, uno de los recursos más poderosos que el Señor le proveyó. Debemos volver a Efesios 4.12 que nos manda a *perfeccionar a los santos para la obra del ministerio, para la edificación del cuerpo de Cristo.* Evidentemente Dios quiere a los santos haciendo la obra del ministerio. Para eso repartió los dones a cada uno.

Actitud misional

Otro factor clave es la actitud del cuerpo ministrante. Esta se mide en numerosos gestos, iniciativas individuales, sonrisas compartidas y actos de servicio que sumados valen más que cualquier programa individual organizado por la iglesia. Esta es la actitud misional. De vez en cuando oigo frases como: «¡Los de casa primero!» Entiendo que hay ciertos pasajes bíblicos que enseñan la prioridad de velar por los hermanos en Cristo. Pero también vemos en la Biblia —de principio a fin— que Dios, en Cristo, se entrega por nosotros completamente, los que una vez andábamos perdidos. La actitud misional pone a los invitados y a los no convertidos como prioridad en muchos detalles para así ganárselos para el Señor.

Recuerdo que un pastor amigo me contaba que en su iglesia se juntó más gente que la esperada para un paseo a la playa un día feriado. Llegaron más visitantes de lo que pensaron. No había suficiente transporte para todos. En lo que buscaban cómo resolver el problema, una señora dijo a alta voz: «Yo me monto en este vehículo ahora. ¡Los de casa primero!» Y así mismo se introdujo en el vehículo y se sentó cómodamente. Todo lo contrario a una actitud misional. Los invitados que oyeron esto, seguramente lo pensarían mucho para volver a visitar a gente así. Nuestras actitudes reflejan nuestros valores. Si el aspecto misional de la iglesia es un valor central en nuestras congregaciones, se reflejará en nuestras actitudes. En mi experiencia como sembrador de iglesias veo que tener una actitud misional entre el núcleo de los miembros vale más que oro.

Pasos prácticos

(1) Prepare su liderazgo para movilizar a la congregación.

(2) Enseñe acerca de los dones espirituales y la mayordomía de los talentos.

(3) Identifique el don y área de interés de cada creyente en la iglesia.

(4) Coloque a cada miembro en un papel de servicio o ministerio.

(5) Manténgase pendiente a todo el sistema y haga los ajustes necesarios.

Recuerde que es mejor considerar las capacidades y el talento del creyente y buscarle una tarea que le caiga como anillo al dedo, que tratar de formular unas descripciones de trabajo y luego salir a buscar voluntarios que lo hagan. En muchos casos es bueno entrenar primero y luego involucrar, pero a veces hay que invertir el orden y es mejor involucrarlos primero y, poco a poco, ir entrenándolos sobre la marcha. El ministerio es la mejor motivación que hay.

4. Recursos

«La iglesia desafía efectivamente a los miembros a ser buenos mayordomos de sus posesiones, sus recursos y sus bienes (tiempo, talento y tesoro). Y usa estos materiales y donaciones financieras para realizar la obra del reino de Dios en la iglesia y en su comunidad.»

Cuando hablamos de recursos casi siempre pensamos en las «tres T»: tiempo, talentos y tesoro de la iglesia. Bajo este último rubro también caen las instalaciones y el local físico. Toda congregación, por más pobre que sea, cuenta con algunos recursos provistos por Dios para poder comenzar a invertirlos en el trabajo del reino. Muchos comienzan observando la copa medio vacía. ¡Necesitamos líderes de fe que la vean medio llena! Es esencial recordar que toda la plata y el oro le pertenecen a Jehová y donde Dios llama a trabajar proveerá los recursos suficientes y necesarios para cumplir su voluntad. A fin de cuentas a Él le pertenece la tierra entera (Salmos 24.1).

Recuerdo cuando grabamos un programa televisivo acerca de la mayordomía cristiana con Andrés Panasiuk, director de Conceptos Financieros Cristianos. Este ministerio está ayudando a las iglesias en América Latina a maximizar su potencial económico para la obra de Dios. Él recalcaba que uno de los errores principales en esas congregaciones es que la gente se considera «dueño» de lo que tiene y no «mayordomo» de lo que Dios le encargó. El dueño se aferra emocionalmente a sus pertenencias, mientras que el mayordomo simplemente se encarga de cuidar y manejar el dinero que le pertenece a otro, en este caso nadie más que a Dios. Es tarea del liderazgo modelar y enseñar una perspectiva de mayordomía cristiana a su congregación para así ayudar a las familias y, a la vez, liberar recursos para la obra de la iglesia en el mundo.

La congregación tampoco es dueña de sus recursos. Dios es el dueño y nosotros *mayordomos* o administradores. La parábola de los talentos nos enseña que cuando el Señor regrese quiere encontrar que hemos sido fieles con lo que nos dio y nos pedirá cuentas en cuanto a cómo lo invertimos en el reino de Dios.

Lo segundo que debemos recordar es que la iglesia creciente siempre está al borde de sus recursos. La iglesia misional no está en planes emergentes por ahorrar, sino que está constantemente «quemando los cartuchos» para realizar la obra de Dios. La iglesia creciente trabaja a capacidad máxima. Como veremos más adelante, es posible que existan proyectos que requieran ahorro para la compra de un terreno o para la extensión del templo y casos similares. También es bueno que la iglesia tenga un fondo para emergencias. Pero la idea principal es estar al borde de los recursos para mantenerse realizando la tarea del Señor. La iglesia misional siempre necesita más dinero, siempre necesita más obreros y siempre necesita más tiempo. Es en el manejo de los recursos que podemos ver si una iglesia realmente pone énfasis en la comunidad y en el esfuerzo misionero. Si una iglesia dice que su prioridad es la evangelización pero no pone un centavo del presupuesto para ello, solo está hablando. Pasemos ahora a analizar cada una de estas «T».

A. Tiempo

Este es tal vez uno de los recursos que menos se aprovecha en la iglesia de Jesucristo. El tiempo que los hermanos pueden emplear para servir a la congregación y a la obra misionera es valiosísimo. Es responsabilidad del liderazgo desafiar a los miembros a una mayor acción y a movilizar el uso responsable del tiempo del que disponen. Los negociantes occidentales dicen que el tiempo es oro, y en cierto aspecto tienen razón. Pero para la iglesia el tiempo representa oportunidades para servir al Señor.

En mi tesis de iglecrecimiento descubrí que las personas que participaron en este estudio, tenían un promedio de cuatro horas a la semana que podían donarlas a la iglesia. Imagínese a treinta personas que le donen cuatro horas semanales; tendría a disposición de la congregación unas 120 horas de trabajo y ministerio voluntario de domingo a domingo. Claro está que en diferentes comunidades y culturas la cantidad disponible de horas variará considerablemente. El punto central, sin embargo, es claro: la iglesia casi siempre desaprovecha la cantidad de horas disponibles que tienen sus miembros para servir en ella en forma voluntaria.

Recomendaciones prácticas

(1) Prepare una encuesta para la congregación preguntando las horas que cada persona tiene disponibles en el día para servir voluntariamente.

(2) Recolecte las encuestas y prepare una tabla con los resultados.

(3) Analice los resultados y compárelos con las necesidades de la iglesia.

(4) Provea oportunidades de servicio y ministerio a las personas según sus intereses, talentos y dones.

B. Talentos

Algunos líderes no tienen la menor idea de la cantidad de talentos «ocultos» en su propia congregación. Si pudiéramos maximizar el uso de los talentos de cada miembro, revolucionaríamos la manera en que hacemos las cosas.

Es una buena práctica realizar una encuesta periódicamente entre los congregantes para inventariar los talentos y habilidades con que cuenta la iglesia. Esto se puede hacer con un sistema en el que cada miembro anota, en unas tarjetas individuales, las cosas que le gusta hacer, las que cree que hace bien y qué talento entiende que el Señor le ha concedido.

Conozco una iglesia que puso un rótulo a la salida del santuario que dice: «Entrada al campo misionero». Cuando termina el culto y la gente comienza a salir del lugar, pasan por debajo de ese rótulo, enfatizando que en ese momento están entrando a su campo de trabajo. Los dones de las personas no son para utilizarse solo en el culto de adoración, sino en toda la obra semanal de la iglesia. Es mi experiencia que mucha gente espera hasta que alguien venga a preguntarles o desafiarles con una necesidad que tiene el ministerio. Si el desafío va de acuerdo con el don y la disposición de la persona, generalmente estos responden con alegría y compromiso ante la oportunidad. Sin el desafío del liderazgo muchas iglesias están derrochando mucho talento sin usar.

C. Tesoro (lugar, instalaciones y finanzas)
Ubicación

Algunos estudiosos de iglecrecimiento creen tanto en la importancia de la ubicación que dicen que hay tres consideraciones «L» para comenzar una nueva obra: ¡Primero, Lugar; segundo, Lugar; y tercero, Lugar! David Hesselgrave afirma: «La diferencia entre elegir un área donde hay potencial y el Espíritu Santo tiene un pueblo preparado, y otra que carece de estas características, puede significar años de servicio frustrante e infructuoso» (*Plantando iglesias transculturalmente*, p. 107). Pedro Wagner agrega que «un buen lugar puede ser uno de los factores primordiales en el éxito de una iglesia. Un buen sitio cubrirá un montón de fallas en otros sectores» (*Plantando iglesias para una mayor cosecha*, p. 77).

Hoy en día tenemos tantas ventajas con el advenimiento de la informática que podemos tener acceso a muchos datos. Esto se refiere a la información básica de las comunidades en nuestra sociedad como: porcentajes de los que tienen vehículo y teléfono, ingreso promedio, edad, estado civil, tipo de empleo, preferencias de entretenimiento, tipo de vivienda, etc. Podemos obtener esta información en base a los resultados de los censos, de las agencias gubernamentales que trabajan en la planificación urbana, de las universidades, de las instituciones financieras y bancarias, de las cámaras de comercio, bibliotecas, etc. En algunos países hay empresas que se dedican a proveer esta información por un precio módico. Vale la pena hacer un buen estudio demográfico si se piensa en el crecimiento de la iglesia.

Local o instalaciones

Otro factor importante como recurso es el local o las instalaciones que usa la congregación para sus cultos y sus programas en su práctica eclesiástica. Algunas iglesias emplean una lista de las cosas principales que deben tener al día en sus instalaciones. Esto incluye un buen alumbrado para actividades nocturnas, un buen sistema de rótulos y carteles, así como también baños limpios. Una iglesia en una zona rural tal vez no tenga las mismas expectativas que una en la ciudad, pero tiene sus propios detalles a los que debe atender para maximizar la impresión que causan al visitante. Por ejemplo, en la ciudad es posible que un baño bien preparado no impresione ni al visitante ni a nadie. Pero un baño sin agua, sin luz y sin papel higiénico sí impresiona, ¡y muy mal!

Recuerdo una iglesia que visité durante su culto de aniversario. No tenía papel higiénico ni toallitas para secarse las manos en el baño. No era la primera vez que notaba eso. No me sorprendía que ɩa iglesia estuviera estancada. Las cosas pequeñas a veces reflejan las grandes. Si se descuida un área tan sencilla es probable que se descuiden otras más importantes.

A veces salgo al frente de la iglesia que estoy plantando y trato de mirar todo con los ojos del que llega por primera vez. Doy la vuelta por las instalaciones tratando de pensar qué cosas necesitan mejorar o cambiarse. A veces le pregunto a alguien lo que piensa por si se me olvida algún detalle importante. Se sorprenderá de las cosas que pueden notar sus hermanos y la alegría que sienten cuando usted toma en cuenta su opinión.

Finanzas

El estribillo de una canción muy popular dice: «Con dinero y sin dinero hago siempre lo que quiero...» En la realidad que vivimos solo Dios puede decir eso. Sin dinero, aunque sea un poquito, es muy difícil realizar ciertas cosas. La iglesia, en términos prácticos, también necesita dinero para realizar sus metas de evangelización y expansión del reino de Dios. Contratar personal cuesta dinero, comprar terreno cuesta dinero, construir un templo cuesta dinero, poner un programa de radio y televisión cuesta dinero, mandar a imprimir boletines cuesta dinero, comprar una máquina fotocopiadora cuesta dinero, reparar el sistema eléctrico cuesta dinero, adquirir un sistema de sonido cuesta dinero, y así muchas otras cosas. En fin, sin dinero de alguna parte, la iglesia se ve en serias dificultades para realizar la obra a la que es llamada. La ventaja que tenemos es que cuando Dios nos envía a hacer algo, también nos provee las herramientas necesarias para realizar la labor.

El hecho de que una iglesia tenga recursos económicos no significa que crezca. Conozco algunas de ellas pequeñas con cuentas de ahorro enormes que realmente están en decrecimiento. Pero sin recursos económicos es mucho más difícil que una congregación crezca. Por lo tanto, el dinero por sí solo no garantiza nada, aunque su carencia dificulta más la labor de la iglesia.

El dinero casi siempre fluye tras la visión clara, motivadora y bien comunicada. La gente es más propensa a donar su dinero para una causa en la que ellos mismos participan o por lo menos de la cual ven el fruto. Es clave dar un informe periódico a la congregación acerca de las maneras en que se usan los fondos recaudados. Es responsabilidad de los líderes y el tesorero rendir cuentas de las entradas y salidas y contar cómo esto ha servido para la extensión del reino de Dios. Sea lo más específico que pueda. Dar a un «fondo general» o al «presupuesto denominacional» produce menos interés en la gente que saber algo específico como que «ayudamos a los jóvenes en su viaje misionero a la ciudad vecina».

La tesorería de la iglesia se debe manejar de tal forma que inspire confianza y respeto por parte de la congregación. Como pastor de la iglesia me mantengo informado de los asuntos financieros, pero tengo hermanos mejor preparados que yo en el área financiera lidiando con los libros, los informes, los depósitos y el movimiento general de dinero. Siempre se requieren dos o tres firmas para girar cheques y dos diáconos responsables deben contar la ofrenda. Es importante que otros hermanos tengan parte en el control financiero de la congregación. Algunos pastores piensan que al poner a su esposa como tesorera se resuelve el asunto, pero esto hace que todo parezca un proyecto familiar y no uno eclesiástico. No pretendemos aquí hablar de detalles administrativos. El punto importante que queremos recalcar es que, cuando la gente respeta y confía en la manera que se manejan los fondos de la iglesia, se verá en mejor disposición de compartir sus recursos financieros con la comunidad de fe de una manera pronta y generosa.

Enseñanza del diezmo y la mayordomía

Es importante que el liderazgo de la iglesia dé el ejemplo en cuanto a dar. Las ofrendas y los diezmos deben ser practicados con gratitud y con gozo. Se debe enseñar la mayordomía cristiana a todos los miembros como parte del programa de discipulado y como requisito en la clase de membresía. Hay muchas congregaciones que, aun contando con los recursos potenciales para mantener a un pastor a tiempo completo, hacen que este trabaje secularmente porque no son fieles con los diezmos y las ofrendas. En Éxodo 35.4-29; 36.3-7 vemos que el pueblo de Dios daba más que suficiente, ¡a tal punto que se le pidió que no trajera más ofrendas. ¿Se imagina una iglesia hoy que le pida a sus fieles que no den más? Recomiendo altamente el material bíblico de Conceptos Financieros Cristianos. Ellos enseñan a las iglesias y a las familias a poner sus finanzas en orden de una forma organizada y bíblica para poder glorificar a Dios en todo.

Hemos presentado los cuatro elementos vitales para la efectividad en el ministerio y en el crecimiento de la iglesia. Ahora que tenemos el fundamento podemos edificar sobre él. Pasemos a las cuatro áreas vitales que hay que trabajar como función de la iglesia.

LECCIÓN 7

EFICIENCIA MINISTERIAL: OCHO ÁREAS DE TRABAJO

Parte II: Cuatro áreas a trabajar

Vistos los cuatro elementos vitales para una iglesia saludable y creciente, pasemos ahora a analizar las cuatro áreas de trabajo que exigen nuestro mayor esfuerzo para realizar una labor bíblica responsable. Estas son la adoración y la oración, la educación y el discipulado, el cuidado pastoral y el compañerismo, y el testimonio cristiano mediante el servicio y la evangelización.

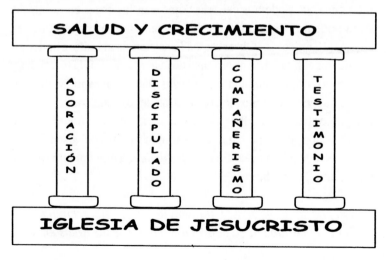

Un estudio cuidadoso del Nuevo Testamento (véase capítulo 4 de este libro) muestra que estas son las áreas principales a trabajar en cualquier comunidad de fe. Note que incluimos servicio y evangelización bajo la palabra testimonio y, por lo tanto, reducimos las cinco funciones a cuatro áreas de trabajo. Pasemos a ellas.

Salud y crecimiento en la Iglesia de Jesucristo

1. Adoración y oración
«La iglesia se reúne como familia de Dios para encontrarse con su Padre en adoración, confesión y gratitud, así como para dedicarse al servicio y la oración.»

Para la mayoría de los estudiosos de iglecrecimiento, la adoración es de primera importancia en lo que respecta a medir el progreso en una congregación. Es cuando se reúne el pueblo de Dios para adorarlo y escuchar su Palabra. Aunque la adoración como tal no está limitada al tiempo ni al espacio del culto público, es en ese momento que podemos calibrar cómo van las cosas en la iglesia. Aquí podemos tomar algunas de las medidas más importantes en cuanto al ministerio. Observamos la asistencia al culto y podemos considerar el nivel de compromiso de la gente. Vemos las ofrendas y deducimos cómo marchan las finanzas. Vemos la cantidad de visitantes nuevos y notamos los resultados del evangelismo. Vemos a los que confiesan al Señor en algún llamado, observamos el espíritu de adoración, y nos percatamos de muchas partes del sistema funcionando a la misma vez. En el *Manual de iglecrecimiento* (p. 54), Guillermo Easum dice:

«Pocos factores tienen influencia en el iglecrecimiento como la calidad de la adoración. De todas las áreas en la

128

*vida de la iglesia, la adoración debe recibir la mayor aten-
ción. Cuando ella llena las necesidades de la gente, la
iglesia crecerá».*

Aunque corro el riesgo de exagerar, estoy de acuerdo que si tu-
viera que elegir un área de trabajo, escogería la adoración como
iniciativa hacia el crecimiento. Mucha gente que contacta a la iglesia por primera vez lo hace a través de un culto corporativo o colectivo. Por eso hay que causar una buena impresión. ¡Nunca habrá
una segunda oportunidad para hacer una primera impresión! Debemos pensar, entonces, en todos los detalles posibles para establecer
un ambiente que conduzca a la adoración dinámica: reverente y
celebradora. La iglesia tiene que lograr un equilibrio entre la *celebración* y la *reverencia* para mantener su culto de adoración centrado en la palabra. «Celebración» porque los cristianos tenemos la
mayor razón del mundo para festejar y gozar en agradecimiento por
lo que Cristo hizo por nosotros. «Reverencia» porque tenemos un
Dios que no es solo nuestro amigo, sino también nuestro Rey y
gobernador.

El culto de adoración debe ser algo que eleve e inspire. En ese
culto nuestra fibra más profunda vibra al llegar ante un Dios que ha
hecho maravillas portentosas en el pasado, asegura con poder nuestro presente, y guarda nuestro futuro seguro en sus manos. Debemos
cuidar de no intentar competir con la cultura de entretenimiento y
atención inmediata que nos rodea. Pero sí debemos aprovechar apro-
piadamente la música, la poesía, el drama y las diversas manifestaciones artísticas para enriquecer nuestra liturgia y orden de culto. Las
iglesias tienen diversos tipos de parámetros y marcos que definen su
flexibilidad con relación a la adoración. Pero todas deben buscar un
diálogo que integre lo siguiente en alguna forma responsable:

- Dios llama a la adoración. La congregación de creyentes respon
  de con júbilo.

- Dios llama al arrepentimiento. Todos responden confesando en oración.
- Dios habla por su Palabra. La comunidad de fe responde con cánticos y ofrendas.
- Dios da su bendición. El Cuerpo responde saliendo a servir.

Lo más importante es que el culto de adoración refleje que Dios está vivo, presente y en comunión con su pueblo. Muchas de las controversias respecto a este culto no son más que argumentos por cuestiones de gusto y temperamento. En realidad, hay lugar para una amplia variedad de expresiones de adoración en la rica diversidad de la Iglesia del Señor. Veamos algunas consideraciones básicas para fortalecer este ministerio.

Consideraciones básicas

La bienvenida que se les da a los visitantes y congregantes, en general, es esencial. Esa es parte relevante de las funciones del ministerio de ujieres. Muchas iglesias crecientes descubren la importancia de ese ministerio. Los ujieres reciben a las personas con una sonrisa y deseos de servirles. Les entregan el boletín si lo hay, y se aseguran de que los que asisten por primera vez reciban una tarjeta en la cual deben escribir su información básica. Estas tarjetas se entregan al pastor para que presente a los visitantes y luego el equipo de seguimiento pueda trabajar con ellos posteriormente. Recuerde que muchos de los que asisten por primera vez decidirán ese mismo día si vuelven o no a la congregación, así que recíbalos bien. Debemos esforzarnos para que el visitante sienta el calor de la comunidad cristiana y escuche con claridad las buenas nuevas de salvación que Jesús ofrece. Recalco: No hay una segunda oportunidad para hacer una primera impresión. Muchos deciden en su primera visita si volverán a esa iglesia.

El equipo de seguimiento, por otra parte, es el encargado de reconocer y aprovechar cada oportunidad posible para fijar una fecha y visitar a los recién llegados. Si es posible, es bueno enviarle una cartita o hacerle una llamada telefónica a la persona nueva; demostrando interés sincero en ella y extendiéndole otra invitación para que regrese.

Otra consideración es el tamaño del santuario y la capacidad de asientos disponible. Lamentablemente muchos templos o lugares de reunión se construyen con muy poca visión futurística. Conozco iglesias que limitan su crecimiento indefinidamente por lo pequeño de sus instalaciones y lo encerrado que están en la propiedad existente. Cuando las personas llegan a un lugar que está casi lleno, se sienten «apretados» y comienzan a inquietarse. En el momento en que una congregación llega a cubrir el 80% de su capacidad hay que estudiar las opciones: agregar servicios, ampliar el lugar o mudarse a uno más grande. Muchas iglesias que agregan servicios experimentan un crecimiento significativo en los primeros meses posteriores al cambio. No permita que la falta de espacio sofoque el crecimiento de su iglesia.

La predicación bíblica y sólida es esencial para una iglesia saludable. Los mensajes deben llegar tanto a la cabeza como al corazón. Los desafíos desde el púlpito deben ser aplicables a la vida cotidiana y fortalecer a la familia de hoy con la sana doctrina. Adapte la programación a su estilo litúrgico, y brinde oportunidades para instar a dar un paso de fe en respuesta a la transformación espiritual que Dios lleva a cabo en los creyentes. He observado que, aun en iglesias bastante conservadoras, las personas aprecian los retos a actuar y las oportunidades para responder al llamado de Dios. También hay que proveer oportunidades para que en el transcurso del culto (antes, durante o después) las personas que lo deseen pasen al frente o a un cuarto especial donde alguien los pueda acompañar en oración por sus necesidades especiales.

Promueva una participación amplia por parte de los líderes y miembros de la grey. Use los talentos y los dones de ellos para la edificación del cuerpo durante el culto de adoración. La música es una de los aspectos en los que se puede involucrar a un buen número de personas. Según crezca la congregación, el liderazgo debe fomentar la creación de nuevos grupos musicales, corales de infantiles, juveniles o de adultos, orquestas, bandas especiales, etc. Al involucrar a más personas, conforme a sus dones, la asistencia seguirá mejorando. Haga uso también de los testimonios de personas que han conocido la gracia, la misericordia y el amor transformador de Dios. Permita en momentos oportunos que las personas se expresen en público acerca de su peregrinaje espiritual para la edificación de todos. Cuando los demás ven lo que Dios está haciendo en la comunidad parece que se contagiaran y muestran interés por participar y contribuir a la realización del trabajo.

La oración

El trabajo de cualquier ministerio comienza en reposo y luego pasa a la acción. No obstante, ¡antes de marchar hay que ponerse de rodillas! En los Campamentos intensivos de fundadores de iglesia decimos: «La oración no es *preparación* para la batalla. La oración *es* la batalla». Todo pastor y líder de una iglesia creciente y cristocéntrica sabe que sin oración es mejor permanecer estático, es más, no es recomendable ni siquiera dar un paso hacia adelante. No es posible cubrir adecuadamente la importancia de la oración en esta breve introducción al tema del iglecrecimiento, pero debemos recalcar algunos puntos relevantes.

Primero, la oración nos recuerda a diario que la obra le pertenece a Dios y no a nosotros. Nuestra adoración, confesión, gratitud, ruegos y súplicas aseguran que la base firme sobre la cual se construye la iglesia es el Dios trino y verdadero. Al frenar nuestro activismo y detenernos a orar reconocemos que dependemos de la gracia divina y que no nos apoyamos en nuestro propio entendimiento ni en nuestras propias fuerzas. El pastor John MacArthur afirma: «Si hemos de prevalecer sobre los hombres en público, debemos prevalecer con Dios en secreto».

Segundo, la oración es el aceite lubricante que permite que toda «la maquinaria» funcione bien. La máquina que no se mantiene bien lubricada pronto se pone mohosa e inservible. Pasa igual en la iglesia que no ora. Debemos bañar todos los ministerios en oración, buscando la presencia de Dios, para que bendiga nuestros esfuerzos centrados en su voluntad. Poéticamente podemos decir: «La oración mueve la mano de Dios». Pero en la realidad, la oración no cambia a Dios, ¡nos cambia a nosotros!

Tercero, la oración une a los líderes y a la congregación. Es difícil que los conflictos, enojos, celos, desacuerdos, molestias y roces se arraiguen en los corazones si se riega el terreno con oración constante. No conozco mejor actividad para unir a un equipo que orar juntos. La oración mantiene la armonía entre los hermanos. La oración unifica y nos mantiene en la voluntad del Señor. Como dice un colega: «La oración te mantiene lejos del pecado y el pecado te mantiene lejos de la oración».

Cuarto, la oración fortalece a la iglesia para alcanzar a la comunidad. Todo proyecto evangelístico debe empaparse con oración. Necesitamos estar bajo la mano protectora de Dios, centrados en el amor de Cristo y envueltos con la energía impulsora del Espíritu Santo al salir como embajadores del Señor. Pero no basta hablar. Debemos trabajar en ello, ponerlo en práctica. Ricardo Pratt señala, en *Ora con los ojos abiertos* (p. 179), que:

> *«En mi experiencia, he visto que casi todas las reuniones para líderes que llaman "retiros de oración", por lo general se llenan de discusiones y planificación. Francamente me pregunto si no debiéramos dejar de planificar tanto y comenzar a orar más ... Debemos ir más allá de aprender acerca de la oración. Nada que no sea practicar la oración servirá. Hablar con Dios es una dimensión esencial de nuestra experiencia cristiana, tanto para individuos como para grupos».*

Pasos prácticos
1. Comenzar una disciplina de oración personal en privado
2. Orar regularmente con los líderes de la iglesia en grupos pequeños
3. Desarrollar un ministerio de oración en la iglesia total

El nivel espiritual de una iglesia casi siempre se puede detectar en su práctica de la oración. Su ausencia caracteriza a una iglesia estancada o enferma. Esta disciplina cristiana puede ser la chispa contagiosa que encienda el fuego bíblico en los corazones de los creyentes inertes y que alumbre el camino para los que andan vagando por sendas equivocadas.

2. Discipulado y educación
«La iglesia ayuda al pueblo a ver a Jesús claramente, a conocer su voluntad para sus vidas y a equiparlo para seguirlo en todos los aspectos de la vida.»

Hay un debate entre algunos teólogos respecto a si se debe unir o separar el evangelismo y el discipulado. El primero tiene al segundo como objetivo. El *punto* inicial en que creemos abre paso al *proceso* del discipulado. De manera que a efectos de este estudio trataremos el evangelismo bajo el testimonio cristiano como la responsabilidad de proclamar el evangelio a toda criatura y de buscar a los perdidos. En esta sección analizaremos el discipulado como el proceso en que nos entregamos cada día más en obediencia y fidelidad a Dios.

«Uno que aprende»
La palabra en griego para discípulo *mathetes*, significa uno que aprende. De allí se deriva también la palabra «matemáticas». Puede que a usted y a mí no nos guste aprender matemáticas, pero cualquiera que afirma ser cristiano tiene que aprender a seguir al

Señor. Somos aprendices y seguidores del Señor. El cristiano lleva el nombre «discípulo» como un título honorífico que desde el segundo siglo se emplea para aquellos que se hicieron mártires por la fe. Lucas 6.25-35, tal vez uno de los pasajes más exigentes en cuanto al discipulado, nos ordena renunciar a todo para ser su discípulo. Jesús dice: *El que no lleva su cruz y viene en pos de mí, no puede ser mi discípulo* (Lucas 14.27). El discipulado, por lo tanto, tiene que ver con una entrega total al Señor Jesucristo, entrega que incluye todos los aspectos de la relación entre el creyente y Dios.

Las cuatro «C»

Solemos errar pensando en el discipulado como un juego de programas para enseñar la Biblia. En realidad tiene varios aspectos que ayudan a promover la madurez espiritual. En mis predicaciones acerca de este tema busco maneras sencillas para recordar los aspectos centrales del proceso de madurez espiritual. El discipulado se compone de *ser*, *saber* y *hacer;* además, promueve el crecimiento empleando *corazón*, cabeza y *callos*. Estas son maneras sencillas de expresar que no puede haber crecimiento espiritual si no se está creciendo en conocimiento, conducta, carácter, y compromiso.

A. Conocimiento. La mente es lo que más nos distingue de los animales. Por eso es importante desarrollar nuestro conocimiento acerca de Jesús, nuestro conocimiento bíblico y nuestro conocimiento teológico, para ser buenos discípulos de Cristo. El profesor Gerald Nyenhuis recalca en su libro, *El Dios que adoramos*, que no se puede adorar adecuadamente a Aquel que no conocemos bien. No podemos caer en un antiintelectualismo si queremos un crecimiento equilibrado e integral. Por otro lado, de nada sirve ser un diccionario bíblico andante si uno no crece parejo en las siguientes áreas también.

B. Conducta. El comportamiento es una de las maneras más evidentes de mostrar el fruto de lo que Dios hace en nuestra vida. Debemos crear buenos hábitos que modelen nuestra conducta, tales como dedicar tiempo a la oración, al estudio bíblico, al recreamiento familiar, etc. A veces reemplazamos la obediencia con el simple conocimiento de las enseñanzas bíblicas. Santiago nos instruye: *Pero sed hacedores de la palabra, y no tan solamente oidores, engañándoos a vosotros mismos* (1.22). De modo que nuestro comportamiento debe complementar nuestros conocimientos bíblicos.

La manera de conducirnos en la vida cristiana será uno de los frutos que Dios utilizará para dar a conocer su evangelio. Somos, en cierta forma, la Biblia abierta ante la comunidad inconversa. La conducta guiada por el Espíritu de Dios nos lleva a la disciplina, una de las facetas del discipulado. Esto, por supuesto, no nos exime de la responsabilidad de estudiar y escudriñar las Escrituras. Es una cuestión de equilibrio.

C. Carácter. Este aspecto de nuestra persona se va forjando golpe a golpe en el yunque de la vida. El carácter del cristiano va madurando a medida que somete toda su vida al señorío de Jesucristo. Ve las cosas a su derredor con los ojos de Cristo. Desarrolla una perspectiva de la vida y del mundo (cosmovisión) más a tono con la de Dios y su palabra. El carácter va mucho más allá de una acción aislada que realicemos. Es algo que trabajamos a largo plazo. Uno de mis dichos favoritos lo resume bien: «Basta un segundo para hacer un héroe, pero hace falta toda una vida para hacer un hombre de bien».

D. Compromiso. Aquí entra en juego la voluntad sometida a Cristo. Una entrega total a las cosas del Señor. Como dijera un maestro: «Por la creencia estás dispuesto a discutir; por la convicción a morir». El compromiso exige que pongamos en el crisol de la experiencia toda nuestra consagración y dedicación. Los cristianos de la Iglesia Primitiva nos sirven de aliento. Con su sangre sembraron la expansión del evangelio. En una época cómoda como la que vivimos es aun más importante notar el compromiso que surge de una transformación real en Jesucristo. Es Dios mismo el que nos perfecciona y nos fortalece a través del discipulado comprometido. Escuchamos la Palabra que nos dice:

> *Sed sobrios, y velad; porque vuestro adversario el diablo, como león rugiente, anda alrededor buscando a quien devorar; al cual resistid firmes en la fe, sabiendo que los mismos padecimientos se van cumpliendo en vuestros hermanos en todo el mundo. Mas el Dios de toda gracia, que nos llamó a su gloria eterna en Jesucristo, después que hayáis padecido un poco de tiempo, él mismo os perfeccione, afirme, fortalezca y establezca* (1 Pedro 5.8-10).

Elementos de la fe

El discipulado también nos enseña a tener más fe. Aunque este no es el único esquema, tradicionalmente se enseñan tres aspectos de la fe *(pistis)*:

(1) *Notitia*. La fe salvífica requiere el conocimiento o contenido intelectual. Debemos creer alguna proposición. Leemos en el evangelio de Juan: *Le dijo Jesús: Yo soy la resurrección y la vida; el que cree en mí, aunque esté muerto, vivirá. Y todo aquel que vive y cree en mí, no morirá eternamente. ¿Crees esto? Sí Señor; yo he creído que tú eres el Cristo, el Hijo de Dios, que has venido al mundo* (11.25-27). La palabra «esto» señala la *notitia*, o el contenido que ha de creerse. De manera que la *notitia* consiste de lo que Dios dice, las promesas y afirmaciones que hallamos en Su Palabra.

(2) *Assensus*. La fe implica asentir al contenido de la *notitia*. Es decir, la persona concuerda con la información que ha de ser creída. El creyente no tiene objeción a la proposición que tiene

ante sí. Está de acuerdo con la verdad. De manera que la Biblia desconoce la supuesta «fe ciega». Es imposible creer algo que uno no conoce en lo absoluto o con lo cual la persona no concuerda.

(3) *Fiducia.* La fe ¡requiere fe!, o el convencimiento personal de lo que Dios ha dicho. Cuando alguien escucha una proposición tal como: *De cierto, de cierto os digo: El que cree en mí tiene vida eterna* (Juan 6.47), comienza a procesar información. Esto implica pensar en eso, lidiar con las dudas y plantear preguntas. No es sino hasta que llegue a persuadirse de la veracidad de la proposición que ocurre la *fiducia* o la fe. La fe consiste de convencimiento en lo que Dios dice.

De manera que bajo este esquema la fe abarca conocimiento, asenso y confianza. Además, la fe contiene un elemento muy personal, aunque también afecta a la comunidad. Tiene un aspecto intelectual, aunque también toca las emociones.

Según el Dr. Robert De Vries, en el discipulado tiene que haber un equilibrio entre lo personal y lo comunal, entre lo cognitivo y lo afectivo. Esto produce cuatro cuadrantes que forman el total de los aspectos de fe y discipulado, como puede observarse a continuación:

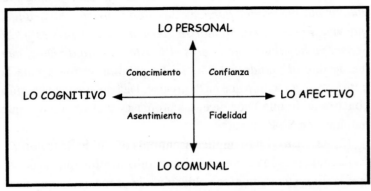

Es lamentable ver que algunas comunidades enfatizan tanto los sentimientos, las emociones y el lado subjetivo de la fe que dejan de lado el aprendizaje intelectual, el conocimiento de la Biblia y el desarrollo de la mente. Es bueno recordar al apóstol Pablo, en Romanos 12.1-2, que dice: *No os conforméis a este siglo, sino transformaos por medio de la renovación de vuestro* ENTENDIMIENTO, *para que comprobéis cuál sea la buena voluntad de Dios, agradable y perfecta.*

Pero la fe no se limita al aspecto cognitivo del aprendizaje intelectual. Pues también hay iglesias que enfatizan tanto lo cerebral que no dan lugar al lado afectivo y así quedan congeladas en un discipulado distorsionado de categorías cuadradas y postulados dogmáticos. La clave es balance y equilibrio.

El discipulado está muy ligado al iglecrecimiento por naturaleza. Juan Hall descubrió, estudiando a más de cien iglesias en América Latina, que había una alta relación positiva entre el tamaño de la iglesia y el conocimiento teológico y conocimiento bíblico. Por lo tanto, no hay razón para asociar pequeñez con madurez espiritual como lo hacen algunos. Tampoco quiere decir que las iglesias grandes son necesariamente sinónimo de madurez. Pero donde la gente crece en su discipulado y conocimiento, debe haber una tendencia a crecer como congregación también. Cada iglesia local tiene que poner en marcha el concepto de discipulado en una manera práctica y relevante a su contexto. No hay un programa de discipulado ideal para todos los contextos. El discipulado tiene, como parte programática de la vida eclesiástica, la educación cristiana.

Educación cristiana

Dirk Hart enseña que la meta de la educación cristiana en la iglesia requiere cuatro ingredientes básicos para que sea un programa integral:

•Información: currículo, lecciones, memorización
•Formación: servicio, ministerio, talentos
•Transformación: madurez, carácter, semejanza a Cristo
•Multiplicación: hacer discípulos, dar testimonio, evangelizar

Es importante para la iglesia vigorosa y creciente tener un buen equipo de trabajo que se dedique con pasión a la educación cristiana y que use estos cuatro aspectos del discipulado con equilibrio. La información pura sin verdadera transformación de carácter no es saludable. Tampoco es aconsejable enfatizar la multiplicación ciega, si no hay una buena formación para los nuevos convertidos.

Necesitamos información para poder cambiar nuestra manera de pensar y actuar. Pablo le dice a los corintios: *Hermanos, no seáis niños en el modo de pensar, sino sed niños en la malicia, pero maduros en el modo de pensar* (1 Corintios 14.20). No puede haber duda para el cristiano de que Dios quiere que madure. El crecimiento en la educación cristiana es uno de los mejores barómetros de la condición espiritual del creyente. Cuando vengan los problemas en la iglesia y las amenazas de doctrinas de error y cosas semejantes, entonces la educación cristiana será lo que determinará cómo se lidia con el asunto. La educación es la fibra de la congregación. Cuando no hay educación en la doctrina sana, la gente salta de iglesia en iglesia buscando la novedad más reciente. Cuando no hay discipulado serio, la gente corre el riesgo de caer en las manos de alguna secta o filosofía anticristiana. Gracias a Dios, en el presente hay mucha literatura disponible para preparar un buen programa de educación cristiana que tome en cuenta a niños, jóvenes y adultos.

La adoración atrae personas a la iglesia; el discipulado los mantiene dentro. El liderazgo de la congregación debe proveer muchas oportunidades variadas para la formación cristiana de los creyentes. Constantemente debe estar pensando en como aumentar su conocimiento y su compromiso. Debe hallar maneras de forjar el carácter cristiano de los feligreses para que sean cada día más como Cristo. Esto casi siempre funciona mejor en el crisol del ministerio. Trabajando lado a lado se aprenden muchas cosas que difícilmente se transmiten en un salón de clases. La iglesia que limita su programa de discipulado a un aula tendrá resultados desastrosos. Debe involucrar a la persona en un ministerio y permitir que crezca dentro de él.

La multiplicación también es parte del discipulado. Pablo instruye a su discípulo Timoteo: *Lo que has oído de mí ante muchos testigos, esto encarga a hombres fieles que sean idóneos para enseñar también a otros* (2 Timoteo 2.2). Este es uno de los pasajes más claros respecto a cómo opera la multiplicación en el discipulado cristiano.

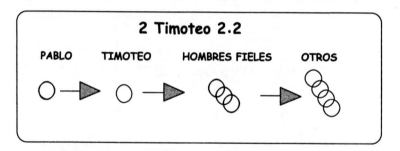

Diferentes personas llegarán a distintas etapas de madurez. También habrá diversos intereses y llamados. Los líderes deben identificar a los que tienen llamado pastoral y alentarlos en ese peregrinaje. Deben identificar a otros que desean superarse con estudios teológicos o bíblicos y así sucesivamente. Lo importante es que todos en la comunidad de fe sientan el deseo y la posibilidad de seguir creciendo constantemente en su vida cristiana. Sabemos que cada cristiano tiene que crecer. ¡Eso no es opcional! Por lo tanto tiene que haber un enfoque intencional de ayudar a cada creyente a madurar y ejercer el don que ha recibido de parte de Dios. El apóstol Pedro, en su primera carta (4.10), afirma: *Cada uno según el*

don que ha recibido, minístrelo a los otros, como buenos adminis- tradores de la multiforme gracia de Dios. Parte del discipulado consiste en ministrar a otros con el don que tengamos y así crecer y edificar el Cuerpo de Cristo. El discipulado es, por lo tanto, parte imprescindible del crecimiento saludable de la iglesia. Ser un discí- pulo maduro implica participar, sea en forma general o específica, en el discipulado de otros.

James Nikkel, plantador de iglesias canadiense, lo presenta de la siguiente manera —según afirman Shenk y Stutzman en su libro *Creando comunidades del reino* (p. 159)—: «Hay dos diamantes, como canchas de béisbol, el del cuerpo y el de la comunidad. El discípulo maduro sabe que mientras crece en el diamante del cuerpo también debe pensar en el de la comunidad como parte de su res- ponsabilidad bíblica. La vida cristiana es incompleta si permanece solo en una cancha». (Véase gráfico, Diamantes del discipulado.)

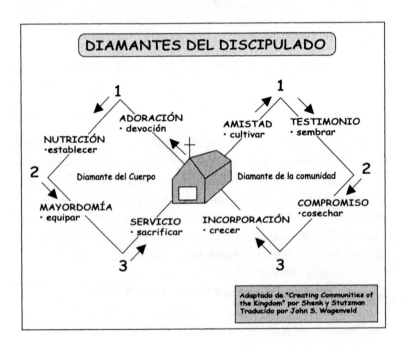

3. Compañerismo y cuido pastoral

«Los miembros se ayudan mutuamente en sus cargas mostrando así el amor y la compasión de Cristo.»

Sin duda, una de las mayores razones para que un recién convertido se integre y permanezca en una congregación es que sienta el compañerismo de los hermanos en Cristo. Si no hay una fraternidad auténtica, las personas se retiran y buscan alternativas que puedan satisfacer esas necesidades básicas con las que el Señor nos creó. Por lo tanto, el estudio del iglecrecimiento también toma con seriedad el aspecto no solo evangelizador de la iglesia, sino también el que integra a la persona en una verdadera comunidad y hermandad centrada en Cristo Jesús.

«Unos a otros»

Es interesante notar la cantidad de veces que aparecen en el Nuevo Testamento los mandamientos que exigen algo de uno para con el otro y viceversa. Veamos algunos ejemplos:

Así que, hermanos míos, cuando os reunís a comer, esperaos UNOS A OTROS. 1 Corintios 11.33

Sino que los miembros todos se preocupen los UNOS POR LOS OTROS. 1 Corintios 12.25

Someteos UNOS A OTROS *en el temor de Dios.* Efesios 5.21

Confesaos vuestras ofensas UNOS A OTROS *y orad* UNOS POR OTROS... Santiago 5.16

Exhortaos los UNOS A LOS OTROS *cada día...* Hebreos 3.13

Antes sed benignos UNOS CON OTROS, *misericordiosos, perdonándoos* UNOS A OTROS... Efesios 4.32

Amados, amémonos UNOS A OTROS... 1 Juan 4.7

Es evidente que la fe cristiana no se debe vivir en soledad ni aislado de los hermanos de nuestra comunidad (Hebreos 10.25).

Lamentablemente vivimos en una época en que la cultura individualista occidental pretende hacernos autosuficientes y, con las nuevas tecnologías, aislarnos tanto en el entretenimiento como en las comunicaciones. El individuo gasta más tiempo produciendo y consumiendo, y menos en relacionarse con los demás. Es impresionante notar la enorme diferencia que hay entre una iglesia en la que apenas termina el culto, todo el mundo se va rápido y en cinco minutos no queda nadie con quien conversar, y otra en la que las personas se buscan, conversan y comparten. Las iglesias que crecen conocen lo valioso que es tener buenas relaciones entre los hermanos y practicar, en formas concretas, el amor y la amistad entre ellos. Es realmente un problema, hay iglesias en las que se hacen muchas cosas bien, pero son frías al momento de expresar amor y compañerismo entre los líderes y los congregantes.

Movimiento de ministerio

En los entrenamientos para fundadores de iglesias les decimos a los participantes que dibujen en una cartulina los pasos que puede dar una pareja nueva cuando llega a la iglesia para madurar en la fe y desarrollarse hasta convertirse en líderes. ¿Qué ministerios hay en su iglesia para que Paco y María se integren al trabajo en ella? ¿Cómo son recibidos en la congregación? ¿Quién se encargará de que se sientan en casa? ¿Cómo los involucrarán?

MOVIMIENTO DEL MINISTERIO

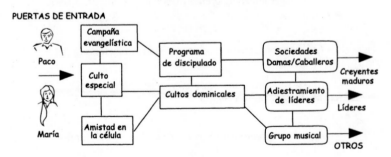

Luego les pedimos a los líderes que completen una gráfica, como la que mostramos con la secuencia lógica de los ministerios existentes. Más adelante les pedimos que identifiquen las lagunas o vacíos donde se observa que hacen falta tener más ministerios. La idea es tener un plan específico para acoger a las personas entre lazos de amor fraternal y proveer ministerios en los que la persona se pueda desarrollar y tener un sentido de pertenencia y propósito. Por lo general, la persona espera de tres a seis meses para encontrar su lugar en la comunidad de fe y, si no lo logra, sigue buscando en otro sitio.

Tome un momento para diseñar una gráfica para representar a su iglesia o congregación. Identifique los ministerios que necesitan y formúlese las siguientes preguntas:

¿Tenemos suficientes puertas de entrada para Paco y María?

¿Tenemos suficientes ministerios con una secuencia lógica para que Paco y María lleguen a ser líderes preparados en nuestra iglesia?

¿Qué aspectos deben mejorar por lo que puedo ver en el diagrama?

Grupos pequeños o células

La capacidad de una iglesia para acoger a las personas en compañerismo fraternal a menudo determina el potencial que tiene para el crecimiento. Se está descubriendo hoy que los grupos pequeños (células o grupos familiares) representan una de las mejores maneras de proveer el cuidado pastoral general y el compañerismo fraternal. Los grupos pequeños entre cristianos proveen oportunidad para crecer espiritualmente, para sentir amistad y compañerismo, para conseguir consejo, para servir a otros en el momento de necesidad, orar juntos y tener apoyo para enfrentar las situaciones de la vida. Los grupos pequeños permiten la intimidad que induce a la comunicación mutua, lo que no ocurre en grupos grandes debido a sus propias características.

Muchas iglesias han descubierto el modelo de **CÉLULA-CE-LEBRACIÓN**, el cual enfatiza los grupos pequeños como el ente

145

en el que las personas son discipuladas y cuidadas en la semana, para luego reunirse todas en una celebración de alabanza y adoración a Dios el fin de semana u otra fecha acordada. La iglesia crece al comenzar a operar las nuevas células. También se utilizan con mayor responsabilidad los dones de los líderes laicos para que dirijan las células y fomenten el crecimiento espiritual. La iglesia que opera como una sola célula no crecerá al mismo ritmo que la que cuenta con muchas células, pues depende de un solo líder para la mayoría del trabajo y por lo general no busca multiplicarse.

Consejería o cuido pastoral

Cuando hay grupos pequeños, gran parte del trabajo que normalmente tiene que realizar el pastor se reparte entre los líderes. Muchos problemas se solucionan a nivel de grupo pequeño. Esto permite un cuidado intensivo y adecuado entre los integrantes de la célula debido a la estrecha relación que tienen con sus líderes. Es como el caso de Jetro cuando le dijo a Moisés que aliviara su trabajo repartiéndolo entre varios líderes a diferentes niveles para cuidar de los diversos asuntos del pueblo de Israel (Éxodo 18). Si bien esto nos sirve de modelo, debemos sin embargo recordar que hay casos que solo los pastores o consejeros preparados deben tratar. La atención en situaciones específicas como casos de consejería clínica o problemas entre líderes deben tratarse a nivel superior. Por este motivo, el cuidado pastoral y la consejería son vitales para un ministerio creciente y pujante. De allí también la importancia de la visitación pastoral como ministerio que permite tomar la temperatura de las cosas. Bien organizado y pastoreado, este modelo presenta muchas posibilidades de crecimiento en un contexto de compañerismo y armonía entre los hermanos.

Solución de conflictos

Otro tema importante en el marco del compañerismo y el cuidado pastoral de la iglesia es la realidad de los conflictos. Toda con-

146

gregación experimenta problemas en algún momento de su ministerio. Es probable que todos hayamos sentido alguno en nuestra vida o presenciado en nuestra iglesia. Lo primero que debemos reconocer es que el conflicto es algo real y normal. ¡Los mismos apóstoles los sufrían entre ellos!

En los entrenamientos de pastores a veces les presentamos a los líderes el dibujo de una mujer y les preguntamos qué ven. Por la forma en que está diseñado el dibujo, unos ven una señora anciana y fea, mientras que otros ven a una joven hermosa. A veces hasta discuten qué es lo que realmente se ve en el dibujo. Luego se percatan de que estamos tratando de ilustrar que la misma realidad se puede ver de diferentes maneras. Cada persona tiene su propia forma de ver las cosas, de trabajar, de comunicarse; su filosofía de vida, sus valores y sus prioridades. Cuando hay muchas personas, cada una con su perspectiva, seguro que existe potencial para los conflictos. Nadie puede negar que los habrá. La diferencia radica en la manera en que se lidia con el conflicto para solucionarlo de una forma ética, constructiva y cristiana.

El primer paso es identificar el problema que está causando el conflicto. Si uno puede identificarlo y definirlo claramente, ya tiene una gran ventaja para resolverlo. No es constructivo decir que la otra persona es el problema. Las partes deben analizar la situación lo más objetivamente posible y tratar de llegar a una solución mediante la comunicación clara y eficaz. El propósito no es que uno gane la discusión y que el otro pierda. Cuando las cosas son así, el reino de Dios pierde y el enemigo se deleita. Tratamos de buscar una situación en la que todos ganen y se glorifique a Dios. Seguimos el patrón de Mateo 18.15-17, debemos hablar con el hermano; si no escucha volvemos con uno o dos hermanos más; y si no escucha todavía, lo llevamos a la comunidad de fe.

Hay ciertos casos en los que se presentan personas intransigentes que solo buscan destruir el trabajo de la iglesia. A ellas hay que tratarlas con mucho respeto y amor, pero con firmeza. Si después de resolver los conflictos varias veces siguen en su rumbo destructivo y divisorio, hay que permitirles que sigan su camino para que no estorben la obra y la visión de la congregación. Nuevamente vemos la importancia de comunicar la visión de la iglesia con claridad para que no haya malos entendidos en cuanto a las expectativas y metas establecidas.

En resumen, el amor entre los hermanos es uno de los testimonios más relevantes para hacer un impacto eficaz en la comunidad a la que ministra la iglesia. El compañerismo y la hermandad son un elemento esencial que identifica a la Iglesia de Jesucristo.

4. Testimonio: Servicio y evangelismo

«La iglesia suple las necesidades de las personas en el nombre de Cristo y las invita a ser sus discípulos.»

Aunque esta sea la última área de trabajo que describimos en este capítulo, no es la menos importante. Al contrario, ahora podemos decir que llegamos a la hora de la verdad. El Nuevo Testamento emplea derivados de la palabra «testigo» (*martys* en griego) más de doscientas veces. Uno que testifica (*martyreo*) y da su testimonio (*martyrion*) cumple con el mandato bíblico para todo cristiano (Lucas 24.48 y Hechos 1.8). Es interesante notar que de *martyreo* se deriva la palabra española «mártir», uno que muere por una causa. Dando testimonio del Señor Jesucristo en muchos casos ha significado sufrimiento, incomodidad y hasta la muerte. Algunos dicen que la sangre de los mártires es la semilla de los nuevos convertidos. Si estamos dispuestos a dar nuestra propia vida por la causa del evangelio, ¿por qué se nos hace tan difícil dar buen testimonio y evangelizar a nuestros vecinos en nuestra vida diaria?

Cuando hablamos de evangelismo en el contexto del iglecrecimiento, la gente siempre pregunta con ansiedad: ¿Cuál es el mejor método para evangelizar? ¿Cuál da mejor resultado? La verdad es que no hay ninguna fórmula mágica que solucione todos sus problemas evangelísticos. Algunos métodos funcionarán bien en unos lugares y no tanto en otros. Personalmente estoy involucrado en evangelismo personal/relacional, por teléfono, televisado, cultos evangelísticos al aire libre, cultos hogareños, células evangelísticas, conciertos, predicación, etc. Todos estos métodos tienen su sitio y su lugar. Uno puede funcionar bien para una iglesia, pero cuando otra iglesia vecina lo prueba es un fracaso total. La iglesia local debe encontrar lo que sea apropiado para ella y ponerlo en práctica. Debo admitir que veo demasiadas conferencias al respecto y muy poca implementación. Es como si varias personas se reunieran para hablar de pesca y todo lo relacionado con ella, como clubes, revistas, películas, anzuelos; dictaran conferencias y discutieran mucho sobre la importancia de la pesca, pero nunca salen a pescar. *¡Lo importante es que la iglesia tenga alguna forma de evangelizar y la ponga en práctica!*

Hay dos cosas básicas que un consultor de iglecrecimiento preguntaría bajo el rubro de testimonio y evangelismo. Primero, si se separó una partida en el presupuesto para las actividades evangelísticas. Segundo, le pediría un calendario de actividades semanales para ver si hay un tiempo definido y programado para evangelizar. Este ministerio no puede ser algo *ocasional*. En mi experiencia las iglesias fuertes son las que tienen un evangelismo *intencional*. Los líderes mismos deben plantearse esas preguntas para ver cómo marcha el ministerio de evangelismo:

• ¿A cuántas personas les he presentado el evangelio en el último semestre?

• ¿Cuántas personas hemos evangelizado e integrado a la iglesia?

• ¿Cuántos creyentes hemos *entrenado* para evangelizar?

Las respuestas a estas preguntas pueden marcar la diferencia para su iglesia. Hace poco implementamos el ministerio de Evangelismo Explosivo Internacional en nuestra iglesia. Es una de las herramientas más reconocidas en el globo terráqueo para evangelizar. No solo enseña a los líderes y pastores a evangelizar de una manera amena y sencilla, sino también a entrenar a otros para hacer lo mismo. Ayuda a la iglesia a separar, como mínimo, un día a la semana para salir en equipos de visitación evangelística. Este ministerio moviliza a toda la iglesia y cambia las actitudes de las personas respecto al evangelismo. Le quita el miedo que le da a la gente cuando oye esa palabra. También elimina el mito de que este ministerio es solo para los más espirituales de la iglesia. Al contrario, este programa entusiasma a toda la iglesia y los demás ministerios comienzan a girar alrededor del trabajo evangelístico. Recomiendo altamente que se ponga en contacto con el personal de Evangelismo Explosivo en su país y asista a una de sus clínicas intensivas de entrenamiento. ¡Podría cambiar su perspectiva ministerial para el resto de su vida! Muchos pastores lamentan no haber conocido este ministerio más temprano en sus carreras. Tengo un amigo que pastorea en la ciudad de Miami. Él no acepta invitaciones a conferencias, ni salidas, ni cenas los jueves en la noche porque tiene un compromiso muy serio con su equipo de visitación evangelística. Este es el tipo de compromiso que necesitamos asumir con la evangelización en nuestras iglesias locales en vías de forjar una iglesia saludable y vigorosa.

Testimonio integral

Lo bueno de la definición mencionada, aunque breve, es que incluye un testimonio integral al mundo no creyente. Howard Snyder, en *Perspectivas del movimiento cristiano mundial* (p.118), dice que «La iglesia es más que el agente de Dios para el evangelismo o el cambio social. Es, más bien, en sumisión a Cristo, el agente de todo el propósito cósmico de Dios». Habiendo dicho esto podemos, sin embargo, examinar el significado de un testimonio integral tratando de no caer en reduccionismos.

El cristiano serio no debe divorciar el testimonio factual del verbal. Todo va junto, en un solo paquete, aunque a veces se enfatice un aspecto más que otro, según las circunstancias. Por ejemplo, a fines del último siglo pasó el huracán Georges por el Caribe, arrasando en gran parte las islas de Puerto Rico, República Dominicana, Haití y Cuba. No transcurrieron dos meses cuando el Huracán Mitch azotó a Honduras y Nicaragua en Centroamérica. Muchas iglesias y organizaciones cristianas de todo el mundo respondieron al llamado de auxilio de cristianos y no-creyentes en esos países. Las ayudas fueron impresionantes y motivadoras. La construcción de casas, asistencia médica, los alimentos, la vestimenta para los damnificados y la gran cantidad de voluntarios que ayudaron en esa situación predicaron más que el mejor sermón. A la misma vez reconocemos que muchos de los que recibieron ayuda económica o social tal vez ni siquiera conocen el mensaje de salvación de Cristo Jesús.

Es por eso que necesitamos una estrategia de iglecrecimiento integral que entienda al evangelismo y la ayuda social como los dos filos de una tijera o las dos alas de un mismo pájaro. Con un solo filo, la tijera no corta; con una sola ala, el pájaro no vuela. Cuando predico acerca de este tema, le pregunto a la gente qué pasa si en un barco solo se rema de un lado. La gente responde que el bote solo dará vueltas y vueltas en círculos sin avanzar. Lo mismo ocurre con la evangelización. No podemos presentar un testimonio integral ante el mundo si no integramos las buenas acciones con el evangelismo.

No estamos diciendo que nuestras buenas obras salvan a las personas de la condenación eterna (aunque por cierto pueden rescatarlas de peligros temporales como el hambre). Tampoco que la proclamación sola no puede resultar en que alguien crea en Jesús para vida eterna (véase el relato de Felipe y el eunuco etíope en Hechos 8.26-40, por ejemplo). Más bien estamos hablando en términos generales del testimonio que la iglesia presenta ante el mundo.

En el ministerio de nuestro Señor Jesucristo podemos ver cómo multiplicó el pan y los peces para que todos se sintieran satisfechos. No obstante, les instó a buscar el significado espiritual del milagro, la realidad de la vida eterna que da a todo el que cree en Él (Juan 6.22-40). Siempre ha habido grandes debates entre iglesias y denominaciones; unos, debido a la tensión que existe al tratar de buscar un equilibrio entre la acción social (a veces en forma sociopolítica) y el evangelismo. Necesitamos una estrategia de iglecrecimiento integral que entienda la importancia tanto de la evangelización como de la ayuda social. Cuando integramos las buenas acciones con el evangelismo podemos hacer un gran impacto en la comunidad. La ayuda social puede abrir el camino para la proclamación verbal.

Aunque es raro encontrar cristianos que solo crean en un extremo de esta polaridad y que completamente rechacen al otro en forma absoluta, este esquema nos sirve para hacer algunas observaciones de cada lado.

Aquellos que enfatizan la acción social, por lo general, destacan el reino en su expresión visible y terrenal. Trabajan para establecer el reino de Dios aquí y ahora. A menudo se lo llama el «Evangelio Social» y a veces se le acusa de intentar llegar a una sociedad utópica. Ven a Jesús como un agente de cambio o aun como un revolucionario. Luchan por la justicia y la paz. Enfatizan más el pecado institucional y sistémico en las estructuras sociales que el pecado moral de las personas como individuos. Luchan en contra de la pobreza, el racismo, la opresión y el desempleo. Este tipo de testimonio intenta atraer a la gente a través de las buenas obras de la comunidad cristiana. El trabajo social y la intervención política son sus herramientas clave.

En el otro polo, el lado del evangelismo, se enfatiza la salvación de las almas para el reino de los cielos. Se le acusa con frecuencia de preocuparse más por la situación futura del alma que por la actual del ser humano. Algunos señalan que no se preocupa del cuerpo o de realidades sociales «porque todo eso es pasajero». Se destaca a Jesús como el Salvador del alma. Estos dirían que para cambiar la sociedad hay que transformar un corazón a la vez. Cuando una persona se convierte a Jesucristo y se arrepiente de sus pecados, entonces la sociedad se va transformando. La proclamación verbal y la predicación son sus herramientas clave. Quiero recalcar que esto es una descripción académica o conceptual de ambos polos para facilitar una comprensión integral del testimonio cristiano.

El mundo evangélico, con representantes de muchos países, se unió para discutir este tema en la «Consulta para la relación entre el evangelismo y la responsabilidad social», en Grand Rapids, Michigan, en 1982. Durante ese evento se acordó lo siguiente:

«Otra causa del divorcio entre el evangelismo y la responsabilidad social es la división que hemos desarrollado en nuestro pensar. Generalmente tenemos la tendencia a hacer un contraste poco saludable entre el alma y el cuerpo, el individuo y la sociedad, la redención y la creación, la gracia y la naturaleza, el cielo y la tierra, la justificación y la justicia, la fe y las obras. La Biblia ciertamente distingue todo ello, pero también lo relaciona, y nos instruye a mantenerlo junto en una tensión dinámica y creativa. Es igual de malo separar todos esos aspectos en un dualismo, que confundirlos en un monismo. Es por eso que el convenio de Lausanne, hablando del evangelismo y la acción social y política, afirmó que ambos son parte de nuestra responsabilidad cristiana». («Nuevas instrucciones en misión y evangelización», Bevans-Scherer, p. 277, traducido por este autor.)

Allí se discutió el tema a fondo reconociendo que la actividad social puede tener tres tipos de relación saludable con el evangelismo:

(1) La actividad social como **CONSECUENCIA** del evangelismo. Dios cambia a las personas cuando nacen de nuevo y su nueva vida se hace evidente en la manera en que sirven a los demás. En 1 Juan 3.16-18, las Escrituras nos enseñan a demostrar el amor que Dios nos dio amando a nuestros hermanos, sirviendo a sus necesidades y dispuestos a poner nuestras propias vidas por ellos.

(2) La actividad social como **PUENTE** al evangelismo. Muchas veces Jesús sanaba o actuaba con misericordia hacia las personas antes de proclamarles las buenas nuevas. La ayuda social al prójimo hace que preste más atención cuando le hablamos del evangelio. Ayudar a los inconversos cuando padecen problemas materiales permite que lleguemos a las necesidades más profundas de su salvación eterna. Como dice un proverbio africano: «Los estómagos vacíos no tienen oídos». En *Misión y evangelización* (p. 279), dice: «Si nos hacemos los ciegos al sufrimiento y la soledad de la gente, no nos sorprendamos cuando se hagan los sordos a nuestro mensaje de vida eterna». La ayuda social abre puertas, oídos y establece puentes con el no evangelizado.

(3) La actividad social como **ACOMPAÑANTE** al evangelismo. En la carta de Santiago vemos que la fe y las obras van juntas. Sabemos que estas últimas se hacen en gratitud por la fe que Dios nos concede y que facilitan una fe viva y productiva que beneficia a otros. Así también están unidas la *diakonía* (ministerio de servicio y misericordia) y el *kerygma* (proclamación del evangelio).

Prioridad evangelística

La obra *Misión y evangelización* a la que me refiero en esta sección señala que Jesús ministró con un testimonio integral. Pero reconoce que en última instancia el evangelismo tiene dos motivos prioritarios. Primero, porque lógicamente cualquier esfuerzo social cristiano es realizado por creyentes. Por supuesto, para que estos llegaran a ser cristianos tuvieron que haber sido evangelizados en algún momento de su vida. Segundo, la ayuda social, por importante que sea, sigue siendo una preocupación temporal y material mientras que el evangelismo tiene un significado eterno y salvífico. ¡Rara vez tendremos que escoger estos dos elementos del testimonio cristiano, pero nunca podremos reemplazar el conocimiento de la gracia salvadora de nuestro Señor Jesucristo con otra cosa!

Un mito dañino

Otro problema de testificar solo a través de obras es que la persona que observa esa diferencia en el cristiano puede creer que es con esas mismas buenas obras que puede llegar a Dios. Eso es justamente lo contrario de lo que predicamos: ¡Que la vida eterna es un regalo de Dios y que el ser humano no se puede salvar a sí mismo! Las buenas obras las hacemos en gratitud por lo que Dios ha hecho en nosotros primero (Efesios 2.8-10).

Hay un mito muy popular: Que si uno se comporta como un buen cristiano, no necesita decir algo para evangelizar. Esto indica que la gente se acercará a uno por su propia cuenta para averiguar qué es lo que hace esa diferencia. Eso es cierto en algunos casos, pero es un peligro depender del ejemplo cristiano exclusivamente. Muchas otras religiones y filosofías tienen seguidores ejemplares y admirables, sin embargo no tienen a Cristo en su corazón. Nuestro buen ejemplo puede despertar interés en otros, pero más que otra cosa nos da credibilidad para poder compartir con otros el mensaje de las buenas nuevas. Hay ciertos países en el mundo en los que no se puede evangelizar declaradamente debido a sus leyes anticristianas; allí es donde tal vez dependemos mucho del testimonio social. Pero en la mayoría del continente iberoamericano hay libertad de expresión, por lo que podemos evangelizar sin limitaciones. Debemos agradecerle esto a Dios y hacer lo máximo por aprovecharlo.

Amor y unidad, fundamentos del evangelismo

El amor y la unidad en la iglesia local son vitales para sustentar un plan evangelístico que sea efectivo. No importa qué estrategia desarrolle su iglesia, si no hay unidad y amor en el lugar al que llevará al recién convertido. Primero, estos dos factores son los que dan fuerza y testimonio auténtico a la congregación. En Juan 13.34,35 leemos que otros reconocerán que somos discípulos de Cristo por el amor que nos expresemos entre nosotros. Segundo, si estos elementos no existen, no se podrán retener los frutos ganados con el evangelismo. El crecimiento de una iglesia unida y amorosa no ocurre en forma automática. Hay iglesias amorosas que decrecen por otras razones. Pero la ausencia de estas características dificultará más la labor evangelística. Juan 17.21-23 repite dos veces la oración del Señor que indica que debemos ser uno como Él, y añade: *Para que el mundo crea que tú me enviaste.*

Un encuentro total con Jesús

Carlos Kraft apunta tres tipos de encuentro necesarios para conocer bien a Jesús y difundir su evangelio.

(1) Encuentro de poder. El término lo introdujo el antropólogo Alan Tippett. Este encuentro reconoce que Dios está reconciliando al mundo consigo mismo y que —en Cristo— el enemigo Satanás, ya fue derrotado. Mediante el Espíritu de Dios, el evangelio confronta toda cultura, el poder del pecado y el del maligno. Esta realidad se hace cada vez más patente al acercarse la segunda venida de Jesucristo, cuando todas las cosas serán consumadas. Mientras tanto estamos en batalla espiritual. El fin de un encuentro de poder con Jesús es la libertad en Cristo. Muchas personas, en diferentes partes del mundo, se orientan al poder. Muchos responden favorablemente al evangelio cuando presencian los cambios que Cristo puede hacer en sus vidas, sus matrimonios, sus familias y comunidades. Solo Cristo llena el vacío que tienen y les da vida eterna.

Declarar la victoria en Cristo sobre el enemigo y el pecado es un arma muy eficaz en la obra evangelística de la iglesia, pero es incompleta si no mantiene un equilibrio con los otros dos tipos de encuentro que siguen. En la Biblia vemos muchos ejemplos de personas que atestiguaron el poder de Dios en sus vidas pero que, sin embargo, no le siguieron en fe. Y en otros casos maestros falsos también realizaban portentos milagrosos. Esto debe alertarnos en cuanto al hecho de que una estrategia evangelística en base a «demostraciones de poder» no es suficiente ni adecuada por sí sola. Lamentablemente en muchas iglesias se está abusando de este aspecto del testimonio cristiano a tal punto que ridiculizan la seriedad del evangelio. En Puerto Rico, por ejemplo, basta observar algunos programas cristianos en la televisión para ver que la iglesia a veces se parece más a un espectáculo que a una comunidad de fe.

(2) Encuentro de verdad. Aquí el concepto es conocer a Cristo de una forma correcta y verdadera. El vehículo para este tipo de encuentro es la buena enseñanza. Esta puede incluir la comprensión académica y teológico-filosófica, aunque también comprende la verdad personal de la experiencia subjetiva. El conocimiento de la verdad en Jesucristo permite que el cristiano interprete y entienda los otros tipos de encuentro. Cuando el Señor efectuaba una demostración de poder casi siempre la utilizaba para enseñar a sus seguidores. La enseñanza es la que conduce a un discipulado en la verdad. Es interesante notar que el título favorito de Jesús para el Espíritu Santo es «el Espíritu de verdad». ¡Qué bueno sería que esta verdad bíblica se reconociera mejor en nuestro continente!

(3) Encuentro de compromiso. Este es el más importante de los tres encuentros. Exige una fidelidad total a Jesucristo, y enfoca su interés en la relación de la persona con el señorío de Jesús. Este es el testimonio que dura toda una vida en obediencia y servicio a Dios. Somete la voluntad de uno a la del Señor por medio de su Palabra. Después de reconocer el poder de Dios y haber sido enseñado en sus caminos, uno debe someter su vida a

Él mediante un compromiso serio y fiel. Este es el mandato de todo discipulado.

La clave en estos tres tipos de encuentros es equilibrarlos de manera que haya una estrategia integral en el testimonio del cristiano y el de la comunidad de fe. Como dice Michael Green en *La iglesia local: Agente de evangelización*: «Necesitamos una presentación de la fe cristiana —en palabra y acción— que sea reflexiva, sostenida y pertinente, encarnada por una iglesia local afectuosa, piadosa y viva que se interese de veras por su comunidad en todos los órdenes».

En resumen, analizamos brevemente las ocho áreas vitales de una iglesia saludable. Examinamos los cuatro elementos fundamentales que deben estar presentes en cualquier iglesia como base y repasamos las cuatro áreas de trabajo ministerial. En el estudio del iglecrecimiento uno puede usar este esquema como punto de partida para la organización, la planificación y la evaluación. Debe quedar claro que estas ocho áreas no deben ser meros sustantivos estáticos, sino que se comprendan como elementos a trabajar de una manera dinámica y efectiva según su contexto particular. Christian Scwharz nota en su estudio (Ocho características de una iglesia saludable) que la clave está, no en los sustantivos sino en los adjetivos. Aunque su lista de características sea algo diferente a la nuestra, el punto que plantea sigue siendo válido. Es útil añadirles a las ocho áreas vitales *(el que)* un adjetivo *(el cómo)* que comunique lo que se quiere proyectar. Por ejemplo:

1. Visión *inspiradora y unificadora*
2. Liderazgo *movilizador*
3. Cuerpo ministrante *motivado*
4. Recursos *suficientes*
5. Adoración *dinámica*
6. Discipulado *intensivo*

7. Compañerismo *amoroso*
8. Servicio y testimonio *integrales*

Usted puede añadir la palabra que mejor describa el estilo o la meta que tiene para esa área en particular. Recuerde que no hay una sola manera de hacer las cosas y que ninguna lista puede satisfacer todos los requisitos de una situación dada. Lo que proponemos aquí es un buen esquema para comenzar como punto de partida, tomando en cuenta la Palabra de Dios y la experiencia de la iglesia de Jesucristo a través de los siglos. Lo importante es enfocar todas estas áreas desde la perspectiva de Dios, de tal manera que el conjunto del ministerio sea misional y busque la edificación del Cuerpo de Cristo para que redunde para su gloria y la expansión de su reino, multiplicando discípulos e iglesias.

CAMBIOS A TRAVÉS DEL TRABAJO EN EQUIPO

Trabajar en función del cambio y el crecimiento no es tarea sencilla. Incluso con los mejores recursos disponibles, plantar iglesias y dirigirlas en vías de fidelidad y crecimiento, es arduo. Es aun más difícil cuando lo emprendemos solos. Pero no es imposible. Los que son llamados a esta tremenda responsabilidad saben que lo hacen en la fuerza del Espíritu de Dios y no en la suya propia. El salmista decía: *Si Jehová no edificare la casa, en vano trabajan los que la edifican* (Salmo 127.1). Siempre harán falta los Nehemías que dirijan la construcción, pero se necesitará mucha gente que se una al esfuerzo para lograr los resultados, personas que pongan un ladrillo a la vez. Actualmente se está viendo más receptividad en cuanto al trabajo en equipo a la hora de realizar una labor más efectiva. El hombre orquesta se está reemplazando con el director de la orquesta. Terminaron los días en que una sola persona hacía todo el trabajo. Es hora de que el liderazgo mueva a toda la congregación a ministrar. Siempre hará falta un entrenador, un dirigente o un director técnico, pero los resultados se logran cuando todo el equipo se pone en marcha. Para ello hay que conocer las características de trabajar en equipo.

Ocho características del éxito del trabajo en equipo

Carl Larson, en su libro *Teamwork*, enumera las siguientes características de equipos que operan bien. El estudio que realizó examinó equipos de toda índole, desde deportivos, alpinistas, de negocios, de industria y de organizaciones civiles, hasta gubernamentales. Esas ocho características surgieron como el denominador común de todos los equipos que alcanzaban éxito. Es más, creo que son necesarias para los que trabajan juntos en el contexto de la iglesia del Señor. Veámoslas a continuación.

1. Una meta clara e inspiradora. Cuando todos trabajan en pro de una meta bien conocida, la energía del equipo aumenta y el propósito se consolida entre los participantes.

2. Una estructura diseñada para obtener resultados. La organización del equipo se debe hacer de manera que facilite la consecución de los resultados propuestos.

3. Participantes competentes. Un equipo ganador siempre tiene integrantes competentes, gente que conoce su responsabilidad y su trabajo en detalles.

4. Compromiso conjunto. Cada integrante del equipo entiende que a veces tiene que sacrificar sus preferencias individuales para el bien del equipo.

5. Ambiente de colaboración. El medio laboral debe promover la buena comunicación y el deseo de colaborar con los demás.

6. Estándar de excelencia. Los equipos eficientes no se conforman con lo mediocre. Trabajan con criterios de excelencia.

7. Apoyo externo y reconocimiento. Los equipos que tienen apoyo y reconocimiento de otros tienden a desarrollar mejor sus objetivos.

8. Liderazgo basado en principios. Cuando el liderazgo toma sus decisiones en base a principios, el equipo funciona mejor y logra las metas establecidas.

El proceso de cambio y transformación

El cambio puede ser doloroso, por eso la mayoría lo rechaza y prefiere mantener las cosas como están. Aun cuando sepamos que lo necesitamos para progresar, preferimos ni pensar en ello. Es posible que nuestra iglesia esté perdiendo miembros y la asistencia disminuya cada semana, y nos conformemos con quejarnos por la situación y esperar que se arregle sola. La mayoría de las cosas no se arreglan por sí mismas.

¡Todo cambio comienza cuando aumenta la inconformidad! Cuando el pastor o líder siente urgencia por los cambios deseados, se lo comunicará a otros para hacer algo al respecto. Comenzarán con oración. Luego intentarán actuar. Contagiarán a otros con la nueva visión y trabajarán unidos para producir mejoras y establecer nuevas metas. De no ser así continuarán flotando a la deriva y a merced de las olas de la vida. Pero cuando se reúne un equipo que decide que es hora de remar en la misma dirección bajo una nueva visión, se empiezan a notar cambios. Según John Kotter, en *Leading Change*, hay ocho pasos clave en el proceso de cambio y transformación.

1. Establecer un sentimiento de urgencia
2. Reclutar un equipo guía
3. Desarrollar la visión y la estrategia
4. Comunicar la visión de cambio

5. Habilitar para ampliar la acción
6. Celebrar victorias de corto plazo
7. Consolidar y producir más mejoras
8. Anclar actitudes nuevas en la organización

El equipo de la Iglesia Príncipe de Paz

Recuerdo cuando comenzamos en la Iglesia Príncipe de Paz en Bayamón, Puerto Rico. La congregación de veinte miembros se dispersó hacía más de un año y el edificio estaba abandonado, con borrachos y drogadictos durmiendo en los alrededores. La pintura se estaba cayendo y el jardín parecía un pastizal. Algunos líderes me decían que no se podía trabajar en esa zona ya que era un área demasiado católica y que no respaldarían a una iglesia evangélica.

Sentí el llamado, junto a mi esposa, de comenzar un estudio bíblico y empezar a limpiar el lugar. El trabajo no fue sencillo, pero el Señor nunca permitió que nos sintiéramos solos. Otros líderes nos apoyaron y nos alentaron proveyéndonos ayudas para arreglar la iglesia. Reunimos un grupo de hermanos de otras congregaciones y les comunicamos nuestra visión la noche en que decidimos inaugurar la obra. El Señor nos sorprendió con unas ofrendas extraordinarias recibidas en ese acto. Así pudimos seguir haciéndole mejoras a las instalaciones. Mientras tanto animábamos a los hermanos nuevos a que se unieron a nuestro estudio bíblico a soñar con lo que el Señor podía hacer si trabajábamos juntos.

El Señor añadía más personas al grupo, algunas de las cuales tenían el don de liderazgo. Les compartimos la visión y los desafiamos a trabajar unidos para conquistar las metas que nos propusimos. Orábamos juntos, planificábamos juntos, soñábamos juntos y trabajábamos juntos. Algunos de los antiguos asistentes a la congregación se reincorporaron. Seguimos evangelizando. La comunidad comenzó a notar los cambios y nos lo expresaba. Esto nos alentaba a seguir adelante. Aunque seguían llegando más personas a la iglesia, no nos conformamos con eso y continuamos con una actitud misional, comunicando la visión a todos para que se unieran a lo que el Señor estaba haciendo en nuestro medio. Tratamos de mantener un estándar de excelencia. No siempre fue fácil. Hubo momentos de dificultad en los que todo era cuesta arriba y no se vislumbraba progreso alguno. Lo que nos mantuvo animados era la visión que Dios nos dio de establecer una iglesia en esa comunidad, la convicción de su llamado y el estímulo de estar trabajando con un equipo que también tenía un compromiso firme con la obra.

Llegamos a promediar unas 60 a 70 personas con cultos a los que a veces iban unos 80 a 90 asistentes en poco más de dos años de labor. Aunque era un resultado modesto, sentimos que el Señor nos estaba bendiciendo. La iglesia seguía creciendo. El Señor nos abrió puertas para comenzar un ministerio de televisión, un estudio bíblico en un lugar en que se consumía y se comerciaba mucha droga. Empezamos a ministrar a personas involucradas en prostitución y toda clase de vicios, y formamos un grupo de apoyo para gente que sufría depresión y problemas familiares.

Allí, donde muchos nos dijeron que no valía la pena esforzarse, Dios nos bendijo. Había una visión clara e inspiradora y un equipo de trabajo que compartía las responsabilidades. Pusimos en práctica muchos de los principios que se señalan en esta obra y vimos que el Señor bendijo nuestro trabajo. Por lo tanto, podemos afirmar con certeza que estos no son principios teóricos solamente, sino comprobados en el crisol del ministerio. Y la iglesia continúa creciendo...

¿Por qué decimos «Iglecrecimiento integral»?

El iglecrecimiento es integral cuando promueve una perspectiva amplia que busca un crecimiento de la iglesia dentro del marco general de los propósitos de Dios para el mundo, la humanidad y el cosmos. Toma el reino de Dios como punto de partida y busca su extensión en todas las esferas de la vida con el impacto del evangelio de Jesucristo.

Hay varias razones por las que hablamos de iglecrecimiento integral. El iglecrecimiento ocurre cuando *integramos* todos los aspectos bíblicos de los propósitos redentores de Dios para su iglesia. La congregación puede crecer vigorosa y saludable, cuando *integramos* los principios bíblicos con la sabiduría de las ciencias sociales que le pertenecen al Dios Creador. La iglesia crece cuando *integramos* todos los sistemas de la organización y el organismo que la define. La iglesia es fuerte cuando *integramos* lo que Dios dice que somos por naturaleza con lo que somos llamados a realizar. La iglesia da buen testimonio cuando *integramos* la predicación con la obra, el evangelismo con el servicio, la proclamación con el amor. En fin, integrando todos estos aspectos en forma multidimensional, tanto en el mandato evangelístico como en el cultural, la Iglesia de Cristo crece bajo el liderazgo de su Señor, el mismo que prometió: «Edificaré mi iglesia».

Christian Schwarz, en sus conferencias de iglecrecimiento, utiliza una ilustración que va como anillo al dedo respecto a estos conceptos. Imagínese un barril hecho con tablas verticales de diferente longitud cada una. Usted le echa agua al barril y este comienza a llenarse. Pero ¿cuándo terminará de llenarse? Justo cuando el agua se desborde por donde está la tabla más corta. No obstante si aumenta el largo de esa tabla, incrementa la capacidad del barril. Ahora retiene más agua que antes, hasta que llega al nivel de la tabla más cercana.

El trabajo de los líderes de la iglesia es parecido. Constantemente están revisando cuál de las tablas de las áreas de trabajo tienen que mejorar para que puedan contener el crecimiento de la iglesia. Apenas mejoran un ministerio, habrá otro al que le darán atención para así crecer equilibradamente.

Una última palabra

La esencia del iglecrecimiento integral implica conocer la voluntad de Dios para su iglesia, e involucrarse en lo que Él ya está haciendo en la expansión de su reino. ¡Dios siempre va adelante preparando el terreno! Nosotros tenemos el privilegio y la responsabilidad de participar en su obra. Nosotros respondemos en obediencia a su llamado para realizar la obra que Él dirige y que solo a Él pertenece.

En conclusión, presento un esquema sencillo que permite entender mejor la relación entre uno —como parte de la iglesia—, Dios y la comunidad. La *pasión*, la *visión* y la *misión* juegan un papel de suma importancia en la proyección misional de la iglesia de Jesucristo. El Centro de Evaluación de la Iglesia PCA ha desarrollado un diagrama que ayuda a enfocar mejor estos conceptos. Le doy las gracias al Dr. Demetrio Rodríguez por haber compartido este concepto conmigo.

RELACIÓN IGLESIA-DIOS-COMUNIDAD

DIOS

IGLESIA   COMUNIDAD

Relación Iglesia-Dios

Hay una estrecha dinámica entre la relación que una persona tiene con Dios y la que tiene con los demás. El amor vertical (a Dios) tiene implicaciones en el amor horizontal (al prójimo) y vice versa. En realidad, son inseparables. Tal vez nada sea tan importante para uno que quiere servir a Dios como su relación devocional con Él. Los grandes evangelistas, teólogos y fundadores de iglesias han sido personas con una íntima relación amistosa con Dios. Pasan tiempo escudriñando las Escrituras, orando y detectando la voz del Señor. Son personas guiadas por el Espíritu Santo que entienden que no pueden servir a los demás si no pasan primero cierto tiempo, periódica y continuamente, con Dios.

Relación Dios-comunidad

La Palabra de Dios nos enseña que Él tiene en su mira todas las naciones de la tierra. Dios creó la humanidad y la ama. Él ama la justicia y la equidad. Dios cuida del forastero y del pobre. Busca a los perdidos y los enfermos para rescatarlos y sanarlos. Dios está, en innumerables maneras, obrando en las comunidades del mundo para llevar su Palabra de verdad, amor, reconciliación, paz, justicia, perdón y restauración. Él trabaja y obra en la comunidad mucho antes de que llegue el primer evangelista o misionero. Dios está siempre activo en su creación. Y tiene un plan para cada pueblo. Pero también llama a su Iglesia a participar en lo que hace y continúa realizando. Él quiere trabajar a través de su iglesia.

Relación iglesia-comunidad

Cuando la iglesia oye la voz de Dios, por medio de su Palabra, para ir a discipular a las naciones, debe responder en obediencia. Es posible que lo más difícil de la Gran Comisión sea justamente esa pequeña y breve palabra «id». Pero cuando uno ve dónde Dios ya está trabajando, tiene que unirse a su voluntad y —mirando con los ojos de Dios y sintiendo con el corazón suyo—, debe integrarse a esa misión. La iglesia tiene un compromiso con la comunidad porque Dios la llama a satisfacer las necesidades, tanto físicas como espirituales, de las personas que la integran. Nadie puede decir que ama a Dios si no lo demuestra con amor al prójimo: *El que no ama, no ha conocido a Dios; porque Dios es amor* (1 Juan 4.8).

Misión

Pasión. La relación entre uno, como parte de la iglesia, y Dios debe caracterizarla una pasión por servirle. Pasión es el compromiso total con la persona de Dios y sus propósitos redentores en el mundo. La comunidad (vea la flechita en el diagrama) observa esta pasión y la ve en forma de testimonio de la iglesia.

Visión. Entender la relación entre Dios y lo que Él quiere para la comunidad, se llama visión. Ver con los ojos de Dios. La iglesia ve lo que Dios está haciendo y lo que quiere hacer en el mundo, y se une a sus propósitos a través de la visión que el Señor le ha permitido tener. Mirar con los ojos de Dios requiere un cambio de paradigma en nuestro estilo de pensar y actuar.

Misión. La iglesia tiene una relación con la comunidad en térmi-nos de misión. La iglesia se proyecta a las necesidades existentes a su alrededor y busca satisfacerlas en el nombre de Dios. El Señor, al observar la relación de la iglesia con su comunidad, bendice su obediencia y guía su ministerio.

Dios está obrando en el mundo que nos rodea. Sus propósitos se están cumpliendo. Ningún obstáculo puede frenar su santa voluntad. La pregunta que debemos plantearnos es: «¿Estamos participando en obediencia al plan que Dios tiene para el mundo y su iglesia? ¿Estamos haciendo efectivamente nuestra parte se-gún el llamado que nos hace?» Al considerar el iglecrecimiento, tal vez piense que debe hacer ciertos ajustes en su ministerio. Es probable que Dios le esté llamando a comenzar nuevas iglesias o a involucrarse más en la multiplicación de discípulos. ¡Hay tan-tos ministerios en los cuales uno puede contribuir según sus do-nes y su llamado! Hoy es un buen día para comenzar. Pregúnte-se: «Si no lo hago yo, ¿quién lo hará? Y si no es hoy, ¿cuándo será?"

En resumen, hemos presentado el tema del iglecrecimiento, explicado algunas de sus bases bíblicas e históricas, sugerido varios esquemas organizativos y definido ciertos principios des-cubiertos en los estudios más recientes. Creemos que entendió los temas básicos del iglecrecimiento y que podrá contextualizar y poner en práctica algunos principios universales útiles para toda iglesia local. Es posible que, después de esta introducción al iglecrecimiento, desee averiguar más del tema y comenzar a implementarlo. Para ello puede referirse a la bibliografía sugeri-da. Es mi esperanza que cualquier beneficio que haya obtenido de esta lectura, sirva para la gloria de Dios y la extensión de su reino.

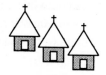

**HACIENDO
DISCÍPULOS**

**MULTIPLICANDO
IGLESIAS**

**EXTENDIENDO
EL REINO**

«Una visión sin una tarea es solo un sueño; una tarea sin una visión es solo una labor; una visión con una tarea, en Cristo, es la esperanza del mundo»

El Dr. Gary McIntosh escribió un artículo en el que relata la siguiente historia:

En la mañana del 4 de julio de 1952, una dama se lanzó al agua fría de la isla Catalina para nadar hasta la costa de California. Ella había cruzado muchos canales, ríos y lagos, pero este día las cosas eran diferentes. El agua estaba muy fría y la neblina no permitía ver mucho. Después de 15 horas, Florencia Chadwick estaba agotada, y pidió que la subieran a uno de los botes que la seguían. Su madre y su entrenador la animaron a que continuara un poco más, pero luego de unos minutos tuvo que parar sin cumplir su cometido. Al bajar del bote en la costa, se dio cuenta de que solo le faltaron unos 700 metros para alcanzar su meta. Un poco molesta, Florencia Chadwick explicó que si hubiera podido ver la costa habría llegado pese al frío y el cansancio, pero la neblina se lo impidió. Unos meses más tarde Florencia volvió a la isla Catalina e intentó su osadía otra vez. El agua fría y la neblina estaban igual o peor que la ocasión anterior, pero alcanzó su meta y llegó a la otra orilla. Cuando le preguntaron cómo lo pudo lograr, respondió: «Esta vez la costa ya estaba en mi corazón».

171

La pregunta para nosotros como líderes cristianos es la misma: ¿Tenemos la visión de Dios en nuestros corazones? ¿Estamos listos para luchar contra viento y marea a fin de lograr los propósitos que Él tiene con nosotros?

Apéndices

A continuación presentamos dos artículos acerca de iglecrecimiento escritos por dos autores destacados en América Latina para fomentar una mayor discusión entre los estudiantes de este curso de Iglecrecimiento integral.

Podemos decir que ambos, Rubén Paredes y René Padilla, se interesan en el crecimiento de la iglesia, aunque nos llaman proféticamente a un crecimiento con conciencia y además debidamente contextualizado. Es nuestra esperanza que la inclusión de estas ideas enriquezcan el estudio presentado en esta obra.

Presentamos además, el plan de trabajo de la Iglesia Cristiana Príncipe de Paz. Este plan es solo un modelo, es decir, usted puede tomarlo en su totalidad, usar lo que le parezca más interesante o adecuado para su circunstancia específica o hacer otro plan diferente. Recuerde que cada iglesia tiene sus características determinadas.

El uso de las ciencias sociales en la misionología[1]

Rubén Paredes

La influencia y el uso de las ciencias sociales, particularmente la antropología cultural, en escuelas y programas de misiones, continúa aumentando alrededor del mundo, especialmente en Europa y Norteamérica. Nadie puede negar el valor positivo de estas tendencias en la preparación de misioneros, obreros y pastores para la comunicación y expresión del evangelio entre otras culturas y pueblos. No solo las escuelas de misiones de nivel superior sino también los institutos bíblicos y seminarios están viendo más y más la necesidad de incorporar a sus cursos y programas materias con una fuerte dosis de ciencias sociales. La toma de conciencia de la realidad pluricultural y pluriclasista del mundo contemporáneo no obliga a tomarlas en cuenta en nuestra preparación teológica y mi..ional.

En América Latina, en círculos evangélicos, todavía no se ha reconocido el valor de las ciencias sociales para el quehacer teológico misional. Son contados los institutos bíblicos o seminarios donde se enseña algún curso de sociología o antropología sociocultural. Esta actitud contrasta con la enseñanza en las universidades, donde es prácticamente obligatorio hacer alguna materia de las ciencias sociales. Mientras que el graduado de una universidad latinoamericana, sea cual sea su especialización o profesión, sale con cierto

---

[1] Artículo tomado de la revista *Misión*, Nº 2, enero de 1983, pp. 15-23.

método de acercamiento a su realidad social, el graduado de un instituto bíblico o seminario sale sin las herramientas de análisis para entender el contexto social en el cual va a ministrar. Esta situación demanda una urgente corrección.

Sin embargo no es suficiente abogar por la utilización de las ciencias sociales en el quehacer teológico misional. Hay que preguntarse cuáles son aquellas orientaciones teórico-metodológicas de las ciencias sociales que ayudan a entender la realidad «objetivamente». Dentro de las ciencias sociales hay una gama de acercamientos a la realidad, unos más útiles que otros. Por lo tanto hay toda una tarea de cuestionamiento y discernimiento que a la luz de la Palabra y bajo la guía del Espíritu, necesitamos emprender en el desarrollo de una reflexión socio-antropológico-teológica pertinente a nuestro contexto.

El presente trabajo intenta iniciar esa tarea con una reflexión sobre los distintos acercamientos de la antropología a la sociedad y al cambio sociocultural. Mi intención es dar una visión a vuelo de pájaro de las orientaciones más establecidas dentro de las ciencias sociales. Una exposición de corte general no hace justicia a los exponentes de dichos acercamientos, sin embargo es un intento de comunicación necesario. Espero que nos ayude en el desarrollo de un acercamiento más adecuado a la realidad en la cual la iglesia de Cristo está llamada a vivir y proclamar el mensaje del evangelio.

Hay casi tantos acercamientos antropológicos al cambio sociocultural como teorías y acercamientos a la cultura misma, dentro del amplio campo de la antropología. De la misma manera que es posible hacer un estudio cronológico del desarrollo de las teorías antropológicas desde el siglo XIX, cuando la antropología llega a ser reconocida como una disciplina con derecho propio, también es posible hacer un estudio paralelo de las diferentes corrientes teóricas sobre el cambio sociocultural. En este trabajo, a riesgo de simplificar pero en busca de claridad, me ocuparé de describir y analizar tres corrientes teóricas que de una u otra manera son el meollo de las diferentes corrientes sobre el cambio sociocultural que están en boga hoy: (1) el acercamiento funcionalista-relativista, (2) el acercamiento conflictivo, y (3) las teorías de la dependencia.

Trataré de delinear los postulados y suposiciones de estas escuelas sin necesariamente entrar en sus variantes. Las corrientes funcionalistas están asociadas con la antropología que se ha desarrollado en Estados Unidos e Inglaterra principalmente. Las corrientes conflictivas se remontan a Karl Marx, y han influido fuertemente las ciencias sociales en los países socialistas y comunistas, en algunos países europeos y también en América Latina. Las teorías de la dependencia están asociadas con el acercamiento conflictivo, pero han desarrollado su peculiar sabor latinoamericano partiendo del análisis de la economía de nuestra realidad, y han influido no solo en la sociología y la antropología sino también en las otras ramas de las ciencias sociales. Su influencia también se deja sentir en la reflexión teológica latinoamericana, como es evidente en algunas de las teologías de la liberación.

I. El acercamiento funcionalista-relativista

1. Premisas básicas

Los muy conocidos antropólogos británicos B. Malinowski y A. R. Radcliffe-Brown son considerados por lo general como los fundadores de la escuela funcionalista de antropología sociocultural (Kessing 1966151). Ambos comparten un marcado interés por las interrelaciones existentes entre las partes e instituciones en una sociedad dada. Los dos tenían reservas y críticas en cuanto a los acercamientos históricos contemporáneos al estudio de la sociedad (Lowie 1937230).

El acercamiento de Malinowski tenía una orientación psicológica (Malinowski 1939) que lo llevaba a enfatizar las necesidades de los individuos en su relación con la cultura. Por otro lado, el acercamiento de Radcliffe-Brown era más sociológico (v. gr. Radcliffe-Brown 1940), lo que llevaba a enfatizar la estructura de la sociedad y las relaciones de las instituciones sociales. Gran parte de la antropología en Estados Unidos, Gran Bretaña y en menor grado en América Latina, ha incorporado las premisas funcionalistas dentro de la disciplina.

Una de las premisas fundamentales del funcionalismo es que todo sistema cultural está constituido por partes interrelacionadas que funcionan para mantener y sostener el sistema del cual forman parte. Hablando analógicamente, un sistema cultural es similar al organismo humano en el cual cada órgano (como el corazón o el hígado) funciona para el bienestar y mantenimiento de todo el cuerpo. Radcliffe-Brown, por ejemplo, se preguntaba cuál era la función social del castigo del crimen, o de los ritos totémicos de las tribus de Australia, o de los ritos funerales de los pobladores de la isla de Andaman. Para Radcliffe-Brown la pregunta clave era ¿Cómo contribuyen estas funciones sociales a la existencia y continuidad de un sistema social?

Para Malinowski la pregunta clave era similar a la de Radcliffe-Brown, pero ponía el énfasis en las necesidades del individuo. Para él las necesidades biológicas y psicológicas eran las fuentes de las instituciones humanas. Decía «Las instituciones contribuyen por un lado al funcionamiento integral de la comunidad total, pero también satisfacen las necesidades básicas y derivadas del individuo» (Malinowski 1939:962). A manera de ejemplo, argumentaba que la familia es indispensable para la sociedad, ya que, además de suplirle sus miembros, los entrena y protege en sus etapas iniciales. Al mismo tiempo, la familia como institución suple las necesidades sexuales y afectivas de sus miembros (*ibid.*).

De las observaciones arriba anotadas se deduce que para los funcionalistas las partes de un sistema social juegan un papel clave en el funcionamiento armonioso y equilibrado de los sistemas culturales. A veces parece detectarse una implícita aceptación de que las partes o instituciones de un determinado sistema son inherentemente buenas, ya que funcionan para sostener el sistema. Por lo tanto, la idea de cambiar o transformar un sistema cultural, particularmente el de comunidades nativas y campesinas, no es bienvenida sino, por el contrario, combatida.

Otra premisa complementaria del funcionalismo antropológico es el concepto de la relatividad cultural. El relativismo cultural propone que cada sistema cultural es una configuración singular que tiene su propio estilo especial y característico; por lo tanto, debe ser examinado no solo como un todo sino también desde su propio marco de referencia. En las ideas de Franz Boas, Ruth Benedict y Alfredo Kroeber encontramos las más elocuentes opiniones acerca del relativismo cultural (Silva Santisteban 1977:168).

Desde la perspectiva relativista, una cultura no debe ser estudiada bajo el marco de referencia de otra; además, el investigador debe tener especial cuidado de no dejar que las concepciones de su propia cultura interfieran con el estudio de las sociedades. Más aun, una sociedad no puede ser evaluada sobre la base de juicios de valor como peor o mejor, alta o baja, superior o inferior, sino simplemente como diferente. De lo contrario, se pierde la «objetividad» y se cae en el etnocentrismo (Kaplan y Manners 1972:4-11, 37-38).

Las premisas funcionalistas-relativistas han hecho que los antropólogos entrenados en esta escuela tengan una consideración especial por la integridad cultural de los pueblos que estudian. Esto conduce a un rechazo de cualquier deseo de interferir o cambiar los sistemas culturales, particularmente el de los grupos campesinos o nativos. Por esta razón, no debe sorprendernos que muchos antropólogos reaccionen contra la introducción de cambios ideológicos, técnicos, etc., en las sociedades «primitivas». Tampoco debe sorprendernos la actitud generalmente negativa que muchos antropólogos tienen hacia la acción misionera de la iglesia. Sin embargo, eso no debe impedirnos escuchar la crítica valiosa que la antropología hace a nuestra falta de sensibilidad cultural al presentar y comunicar el evangelio en los diversos contextos socioculturales de América Latina.

He caracterizado la orientación funcionalista-relativista por su tendencia a ver a la sociedad como un sistema en estado de equilibrio, cuyas partes funcionan para mantener la existencia y continuidad del *status quo*. Con esta caracterización no quiero dejar la impresión de que los estudiosos funcionalistas no se preocupan por el cambio social, lo cual sería injusto. La antropología reconoce que en todas las sociedades ocurren cambios constantes, algunas de manera más rápida que en otras. Esto es especialmente cierto en aquellas sociedades donde las comunidades nativas y campesinas están en una constante interacción con la «sociedad nacional». Sin embargo, la gran mayoría de antropólogos funcionalistas reconocen que su acercamiento no aborda adecuadamente el fenómeno del cambio social, en particular el cambio abrupto y rápido. Para corregir esta deficiencia han surgido variantes del funcionalismo, pero este es un tema que no podemos tratar en esta ocasión.

2. El funcionalismo relativista en la misionología

¿Cómo se traduce esta orientación teórica metodológica en la tarea misionera? Un ejemplo muy claro de esta orientación en el quehacer misionero lo hallamos en la siguiente apreciación de Smalley acerca de las estructuras sociales:

> No hay nada intrínsecamente moral, bueno o malo acerca de las estructuras sociales como tales. Las diferentes estructuras sociales que se encuentran en el mundo de hoy día son simplemente muchas maneras de organizar la conducta del grupo en canales útiles y en hacer la vida más valiosa para los participantes en la sociedad. El rol del misionero en rela-

ción con esto, así como en relación con otras cosas culturales, es dejar que la historia siga su curso y preocuparse por problemas más importantes (Smalley 1967:119).

Esta visión de la sociedad parece subrayar que no hay necesidad de cambiar las estructuras sociales, ya que éstas son amorales. Aun más, el cambio social no debe ser preocupación del misionero, ya que hay otras cosas más relevantes.

Desde una perspectiva bíblica, no podemos aceptar esta suposición. Todas las estructuras sociales están bajo el juicio de Dios. El mundo de hoy, en el que unos pocos se hacen más ricos y otros muchos se hacen más pobres, refleja una injusta y pecaminosa situación estructural no solo a nivel nacional sino mundial. La depredación de recursos naturales, muchas veces motivada por el amor al dinero o el deseo de satisfacer necesidades artificiales, es una evidencia del pecado a nivel estructural. Por lo tanto, no podemos concluir que las estructuras sociales de nuestro mundo son amorales: tenemos que afirmar que hay mucha injusticia, discriminación, depredación y explotación. El pecado se manifiesta concretamente no solo en el individuo pecador, sino también en estructuras sociales pecaminosas. Cuando la Biblia denuncia la explotación y la opresión de los pobres, la injusticia, la corrupción y la idolatría en Israel, juzga no solo a los hombres que cometen dichos actos sino también las relaciones humanas que manifiestan ese pecado estructural.

Otro ejemplo de la aceptación acrítica, de corte funcionalista, de las estructuras de la sociedad la encontramos en el estudio de Pedro Wagner, *¡Cuidado, ahí vienen los pentecostales!* Según afirma Wagner,

> ...este es un libro cuyo tema es el crecimiento de las iglesias pentecostales en América Latina. Cuál debe ser o no la postura social de estas iglesias es un tema fascinante, pero debe

180

ser debatido en otro lugar. Aquí estamos básicamente interesados en saber si la posición políticosocial de los pentecostales latinoamericanos en general ayuda o estorba al crecimiento de sus iglesias (1973:157).

Wagner parece decir que en lo que atañe al crecimiento de la iglesia, no importa mucho si la estructura social es mala o buena o si el evangelio tiene algo que decir frente a ella. Al parecer, lo único de importancia es si estas estructuras como están contribuyen o no al crecimiento numérico de los pentecostales.

El pensamiento de Wagner acerca de las estructuras sociales refleja en parte el pensamiento de su maestro McGavran. En su obra *Understanding Church Growth*, McGavran tiene un capítulo intitulado «La estructura social y el crecimiento de la iglesia», en que deja entrever claramente que su preocupación primaria respecto a la estructura social no es si ésta es mala o buena sino cómo contribuye al crecimiento de la iglesia. McGavran sugiere que «los grandes obstáculos para la conversión son sociales y no teológicos» (1970:191). En la misma obra, en el capítulo 11, intitulado «Sin cruzar barreras», concluye que «a la gente le gusta hacerse cristiana sin cruzar barreras raciales, lingüísticas o de clase» (1970:198). Además añade:

> No se requiere mucho acumen para observar que cuando hay diferencias marcadas de color, estatura, ingresos, limpieza y educación, los hombres entienden el evangelio mejor [sic] cuando es explicado por su mismo tipo de gente. Ellos prefieren unirse a iglesias cuyos miembros se parecen, actúan y hablan como ellos mismos (*ibid.*).

Para McGavran, como para Wagner, una proclamación del evangelio que juzgue a las estructuras sociales en las cuales uno vive no parece tener mayor importancia. Si las estructuras son malas o buenas es un tema fascinante, digno de discutirse, pero frente al cual el evangelio y el crecimiento de la iglesia tiene muy poco o nada que decir. Lo que más importa es si una determinada estructura social está generando el aumento numérico de la iglesia; si es buena o mala, justa o injusta, puede discutirse en un plano secundario, pero no es lo prioritario.

Desde mi punto de vista, esta actitud «neutral» frente a las estructuras sociales se debe en gran parte al acercamiento funcionalista y relativista a las estructuras sociales que caracteriza a estos misionólogos. Muestra su falta de crítica a las presuposiciones de las ciencias sociales que han adoptado. Además, refleja la tendencia propia del mundo occidental a dicotomizar las dimensiones materiales y espirituales del mensaje bíblico, las mismas que en éste son inseparables.

En otro libro más reciente, *Church Growth and the Whole Gospel*, Pedro Wagner intenta responder a las críticas corrientes al movimiento de Iglecrecimiento («Church Growth Movement») y proveer una posición sobre la relación entre los ministerios sociales y la enseñanza de este movimiento. Aunque haría falta una lectura más cuidadosa de este libro, me permito hacer algunas observaciones sobre el mismo.

Wagner mismo reconoce que en el movimiento de iglecrecimiento hay un acercamiento no crítico a las estructuras sociales, a la justicia y a la acción social. Dice que:

los evangélicos durante todo el siglo XX escogieron concentrarse mayormente en salvar almas. Wes Michaelson está en lo correcto al observar que la herencia evangélica ha sido un «individualismo dominante», con gran énfasis en «convertir», dejando al margen «los asuntos del discipulado, la justicia y la forma de la iglesia». El movimiento de iglecrecimiento, firmemente ubicado dentro del campo evangélico, ha participado en este ethos, con una acritud acrítica y algo inocentemente (1981:3).

182

Wagner argumenta, con mucha claridad y enfáticamente, que esta actitud acrítica es asunto del pasado; que gracias a sus críticos, el movimiento de iglecrecimiento está corrigiendo algunas de sus deficiencias respecto al mandato cultural. Insiste que «ni el mandato cultural ni el mandato evangelístico son opcionales para quienes pertenecen a la comunidad del Rey y para quienes Jesús es el Señor». Este concepto muestra el «cambio de actitud» que Wagner dice haber experimentado (1981:XII).

Wagner señala, además, que en el pasado él limitaba la misión cristiana al mandato evangelístico, pero que ahora acepta que la misión incluye tanto ese mandato como también el cultural (1981:91). Añade que McGavran continúa limitando la misión al mandato evangelístico (1981:106). Parecería que en la posición de Wagner ha habido una innegable modificación en ciertos aspectos. Sin embargo, mucho de su esfuerzo por convencer a sus críticos de que el movimiento de iglecrecimiento toma en serio el mandato cultural fracasa debido a su insistencia en la prioridad del mandato evangelístico. Según él, «el mandato cultural y el mandato evangelístico pueden ser diferenciados entre sí, pero no deben polarizarse». Pero la dicotomía que su pensamiento hace entre ellos es evidente. Se hace más clara aun cuando distingue entre servicio social y acción social, y expresa su preferencia por el primero en oposición a la segunda, ya que —según él— el servicio social, y no la acción social, contribuye al crecimiento de la iglesia (1981:37). Wagner dice:

> El servicio social es ese tipo de ministerio social que busca satisfacer las necesidades de individuos y grupos de manera directa e inmediata. Si hay una hambruna, el servicio social proveerá alimento para la gente hambrienta. ... La acción social es ese tipo de ministerio social orientado a cambiar las estructuras sociales ... Por definición, la acción social envuelve cambios sociopolíticos (1981:36).

Quisiera sugerir que esta tendencia a acercarse a la estructura social «estáticamente» no es solo un reflejo de la postura teológica desde la cual lee las Escrituras, sino también un reflejo de lo que Costas ha llamado «un síndrome antropológico funcionalista» (1971:15). Como he dicho antes, hay la tendencia a ver a la sociedad como un mecanismo ordenado, en estado de equilibrio. Aunque Wagner argumenta que «la Teoría de iglecrecimiento reconoce y promueve el cambio cultural» (1981:155), un examen más cuidadoso revela que esto es cierto si se trata de un cambio lento de carácter «religioso»:

> El movimiento de iglecrecimiento que se inclina hacia el campo funcionalista, aboga por un cambio cultural mínimo y se concentra mayormente en un cambio religioso (ibid.).

La misma influencia se manifiesta también en la falta de estudios en el movimiento de iglecrecimiento que den cuenta adecuada de las dimensiones socioeconómicas de la vida humana. El énfasis recae mayormente en los cambios ideológicos. Asimismo, el principio de unidades homogéneas refleja el acercamiento funcionalista que se ocupa de pequeños grupos culturales o sociales como si fuesen grupos homogéneos aislados entre sí, y pierde de vista la relación dinámica del grupo en estudio con otros grupos. La idea de un «pragmatismo consagrado» (1981:69-86) refleja también la ideología funcionalista.

Wagner mismo reconoce que el movimiento de iglecrecimiento ha sido grandemente influenciado por el funcionalismo.

> La antropología cultural ha sido la ciencia social que más ha influido en el movimiento de iglecrecimiento. Particularmente al tocar el campo de misionología, ha traído una orientación hacia la escuela de pensamiento antropológico llamada «funcionalismo» (1982:153).

El resultado práctico del prejuicio funcionalista de Wagner es el apoyo a las estructuras sociales existentes. Este hecho es claro especialmente cuando argumenta, como he señalado antes, que el servicio social (dar de comer al hambriento) es preferible a la acción social (cambiar las estructuras sociales). En esto, inconscientemente refleja su prejuicio funcionalista en favor de la preservación del *status quo.*

No sería justo decir que el movimiento de iglecrecimiento tiene una orientación exclusivamente funcionalista. Wagner está en lo correcto al señalar que algunos de los integrantes del movimiento en mención «además del funcionalismo, dependen de la etnohistoria, la antropología cognitiva, la antropología simbólica y otras metodologías» (1928:163, n. 18). Sin embargo, no es exagerado decir que el movimiento de iglecrecimiento da la prioridad al funcionalismo en su metodología.

II. El acercamiento conflictivo

Mientras que los funcionalistas tienden a ver equilibrio en los sistemas culturales, los teóricos del conflicto ven cambio estructural por todos lados. Sus teorías constituyen una herencia de Karl Marx. Dahrendorf sugiere que para Marx:

la sociedad no era primariamente un orden que funciona armónicamente como un organismo, sistema o fábrica social estática. Por el contrario, su característica es el cambio constante, no solo de sus elementos, sino de su misma estructura. Este cambio testifica la presencia de conflictos como un rasgo esencial de todas las sociedades. Los conflictos no son accidentales sino un producto sistemático de la estructura misma de la sociedad. Según esta perspectiva, no existe el orden excepto en la regularidad del cambio (1959:28, tomado de Appelbaum 1970:82).

Para Marx, el cambio y el conflicto son los motores de la historia y la civilización. Marx decía: «La historia de todas las sociedades hasta el presente es la historia del conflicto de clases». Para él la clave para entender la estructura y el conflicto en cualquier momento de la historia está en las relaciones de producción, que son:

los fundamentos reales, de donde se derivan las superestructuras políticas y legales a las cuales corresponden formas definitivas de conciencia social. El modo de producción en la vida material determina el carácter general de los procesos sociales, políticos y espirituales.

El conflicto dentro de una sociedad se da entre «los que tienen» y «los que no tienen»; entre los grupos que controlan los medios de producción y aquellos que trabajan con los medios de producción. Por lo tanto, existe un conflicto perpetuo entre las clases sociales: la una trata de alcanzar el poder, y la otra trata de mantenerlo.

Para Marx, hay tres grandes períodos históricos que están en una relación dialéctica:

1. La etapa del comunismo primitivo.
2. La etapa mercantilista y capitalista.
3. La etapa del comunismo desarrollado.

La primera etapa, la del comunismo primitivo, está caracterizada por: (a) El trabajo comunitario a través de la participación de los miembros de la familia. (Los intereses de la comunidad y no de los individuos son de mayor importancia.) (b) La ausencia de cualquier tipo de intercambio económico. Las diversas actividades de caza, pesca, tejido, etc., son funciones sociales cuyos frutos se dan y toman libremente dentro de la comunidad y la familia. Las actividades de trabajo individual se realizan solo como parte del trabajo colectivo o familiar. Este es esencialmente un sistema distributivo (Dognin 1973:2). Durante esta etapa de la historia, el hombre es libre, pero su libertad está restringida porque está esclavizado por la naturaleza; y aunque la división del trabajo, las clases sociales y el conflicto entre ellas está ausente, la libertad del hombre es monótona, sin propósito e incompleta. La libertad plena ocurrirá únicamente durante la etapa del comunismo desarrollado (Appelbaum 1974:87).

La segunda etapa, la mercantilista y capitalista, es la negación de la primera. Se caracteriza por la aparición de la división del trabajo, la propiedad privada, y una economía de intercambio basada en el trabajo individual. Esta etapa constituye la disolución de la propiedad y el trabajo comunitarios. El feudalismo y el capitalismo contemporáneo, caracterizado por un alto individualismo, es la antítesis del comunismo primitivo (Dognin 1973:3). En esta segunda etapa el hombre desarrolla la tecnología y ejerce un creciente control sobre la naturaleza; pero al hacer esto, se aliena porque el mecanismo esencial para este control es la división del trabajo y éste es un trabajo alienado. La división del trabajo y la propiedad privada crean las relaciones de dominación y sujeción, las clases sociales y la lucha entre ellas (Dahrendorf 1959:29 tomado de Appelbaum 1970:87). Esta segunda etapa, cuya forma desarrollada es el capitalismo moderno, introduce en esta economía de intercambio contradicciones insoportables. De estas contradicciones, la división entre el proletariado y la burguesía se acentuará a tal punto que la lucha entre estas dos fuerzas producirá una sociedad sin clases por la victoria del proletariado.

La tercera etapa, la del comunismo desarrollado, está caracterizada por el regreso al comunismo: pero este retorno no es a un comunismo inferior, limitado, como el de la primera etapa, sino a un comunismo superior que se beneficia de los avances de la ciencia y la tecnología. Es solo en esta etapa que el hombre puede realizarse como un ser libre.

En la sociedad comunista, nadie tiene una esfera exclusiva de actividad, pero cada uno puede llegar a ser acabado (perfecto) en cualquier campo que quiera; lá sociedad regula la producción general y por lo tanto me permite hacer una cosa hoy día y otra cosa mañana, cazar en la mañana, pescar en la tarde, cuidar el ganado al anochecer y criticar después de la cena puesto que tengo una mente, y (hago todo esto) sin hacerme (exclusivamente) cazador, pescador, pastor o crítico.

Lo importante a recordar acerca de Marx es que para él las contradicciones, conflictos y luchas están constantemente presentes en cualquier sociedad. Esta fuerza dinámica conflictiva es la que mueve la historia del hombre, del comunismo primitivo al capitalismo, y finalmente al comunismo.

Un análisis marxista de cualquier sociedad pondrá énfasis en los conflictos entre el proletariado y la burguesía. En vez de ver estabilidad y armonía (como los funcionalistas), verá tensiones y contradicciones que pueden ser usadas para acelerar el cambio revolucionario. El análisis marxista no estará satisfecho con acercamientos reformistas o de desarrollo comunal, ya que los considera distracciones de la tarea real: luchar por la revolución.

III. Las teorías de la dependencia

1. La teoría latinoamericana de la dependencia

El fracaso de la Alianza para el Progreso, juntamente con la inhabilidad de los acercamientos «reformistas» para alterar radicalmente las condiciones sociales de América Latina, ha contribuido desde la década de los sesenta al surgimiento de lo que ha venido a denominarse «teoría de la dependencia». Los lazos de este acercamiento con el marxismo son significativos; hasta cierto punto podría ser visto como una expresión latinoamericana del marxismo. Según Murga: «La teoría de la dependencia es parte de la teoría del imperialismo y el colonialismo, y todas estas teorías son derivaciones de Marx» (1971:4).

La teoría de la dependencia postula que la razón principal para el subdesarrollo del Tercer Mundo es su condición de dependencia del mundo desarrollado capitalista. Mientras este lleva adelante actividades económicas que giran alrededor de sus propios intereses, el mundo subdesarrollado, ligado al sistema capitalista internacional a través de un largo proceso histórico de interacciones, sigue pasivamente y sin poder hacer mucho. La metrópolis, el centro de poder, tiene una posición de dominación sobre la periferia, que viene a ser el mundo subdesarrollado. La economía del mundo subdesarrollado depende y gira alrededor de los intereses del mundo desarrollado. Esta situación se denomina también «neocolonialismo» o «colonialismo externo».

La dependencia es percibida no solo en términos económicos, aunque esto es lo más básico, sino también en sus ramificaciones socioculturales, políticas e ideológicas:

La dependencia se constituye en un factor externo e interno a las sociedades periféricas. La relación entre los países metropolitanos y periféricos es la característica del sistema capitalista. Este es un fenómeno económico, social, político, ideológico, militar y cultural; es decir, un fenómeno que incluye el armazón institucional entero de la sociedad dependiente. La dependencia implica una alianza política e ideológica entre las clases dominantes de la metrópolis y la periferia ... En otras palabras, las relaciones de dependencia son la incorporación de la estructura de la metrópolis en la periférica (*ibid.*).

El esquema descrito es aplicable también al contexto nacional con relación a las sociedades indígenas. Por ejemplo, el antropólogo Varesse dice:

En mayor o menor grado, a través de procesos históricos de larga duración o en rápidos acontecimientos recientes, todas

189

estas minorías étnicas se encuentran en situación de dominación, son víctimas de aquella estructura nacional económica, social y cultural que ha sido definida como colonialismo interno (1975:45).

Varesse añade que estos son procesos dinámicos por medio de los cuales las comunidades tribales que eran autónomas y autocontenidas han sido incorporadas a una red de relaciones en las cuales tienen una relación dependiente y asimétrica. Estas relaciones responden a un patrón de conquista, colonización y expansión republicana que ha ocurrido en toda América Latina (1975:45).

2. El acercamiento conflictivo-dependentista en misionología

En el documento final del Congreso Internacional Ecuménico de Teología realizado en Sao Paulo del 20 de febrero al 2 de marzo de 1980, aparece un ejemplo que se acerca al enfoque conflictivo-dependentista de la misión de la iglesia y la realidad social:

La situación de sufrimiento, de miseria, de explotación de las grandes mayorías, concentradas especialmente, pero no exclusivamente, en el llamado Tercer Mundo, es tan evidente como injusta ... Sin embargo, el proceso histórico más importante de nuestro tiempo empieza a ser protagonizado por esos mismos pueblos ... Su opresión tiene raíces en la explotación colonial de la que fueron víctimas por siglos. Su lucha por la vida, por su identidad racial y cultural, negada por el dominador extranjero, es tan amplia como la dominación misma ... (1980:3).

... A medida que el movimiento popular se desarrolla, se coloca la cuestión fundamental de formular un proyecto histórico, que se basa hoy en la crítica al capitalismo y a la dominación imperialista ... (*ibid., p. 4*).

Es evidente que al afirmar que la opresión de los pobres «tiene raíces en la explotación colonial de la que fueron víctimas por siglos», este documento limita el concepto de opresión casi exclusivamente a su manifestación estructural socioeconómica y política. En el caso de América Latina, esto implica que esta situación de opresión se inicia con la llegada de los españoles en 1492.

Es cierto que la Biblia habla de un pecado estructural donde reina la opresión, la injusticia y la explotación del hombre por el hombre (Éxodo 3.8-10; Isaías 58.3-12; Jeremías 6.13-15). Contra este tipo de opresión el Señor levanta su voz de denuncia y anhelo de justicia (Isaías 58.6-8). En la experiencia del éxodo vemos la acción liberadora de Dios de este tipo de opresión sociopolítica del pueblo de Israel. Jesucristo también denuncia estas manifestaciones del pecado. Es un hecho, pues, que la Biblia no deja de lado la dimensión sociopolítica estructural del pecado, como el documento bien lo afirma (Lucas 4.16-20).

Pero la Biblia no solo habla del pecado de opresión estructural sino también de la opresión del pecado personal. El apóstol Pablo, por ejemplo, dice:

> *¿Qué pues? ¿Somos nosotros mejores que ellos? En ninguna manera; pues ya hemos acusado a judíos y a gentiles, que todos están bajo pecado. Como está escrito: No hay justo, ni aun uno; no hay quien entienda, no hay quien busque a Dios. Todos se desviaron, a una se hicieron inútiles; no hay quien haga lo bueno, no hay ni siquiera uno*
> (Romanos 3.9-12).

La Biblia indica clara y contundentemente que todos los hombres, ricos y pobres, opresores y oprimidos, han pecado y necesitan de la salvación de Dios.

El documento también afirma que la opresión de las mayorías en América Latina «tiene raíces en la explotación colonial de la que fueron víctimas por siglos ...» La implicación de esta afirmación, como indiqué antes, es que la opresión en América Latina se inicia en 1492 con la llegada de los españoles. Aunque hay mucho de verdad en esto, no es «toda» la verdad histórica. El explotador de los oprimidos en nuestra América Latina no fue solamente o siempre el extranjero. Tenemos que reconocer que la dominación también fue ejercida por ciertos sectores de la población indoamericana. Antes de la llegada de los españoles hubo imperios como el de los incas, los aztecas, etc., que participaron en una acción dominadora y de conquista de otros pueblos indígenas que hubieran deseado mantener su autonomía. Fue el caso, por ejemplo, de los chancas y los huancas en el Perú central, que después de una resistencia inicial tuvieron que aceptar la dominación inca.

Evidencia de esta resistencia a la dominación inca por ciertos sectores indígenas la encontramos también en la resistencia aymara y araucana. Aunque los aymaras fueron conquistados por los incas, desarrollaron una resistencia feroz que los ha mantenido lingüística y culturalmente fuertes hasta el día de hoy. Los araucanos de Chile nunca pudieron ser dominados por los incas. Se opusieron tenazmente. De igual manera los huancas del centro del Perú, en cuanto se les presentó la oportunidad de entrar en una alianza con los españoles para deshacerse del dominio incaico lo hicieron. La alianza huanca-española constituyó un hecho fundamental para la derrota de los incas (Argüedes 1975:88).

La manifestación del pecado en forma de explotación y colonización no se limita a la llegada de los españoles o la época contemporánea. Ha estado presente desde la caída del hombre, en todos los tiempos y en todos los pueblos. Esto es así porque el problema fundamental del hombre es su rebelión contra Dios, y esta se manifiesta en sus dimensiones personales y estructurales. Por tal razón todos los hombres necesitan de la liberación personal del pecado. De igual manera las estructuras sociales necesitan ser redimidas.

La manifestación del pecado se da no solo en el sistema capitalista sino también en los sistemas socialistas como los conocemos hoy. No podemos cerrar los ojos a la experiencia de Checoslovaquia, Polonia y Afganistán, así como no podemos cerrarlos a la tiranía dictatorial en algunos de los países latinoamericanos. El monopolio del pecado estructural no lo tiene el sistema capitalista: el pecado está presente en todos los sistemas humanos y consecuentemente todas las estructuras sociales necesitan de la liberación en Jesucristo. Es aquí donde noto un silencio en el citado documento. Se condena al capitalismo pero no se hace lo mismo con los otros sistemas y estructuras sociales.

Creo que es tiempo de que comencemos a evaluar de manera más crítica los acercamientos teórico-metodológicos que usamos al estudiar la realidad social. La teoría de la dependencia es uno de varios acercamientos que nos ayudan a ver los procesos sociales de nuestro contexto nacional e internacional, pero tiene sus limitaciones. Es una ventana (muy importante, por cierto) que nos permite ver las cosas con mayor claridad, pero no es la única.

Para ilustrar lo que quiero decir tomemos, por ejemplo, las categorías oprimido-opresor. Estas categorías no hacen justicia a la complejidad de la realidad social. Uno es opresor u oprimido desde cierto punto de vista. Para ciertos campesinos de la selva peruana los opresores son no solo los empresarios que les quitan sus tierras sino también ciertos campesinos de la sierra peruana que, por la escasez de tierra, emigran a la selva y en este proceso los desplazan y los privan de tierras que han ocupado por cientos y miles de años. Ahora bien, un acercamiento dependentista colocaría a ambos tipos de campesino en la categoría «oprimidos». En cierta medida lo son, pero de esta manera se ignorarían los microprocesos de las relaciones; es decir, no se daría atención a los conflictos entre los campesinos mismos. Esta es solo una ilustración de los complejos procesos de relaciones y diferenciaciones que se dan dentro de los grupos «oprimidos» y «opresores». Los procesos sociales no son tan simples como los dependentistas parecen indicar. La situación es mucho más compleja que lo que su esquema supone.

Por otro lado, todos los hombres tienen el potencial de ser opresores. Una vez que están en el poder, los oprimidos pueden convertirse en opresores no únicamente de sus ex opresores, sino también de la gente que dicen representar. Esta posibilidad está siempre presente ya que el pecado trasciende las estructuras sociales. Las personas pecan y construyen estructuras; por lo tanto, es necesaria una transformación de personas y de estructuras. Este es el desafío y la radicalidad del evangelio de Cristo.

IV. Un acercamiento bíblico realista

Un acercamiento realista al cambio sociocultural debe reconocer el valor de las diferentes orientaciones en este trabajo. La exhortación bíblica a examinarlo todo y retener lo bueno (1 Tesalonicenses 5.21) es aplicable a las teorías antropológicas. Siendo este nuestro principio de operación, examinemos brevemente lo positivo de cada acercamiento.

En principio, me parece que la preocupación funcionalista por estudiar culturas y sociedades como una totalidad compuesta de muchas partes interrelacionadas que funcionan para mantener un sistema dado es un buen comienzo de análisis, siempre y cuando no se dé por sentado que las partes del mismo son inherentemente buenas y que no hay necesidad de reemplazarlas en ningún momento. En otras palabras, el investigador debe estar alerta al hecho de que las partes del sistema, o aun el sistema mismo, pueden ser defectuosos y que hay aspectos negativos en cada cultura. De esto deducimos que debemos reforzar los aspectos positivos de las culturas, pero también debemos, bajo la guía de la Palabra y el Espíritu, transformar los aspectos negativos y contradictorios. Además, debemos dejar que la voz profética de la Palabra juzgue y denuncie los aspectos demoniacos de toda sociedad humana.

La perspectiva funcionalista ha enfatizado el estudio de sociedades «simples» como si éstas existieran aisladas de otros grupos humanos, particularmente la sociedad nacional. Este tipo de acercamiento a menudo ha tergiversado la naturaleza de las relaciones de las sociedades «primitivas» con el mundo exterior. Ha opacado así las relaciones existentes entre los grupos nativos y los representantes del gobierno, los comerciantes, los petroleros, el ejército, los misioneros, etc., a lo largo de cientos de años en algunos casos. Ha enfatizado la producción de estériles debates acerca de la integración del indígena a la sociedad nacional, perdiendo de vista que de alguna manera y en diversos grados, estos pueblos ya han sido integrados a la cultura nacional. La cuestión no es si los integra o no, sino a qué tipo de sistema, bajo qué condiciones, a qué ritmo y a qué costo social. ¿Será esta una integración que niega la integridad de las culturales indígenas, o una que respeta y reconoce dichas culturas y que está dispuesta a aceptar las contribuciones indígenas, respetando al mismo tiempo su autonomía?

Del acercamiento conflictivo rechazamos las tres etapas históricas propuestas, ya que no concuerdan con los hechos. Las tres etapas por las cuales se supone que las sociedades atraviesan en su marcha al comunismo nos recuerdan el evolucionismo unilineal de Lewis Morgan en el siglo XIX. Según Morgan, todas las sociedades tienen que pasar por las etapas del salvajismo y el barbarismo para por fin llegar a la civilización (la perfección). La antropología actual reconoce que estas etapas fueron establecidas sobre bases empíricas y datos cuestionables que dieron como resultado una construcción imaginaria de la marcha de la civilización. La idea de que los hombres caminan hacia el progreso y la perfección no concuerda con la historia de los pueblos. También rechazamos la ilusión de que una sociedad sin clases, libre de conflictos, resultará sin la intervención soberana de Dios. Sin embargo, aceptamos, sobre la base de la enseñanza bíblica, la existencia de conflictos y contradicciones en todas las sociedades. Este es un hecho histórico evidente que no podemos ignorar. Mientras que para Marx estos conflictos eran generados por las relaciones injustas de producción, para los cristianos la raíz del conflicto esta en el poder del pecado, la desobediencia del hombre y la acción de Satanás. Estas fuerzas negativas y demoniacas están activas en todas las sociedades, e ignorarlas, como ciertos estudios funcionalistas pretenden, es desconocer no solo la cruda realidad del hombre y de la sociedad sino también su problema fundamental.

La realidad de los conflictos en el mundo nos desafía a los cristianos a ser y hacer una contribución real y positiva a la sociedad en la que vivimos. Un Dios justo y amoroso, preocupado por la condición personal y social de todos los hombres, nos mueve a presentar a nuestro Señor Jesucristo como la fuente de toda justicia, esperanza y salvación y a ser agentes de reconciliación en un mundo conflictivo. Esto demanda anunciar que la enemistad entre Dios y los hombres ha concluido y que una nueva clase de relaciones entre los hombres puede darse a través de Jesucristo. El reino de Dios se ha acercado en Jesucristo. La verdadera liberación social y espiritual es posible para toda la humanidad.

La teoría de la dependencia nos alerta a los procesos macrosociales de nuestro contexto nacional e internacional. La manera en que los poderes político-económicos de Oriente y Occidente se relacionan entre sí y con el Tercer Mundo tendrá su efecto en el presente y futuro de nuestras naciones. La situación del mundo contemporáneo ha sido formada y condicionada por las relaciones de los poderes mundiales. Somos parte de una comunidad internacional cuyo destino está ligado al nuestro. Esta realidad no puede ser ignorada por los movimientos misioneros. Cómo desarrollar modelos de misión y ministerio en un mundo tan complejo, conflictivo y en necesidad de una transformación real y profunda es un desafío a nuestra creatividad y a nuestra apertura al Espíritu de Dios y su Palabra.

La unidad de la iglesia y el principio de las unidades homogéneas[2]

C. René Padilla

Todo el Nuevo Testamento da por sentado que la unidad del pueblo de Dios trasciende todas las distinciones externas. La idea es que con la venida de Jesucristo se han derribado las barreras que dividen a la humanidad y se ha puesto en marcha un proceso por el cual, en la iglesia y por medio de la iglesia, está tomando forma una nueva humanidad. El propósito de Dios en Cristo Jesús incluye la unidad de la raza humana, y esa unidad se hace visible en la iglesia. En la primera parte de este artículo examinaremos la enseñanza del Nuevo Testamento respecto a esa unidad de la iglesia en la cual se expresa el propósito de Dios de unir todas las cosas en Cristo Jesús. En la segunda parte examinaremos la realización histórica del propósito unitivo de Dios en tiempos apostólicos. Finalmente, en la última parte evaluaremos el principio de unidades homogéneas formulado por Donald McGavran, según el cual «a la gente le gusta hacerse cristiana sin cruzar barreras raciales, lingüísticas o de clase», a la luz del análisis de la enseñanza bíblica y de la práctica apostólica hecho anteriormente.

---

[2] Tomado de la revista *Misión*, No. 6, septiembre de 1983, pp. 13-19, 38-42.

I. El propósito unitivo de Dios en Cristo Jesús

La Biblia nunca mira al ser humano como un individuo aislado, lo mira como un ser en sociedad, una persona en relación con otras personas. Mucha de la enseñanza bíblica está coloreada por el concepto hebreo de la solidaridad humana, para referirse al cual H. Wheeler Robinson acuñó la expresión «personalidad corporativa». Desde este punto de vista, en el Nuevo Testamento la iglesia es una solidaridad creada en Cristo Jesús y contrastable con la vieja humanidad representada por Adán. La solidaridad de Adán es la humanidad bajo el juicio de Dios, unida en el pecado y la muerte. Pero donde abundó el pecado, sobreabundó la gracia. Consecuentemente, la solidaridad de Adán ya no puede ser considerada en aislamiento de la obra de Cristo, sobre la base de la cual Dios justificó a los pecadores. En oposición a la oscuridad de la muerte en que se sumió la humanidad a causa del primer Adán, la luz de la vida ha irrumpido en el mundo por medio del último Adán (cf. Romanos 5.12-21). El reino de la muerte se estableció en la humanidad por medio del primer Adán; toda la humanidad cayó en el abismo de una existencia sin sentido, separada de Dios y bajo su juicio. Por medio del último Adán ha sido creada una nueva humanidad en la cual se anulan los resultados de la caída y se restaura el propósito original de Dios para la humanidad.

La carta a los Efesios reúne varios conceptos relativos a la nueva humanidad creada por medio de Jesucristo. Comienza con una doxología (1.3-14) en la cual se contempla la unidad de judíos y gentiles en la iglesia a la luz del propósito eterno de Dios, que incluye la creación de un nuevo orden con Cristo como cabeza. Se afirma que según la intención de Dios todo el universo será «resumido» o «recapitulado» en Cristo: está avanzando hacia una *anacefalaiosis*, una armonía en que «todas las partes encontrarán su centro y lazo de unión en Cristo». En este contexto, la unidad de judíos y gentiles

(vv. 13-14) puede entenderse únicamente como un cumplimiento anticipado de lo que Dios va a realizar «a su debido tiempo» (v. 10).

Tanto judíos como gentiles pueden ahora recibir el sello del Espíritu por la fe. La circuncisión, que antes era la señal de participación en el pacto abrahámico, en el nuevo orden se torna irrelevante: es una mera señal externa y ha sido superada por «la circuncisión que viene de Cristo», «la que consiste en ser liberados de la naturaleza pecadora» (Colosenses 2.11). Con la venida de Cristo, «de nada vale estar o no estar circuncidados; lo que sí vale es el haber sido creados de nuevo» (Gálatas 6.15; cf. 5.6). Dios ha formado una nueva humanidad en la cual se han derribado las paredes que separaban a judíos y gentiles (Efesios 2.11ss.). De las dos grandes unidades homogéneas cuya enemistad era proverbial en el mundo antiguo, Dios ha creado algo nuevo; los dos enemigos han sido reconciliados en «un solo cuerpo» (v. 16). Por medio de su muerte Jesucristo ha removido la pared que separaba los dos sistemas en los cuales «el pueblo» (*am*) y «las naciones» (*goyim*) habían vivido antes. Ahora judíos y gentiles son iguales delante de Dios (v. 18); son miembros de una comunidad que puede describirse como un pueblo (v. 14), un solo y nuevo hombre (v. 15), un solo cuerpo (v. 16), una ciudad (v. 19), una familia (v. 19), un edificio (v. 20). Así, la unidad que Dios desea para todo el universo, según el primer capítulo de Efesios, se hace visible históricamente en una comunidad donde la reconciliación de judíos y gentiles con Dios y la reconciliación de los dos pueblos entre sí es posible sobre la base de la obra de Cristo.

Más adelante, en el capítulo 3, Pablo afirma que el propósito unitivo de Dios en Cristo Jesús le ha sido dado a conocer «por revelación» (v. 3). Él es el administrador o mayordomo de un «misterio» —un «plan secreto»— que hasta ese momento apenas había sido conocido vagamente, pero que ahora ha sido revelado, a saber, que en Cristo «las naciones» participan de bendiciones del evangelio junto con «el pueblo», sobre una base común que es la gracia de

Dios. De manera inequívoca, aquí se afirma que esta unidad de judíos y gentiles es el *evangelio*; no meramente un resultado que debe hacerse presente cuando la iglesia sea «perfeccionada», sino un aspecto esencial del mensaje que el apóstol proclamaba basándose en las Escrituras (vv. 8-9). La iglesia es, por lo tanto, una lección objetiva de la multiforme sabiduría de Dios exhibida con el fin de instruir a los habitantes de las esferas celestiales tanto buenos como malos (v. 10).

La unidad que resulta de la obra de Cristo no es una unidad abstracta, sino una nueva comunidad en la cual la vida en Cristo es el factor decisivo. El único «vínculo racial» que tiene validez en el nuevo orden es el que tiene que ver con la iglesia como «linaje escogido, real sacerdocio, nación santa, pueblo adquirido para posesión de Dios» (1 Pedro 2.9). Aunque está formada por judíos y gentiles, la iglesia forma un tercer grupo distinto, una «tercera raza» (1 Corintios 10.32). Es la «descendencia de Abraham» en la cual, puesto que uno pertenece a ella sin otra condición que la fe en Jesucristo, «no hay judío ni griego; no hay esclavo ni libre; no hay varón ni mujer», porque todos son «uno en Cristo Jesús» (Gálatas 3.28). Nadie, basándose en este pasaje, sugeriría que los gentiles tienen que hacerse judíos, las mujeres tienen que hacerse hombres y los esclavos tienen que hacerse libres a fin de participar de las bendiciones del evangelio. Pero no se hace justicia al pasaje si no se lo interpreta como una afirmación de que en Cristo Jesús ha aparecido una nueva realidad: una unidad basada en la fe en Él, una comunidad a la cual uno se vincula sin que se tome en cuenta su raza, posición social o sexo. No es una mera unidad «espiritual», sino una comunidad concreta formada por judíos y gentiles, esclavos y libres, hombres y mujeres, todos ellos miembros de la solidaridad en Cristo. Tal es el énfasis del pasaje. Y, como dice Donald Guthrie, «Pablo no está expresando una esperanza, sino un hecho».

Hay una idea similar en Colosenses 3.11, donde Pablo afirma que para quienes han sido incorporados en la nueva humanidad creada en Cristo Jesús, las divisiones que afectan a la vieja humanidad han sido superadas: «Ya no tiene importancia el ser griego o judío, el estar circuncidado o no estarlo, el ser extranjero, inculto, esclavo o libre; lo que importa es que Cristo es todo y está en todos». La raza pierde su importancia porque todos los creyentes, judíos o gentiles, pertenecen al «Israel de Dios» (Gálatas 6.16). El trasfondo religioso es irrelevante porque «la circuncisión» (Filipenses 3.3) está compuesta por judíos «en lo interior», cuya circuncisión es del corazón y «no depende de reglas escritas sino del espíritu» (Romanos 2.28-29). La estratificación social no tiene razón de ser puesto que en la nueva humanidad el esclavo se convierte en «hermano querido» para su amo (Filemón 16); el esclavo está llamado a servir al Señor, no al hombre (Colosenses 3.22), y el que es libre debe vivir como quien tiene Amo en el cielo (Colosenses 4.1). Aquí, en la nueva humanidad, en la nueva unidad homogénea que ha tomado forma por medio de Jesucristo, lo único que interesa es que «Cristo es todo y está en todos». Los que han sido bautizados para formar un solo cuerpo (cf. 1 Corintios 12.13) son miembros de una comunidad en la cual las diferencias que separan a la gente en el mundo han perdido vigencia. Puede ser cierto que «a la gente le gusta hacerse cristiana sin cruzar barreras raciales, lingüísticas o de clase», pero eso es irrelevante: la pertenencia al cuerpo de Cristo no es asunto de gustos sino de incorporación a la nueva humanidad bajo la soberanía de Jesucristo. Guste o no guste, el mismo acto por el cual la persona es reconciliada con Dios *simultáneamente* la introduce a una comunidad donde la gente encuentra su identidad en la identificación con Jesucristo, no en su raza, cultura, clase social o sexo y, consecuentemente, experimenta una reconciliación mutua. «El agente de la unidad es Cristo Jesús y el principio de unión es el "evangelio"».

El propósito de Dios es «unir bajo el mando de Cristo todas las cosas, tanto en el cielo como en la tierra» (Efesios 1.10). Ese propósito está todavía por consumarse. Sin embargo *ya*, en anticipación al fin, ha sido creada una nueva humanidad en Cristo Jesús y los que son incorporados a Él forman una unidad en la cual desaparecen todas las divisiones que separan a la gente en la vieja humanidad. La unidad original de la raza humana es así restaurada, y el propósito unitivo de Dios en Cristo Jesús se hace visible históricamente.

II. La unidad de la iglesia y la práctica apostólica

Un breve análisis del Nuevo Testamento aclara la manera en que los apóstoles pusieron en práctica su propia enseñanza sobre la unidad de la iglesia. Muestra, además, las dificultades que la iglesia del primer siglo tuvo que encarar al intentar vivir a la luz del propósito unitivo de Dios en Cristo Jesús. La superación de las barreras entre judíos y gentiles, entre esclavos y libres y entre hombres y mujeres en el primer siglo no fue más fácil que la superación de las barreras entre negros y blancos, entre ricos y pobres y entre hombres y mujeres en el presente siglo. Sin embargo, toda la evidencia neotestamentaria apunta a una práctica apostólica perfectamente consecuente con el objetivo de formar iglesias en las cuales el propósito de Dios fuera una realidad concreta.

El ejemplo de Jesús

Los apóstoles no tuvieron que especular en cuanto a cómo sería una comunidad en la cual la lealtad a Jesucristo relativizara todas las diferencias existentes entre sus miembros, para saberlo les bastaba recordar la comunidad que Jesús había reunido a su alrededor durante su ministerio terrenal. Por supuesto, Él no había demandado una uniformidad estructurada rígidamente, pero había logrado formar una comunidad unida por una común entrega a Él, en la cual se habían superado todas las diferencias que podían haber separado a sus seguidores. Miembros del partido revolucionario (como «Simón el celote», Lucas 6.15) se habían juntado con publicanos, encargados de cobrar los impuestos para el gobierno de la nación invasora (como Leví, Mateo 9.9-13; cf. Lucas 19.1-10). Mujeres humildes, de dudosa reputación (cf. Lucas 7.36-39), se habían mezclado con mujeres ricas cuyos bienes habían facilitado el ministerio itinerante de Jesús y sus discípulos (cf. Lucas 8.1-3). Las mujeres habían sido aceptadas en pie de igualdad con los hombres, pese a la idea común, expresada por Josefo, de que la mujer «es en todo aspecto de menor valor que el hombre».

Por cierto, Jesús había limitado su misión a los judíos y había impuesto la misma limitación a sus apóstoles, antes de la resurrección. Sin embargo, como ha demostrado Jeremías, había previsto que los gentiles participarían de la revelación dada a Israel y serían incorporados al pueblo de Dios. De acuerdo con esto, mandó a sus discípulos a proclamar el evangelio a «todas las naciones»: la misión a los gentiles sería el medio por el cual estos serían aceptados como huéspedes en la mesa de Dios (Mateo 8.11; cf. Isaías 25.6-8).

La iglesia en Jerusalén

El día de Pentecostés el evangelio fue proclamado a una gran multitud de peregrinos que habían venido a Jerusalén para un gran festival judío: la Fiesta de las Semanas (Hechos 2.1-13). En la narración se da énfasis a la naturaleza heterogénea de la multitud haciendo referencia a la variedad de idiomas (vv. 6-8), países y culturas (vv. 9-11) representados allí. Los «varones piadosos» mencionados en el versículo 5 eran probablemente judíos procedentes de la Diáspora, más que gentiles prosélitos, como a veces se ha sugerido. De todos modos, lo que Lucas quiere destacar es que «todas las naciones bajo el cielo» estaban representadas, y que «las maravillas de Dios» fueron proclamadas en los idiomas y dialectos de muchos países. Ese evento, en el cual se rompió inclusive la barrera de los idiomas, milagrosamente, a fin de hacer posible la comunicación del evangelio, anticipa la proclamación de las buenas nuevas de Jesucristo —proclamación de la cual se ocupan los siguientes capítulos del libro de los Hechos— «hasta lo último de la tierra» (Hechos 1.8). En Pentecostés muchos se convierten a Cristo con personas de «todas las naciones bajo el cielo», incluyendo a «algunos que vienen de Roma», tanto judíos como prosélitos, es decir, gentiles convertidos al judaísmo (v. 10). Consecuentemente, Pedro entendió Pentecostés —el don del Espíritu— como el medio por el cual la promesa del evangelio (que en Abraham serían benditas «todas las naciones de la tierra», Génesis 12.3) se hacía extensiva no solo a los presentes sino también a sus descendientes y a «todos los que están lejos» (v. 39).

Por supuesto, la comunidad que surgió de Pentecostés estaba formada mayormente por cristianos de origen judío. ¿Qué otra cosa se podía esperar antes de la misión a los gentiles? Sería un gran error, sin embargo, concluir que esa comunidad encontró su identidad en lo judío. La base de su unidad no fue la homogeneidad racial sino el Pentecostés. Solo a la luz del derramamiento del Espíritu se puede entender cómo fue posible que entre los miembros de la iglesia temprana en Jerusalén hubiera «hombres sin letras y del vulgo» (*agrammatoi ... kai idiotai*, Hechos 4.13; *'amme ha'aretz* «gente de la tierra», según la terminología rabínica) y sacerdotes educados (6.7) e incluso (más tarde) fariseos (15.5; cf. 11.2); gente pobre, necesitada de ayuda, y terratenientes (2.44-45; 4.32-37), posiblemente miembros de una pudiente comunidad extranjera; judíos (de habla aramea, en su mayoría nativos de Palestina), «griegos» (judíos de habla griega, procedentes de la Diáspora, 6.1ss), y por lo menos un gentil de Antioquía de Siria (v. 5).

Es obvio que la unidad eclesiástica básica tanto para la predicación como para la comunión y la enseñanza era la iglesia casera (Hechos 2.46; 5.42; cf. 12.12,17; 21.18). Sin embargo, no hay nada en Hechos que sugiera que «la iglesia mixta en Jerusalén se dividió según unidades homogéneas» o nos conduzca a pensar que había iglesias caseras para los educados y para los ignorantes, para los ricos y para los pobres, para los judíos palestinenses y para los judíos de la Diáspora. Toda la evidencia apunta en dirección contraria. Uno de los énfasis principales de Lucas en su descripción de la iglesia que surgió el día de Pentecostés es, en efecto, que los creyentes estaban «juntos» o «muy unidos» (*epi to auto*, con un sentido casi técnico; 2.44); que «compartían sus bienes entre sí» (2.44; 4.32); que «pensaban y sentían de la misma manera» (4.32). ¿Qué pruebas pueden aducirse en favor de la tesis según la cual la iglesia de Jerusalén se organizó de acuerdo con ciertas «unidades homogéneas»?

Un problema que surgió en la iglesia de Jerusalén poco después de Pentecostés se debió precisamente a la naturaleza heterogénea de la comunidad: los «griegos» se quejaron de los «hebreos» porque sus viudas no estaban recibiendo suficiente del fondo común que se había constituido (Hechos 6.1). La solución que los apóstoles dieron al problema ilustra bien la manera en que se encaraban los problemas de división en la iglesia en ese entonces. Un experto en el crecimiento de la iglesia hoy día tal vez hubiera sugerido la creación de dos denominaciones distintas: una para los judíos palestinenses, otra para los judíos de habla griega. Ciertamente, esa hubiera sido una solución *práctica* para las tensiones que existían entre las dos unidades homogéneas. Sin embargo, se nos dice que los apóstoles reunieron a la comunidad y pidieron la elección de siete hombres que se encargaran de la distribución diaria de ayuda (vv. 2-6). La unidad de la iglesia por encima de las barreras culturales debía ser preservada.

La iglesia en Antioquía de Siria

A raíz del martirio de Esteban se levantó una gran persecución contra la iglesia en Jerusalén, al parecer principalmente contra los creyentes helenistas con los cuales se había identificado Esteban (Hechos 8.1). Sin embargo, uno de los resultados inesperados de la persecución fue el lanzamiento de una evangelización a gran escala —la primera fuera de la Palestina— por parte de creyentes exiliados que huyeron a Fenicia, Chipre y Antioquía de Siria (11.19).

Según Lucas, estos exiliados, a excepción de unos pocos, anunciaban el evangelio a los judíos, pero no a los demás (v. 19). ¿Por qué? En la narración no se da razón alguna. A pesar de ello, Donald McGavran usa la afirmación de Lucas para apoyar su tesis de que en los años posteriores a Pentecostés la iglesia hizo «ajustes» que favorecieron la difusión del evangelio y dieron como resultado «congregaciones de una raza», las cuales «surgieron por docenas, tal vez por cientos». Los datos provistos por Lucas de ninguna manera dan pie a la idea de que los apóstoles hayan fomentado deliberadamente la formación de «congregaciones de una raza» y hayan tolerado prejuicios judíos contra los gentiles con miras al crecimiento numérico de la iglesia.

Para hallar base en los Hechos para una idea tan peregrina, se requiere que por anticipado uno acepte: (1) que los apóstoles compartían la teoría moderna de que el prejuicio racial «puede entenderse y debe ser usado como ayuda en la cristianización», y (2) que la multiplicación de cristianos invariablemente requiere un ajuste al principio de las unidades homogéneas. Sin estos presupuestos, para los cuales no existe ninguna evidencia, no se puede pasar por alto la insistencia de los Hechos en que la extensión del evangelio a los gentiles fue un paso tan difícil para la iglesia de Jerusalén que solo fue posible con la ayuda de visiones y mandatos (cf. 8.26ss.; 10.1-16) o bajo la presión de la persecución (cf. 8.1ss; 11.19, 20). En ninguna parte se sugiere, ni aun remotamente, que los cristianos de origen judío predicaron el evangelio a gente de su raza pero no a los demás debido a *consideraciones estratégicas*. Toda la evidencia apunta en dirección contraria: las restricciones que se impusieron aun a los judíos de habla griega en la proclamación del evangelio se debía a escrúpulos que tendrían que ser superados (como en el caso de Pedro cuando fue enviado a la casa de Cornelio), si es que los gentiles iban a recibir la Palabra de Dios y si los judíos iban a entender que «Dios no hace diferencia entre una persona y otra» (como en el caso de aquellos en Judea que oyeron que Cornelio y sus familiares y amigos habían creído). Mientras los cristianos de origen judío dieron cabida a sus prejuicios heredados de sus antepasados, probablemente por el temor de que su contacto con los gentiles fuera interpretado por sus conciudadanos como un acto por el cual estaban «uniéndose traidoramente a un pueblo extraño» (para usar una frase de McGavran), se limitaron a predicar a personas de su propia raza, pero no a los demás. ¿Quién iba a imaginar que este acercamiento, basado en una visión tan limitada, sería usado como modelo para la evangelización en el siglo XX?

Los evangelistas que al fin rompieron con el esquema impuesto por el etnocentrismo judío y se atrevieron a proclamar el evangelio a los gentiles en Antioquía de Siria eran «algunos creyentes de Chipre y de Cirene» (11.20). No se puede exagerar la importancia de este paso. Antioquía era, en cuanto a tamaño, la tercera ciudad del mundo, «casi un microcosmos de la antigüedad romana del primer siglo, una ciudad que abarcaba casi todas las ventajas, los problemas y los intereses humanos que la nueva fe tendría que encarar». Muy pronto la iglesia allí se convertiría en la base para la misión a los gentiles.

No hay evidencia de que los que recibieron el evangelio en Antioquía eran parientes de los exiliados que venían de Jerusalén. Quizá lo eran, pero esta es una mera conjetura y no da base firme a la idea de que «en Antioquía, tanto para los refugiados de Jerusalén como para los cristianos residentes, tengamos puentes de relación con los gentiles». Además, nada dice Lucas que nos lleve a la conclusión de que la evangelización de los gentiles en esa ciudad se llevó a cabo en la sinagoga. Es posible que así fuera, pero si la lectura correcta en el versículo 20 es *hellerus*, más bien que *hellenistas*, la referencia es a gentiles de cultura griega. Floyd Filson tal vez tenga razón cuando propone que los evangelizados fueron «gentiles que no habían tenido ningún contacto previo con la sinagoga». El mensaje que se les predicó estaba centrado en Jesús como Señor (*Kyrios*) y guardaba, por lo tanto, cierta similitud formal con los mensajes que la gente en una ciudad cosmopolita escuchaba cotidianamente, en que se les ofrecía salvación por parte de cultos y religiones paganas en nombre de otros «señores». El poder de Dios estaba con los evangelistas; como resultado, muchos creyeron. A menos que supongamos que, para fomentar el crecimiento numérico de la iglesia, los muchos que creyeron (11.21) se separaron inmediatamente en iglesias caseras formadas basándose en unidades homogéneas, se sigue que la iglesia que se constituyó incluía a judíos y gentiles en pie de igualdad y que los gentiles no tuvieron que aceptar prácticas judías para ser miembros de ella. En un período posterior, como veremos más adelante, la cuestión del lugar de la ley judía en la iglesia sería debatida acaloradamente. Pero no hay ninguna evidencia de que al comienzo de la iglesia de Antioquía los evangelistas hubieran recurrido al principio de unidades homogéneas a fin de realizar su propósito. ¿Cómo se preservó la unidad, tomando en cuenta que había muchos miembros que no guardaban la ley ceremonial judía y había otros que sí? No se nos dice. Podemos suponer que surgieron problemas. Pero, como bien ha dicho Adolf Schlatter, «la iglesia primitiva nunca le sacó el cuerpo a las dificultades: las encaró con coraje. Así que nada se dice sobre las dificultades, y no sabemos cómo se logró la comunicación en esas comunidades mixtas».

La lista de líderes provista por Lucas en Hechos 13.1 nos da un atisbo de la manera en que gente de trasfondo muy variado trabajaba en unidad: «Bernabé, Simón el que se llamaba Niger, Lucio de Cirene, Manaén el que se había criado junto con Herodes el tetrarca, y Saulo». ¡Imposible sugerir un grupo más heterogéneo! Bernabé era levita, nativo de Chipre (4.36). Simón, alias «el Negro», era aparentemente un judío (¿o prosélito?) de color oscuro, y ha sido a veces identificado con Simón de Cirene, el que llevó la cruz de Jesús. Lucio era gentil (¿o judío con nombre romano?), nativo de la ciudad africana de Cirene, posiblemente uno de los primeros evangelistas en Antioquía. Manaén era un hermano de leche (*synthrophos*) de Herodes Antipas, tetrarca de Galilea, con quien había sido criado. Saulo era un ex fariseo, un «hebreo de hebreos» y (como ciudadano romano) miembro de una pequeña minoría privilegiada de la costa mediterránea oriental. ¿Qué podía unir a estos hombres aparte de una común experiencia cristiana?

Las primeras iglesias gentiles y el «partido de la circuncisión»

Mientras la iglesia estaba constituida mayormente por judíos, aparentemente no era difícil que los creyentes judíos aceptaran a los gentiles como miembros plenos de la iglesia, sin exigirles que primero se hicieran judíos, es decir, que se circuncidaran. El informe de Pedro sobre cómo Cornelio y su casa habían recibido la Palabra de Dios fue suficiente para acallar las críticas que el partido de la circuncisión había levantado contra el apóstol en Jerusalén (Hechos 11.1-18). Más tarde la «iglesia madre» recibió con satisfacción la noticia del crecimiento numérico de la iglesia en Antioquía de Siria, y envió a uno de sus lideres más destacados para que instruyera a los nuevos creyentes (vv. 22ss.).

Cuando los líderes de la misión a los gentiles (Bernabé y Saulo) visitaron Jerusalén en conexión con la ayuda material enviada desde Antioquía a los hermanos en Judea (vv. 27-30), se reunieron con Santiago (hermano de Jesús), Pedro y Juan. Como resultado, estos les dieron «la diestra en señal de compañerismo», para que se encargaran de la misión a los gentiles, en tanto que ellos (Santiago, Pedro y Juan) se dedicarían a la misión a los judíos. La presencia de un joven converso de origen griego, llamado Tito, con la delegación de Antioquía, podía interpretarse en ese momento como una confirmación adicional de que los creyentes judíos no esperaban que los creyentes gentiles fueran circuncidados (cf. Gálatas 2.1-10).

La difusión del evangelio en Galacia del sur, resultante de los viajes realizados por Pablo y Bernabé, y el aumento masivo del número de creyentes gentiles, terminó por plantear el problema relativo a la base sobre la cual los gentiles podían participar en el pueblo de Dios como miembros plenos. ¿Era la fe suficiente, conforme predicaban los misioneros? Si bien el evangelio debía predicarse a todos, fuesen judíos o gentiles, ¿no debían ser circuncidados los creyentes gentiles? ¿No se les debía exigir el cumplimiento de las leyes ceremoniales y las regulaciones dietéticas de los judíos? ¿No se debía esperar que tomaran «el yugo de los mandamientos», como en el caso de los gentiles que se convertían al judaísmo? El problema fue planteado por el partido de la circuncisión que formaba parte de la iglesia en Jerusalén, en el cual participaban personas que antes habían pertenecido a la secta de los fariseos (cf. Hechos 15.1, 5).

Lo más probable es que el episodio que Pablo narra en Gálatas 2.11-14 esté vinculado con la visita que, según Hechos 15.1, los miembros del partido de la circuncisión hicieran a Antioquía. Antes de su llegada a esta, Pedro se había sentido en libertad de compartir la mesa con los creyentes gentiles, puesto que en Jope había aprendido que no debía considerar a nadie «impuro» o «profano» (cf. Hechos 10.15, 28). Cuando ellos llegaron, «comenzó a separarse, y dejó de comer con los gentiles, porque tenía miedo de los fanáticos de la circuncisión (Gálatas 2.12). Su actitud puede entenderse mejor cuando es vista a la luz del contexto histórico, una situación en la cual los judíos que compartían una mesa donde la comida no era *kosher* se exponían a la acusación de traición a su propio pueblo. Según Pablo, los que indujeron a Pedro a violar la unidad con sus hermanos gentiles habían sido enviados por Santiago. Esto no significa necesariamente que habían sido comisionados por Santiago para espiar las relaciones entre judíos y gentiles, pero por todo lo que sabemos es probable que el partido conservador haya forzado a Santiago a definirse en contra de una práctica con la cual ellos no estaban de acuerdo por razones religiosas. Hay, por lo tanto, buena base para la sugerencia de T.W. Manson, de que el mensaje que Santiago envió a Pedro habría sido más o menos el siguiente: «A Jerusalén ha llegado la noticia de que estás comiendo alimentos gentiles con personas no judías, y esto está causando mucho escándalo entre muchos hermanos devotos y convirtiéndonos en el blanco de una crítica seria por parte de los escribas y los fariseos. Te ruego que pongas fin a esa práctica que resulta tan nociva para nuestra obra entre nuestros conciudadanos».

Fuese como fuese, la acción de Pedro, que sin duda podía justificar invocando la necesidad de las buenas relaciones con los judíos, fue interpretada por Pablo como una «comedia» (*hypokrisis*) que ponía en juego la verdad del evangelio (Gálatas 2.13). Por cierto, Pedro no había transigido con el partido conservador respecto a requerir que los creyentes gentiles cumplieran la ley judía. Lo que había estado mal en su conducta había sido el dejar de comer con los creyentes gentiles no por razón de sus propias convicciones sino debido a consideraciones pragmáticas frente al peligro de ser calificado de traidor a su propia raza. Aunque compartía con Pablo la convicción de que lo que cuenta delante de Dios no es la circuncisión sino la nueva creación (cf. Gálatas 6.15), por temor a otros, había adoptado una actitud totalmente contraria a esa convicción. Además, por razón de su influencia, había arrastrado consigo a los demás creyentes judíos incluyendo a Bernabé (Gálatas 2.13); destruyendo así la comunión cristiana y negando la verdad del evangelio según la cual para quienes han sido incorporados en Cristo Jesús, todas las barreras que separan a los seres humanos han sido eliminadas (cf. 3.28).

La actitud de Pedro muestra lo real que era el peligro de que la iglesia apostólica se viera dividida en dos «denominaciones»: la iglesia cristiana judía y la iglesia cristiana gentil, cada una con su propio énfasis y al servicio de su propia unidad homogénea. Tan seria era la situación que fue necesario hacer una reunión especial en Jerusalén para tratar el tema, con los apóstoles y ancianos de la iglesia local y con Pablo y Bernabé como delegados de Antioquía (Hechos 15.1ss.). El partido de la circuncisión, el mismo que había provocado el desagradable incidente entre judíos y gentiles en Antioquía, presentó su caso, pero el «concilio» vindicó a Pablo y Bernabé y los envió de regreso a Antioquía con una carta en que se sintetizaba el acuerdo al que se había llegado (vv. 22-29).

El «decreto» de Jerusalén proveyó la base para que los cristianos judíos y gentiles vivieran en unidad, como miembros del cuerpo de Cristo. Ilustra muy bien la práctica de los apóstoles frente a los problemas que surgían de las diferencias raciales, culturales y sociales existentes entre cristianos. En primer lugar, disponía que los conversos gentiles no tenían que circuncidarse para ser aceptados como miembros plenos del pueblo de Dios. Establecía así que la fe en Jesucristo era la única condición para la salvación. Su repudio al intento por parte del partido conservador de imponer la circuncisión a los cristianos gentiles es el prototipo del rechazo cristiano a toda forma de «racismo asimilacionista» (para usar una expresión de Wagner). Obviamente, los apóstoles habrían estado de acuerdo con la afirmación de que «cualquier enseñanza según la cual el cristianismo requiere que una persona adopte la cultura de otra unidad homogénea para ser un cristiano auténtico es contraria a la ética porque es deshumanizante».

En segundo lugar, se dio por sentado que los cristianos judíos y gentiles continuarían relacionándose regularmente como miembros de congregaciones locales interraciales y consecuentemente se hizo provisión para evitar los conflictos que surgirían debido a las diferencias culturales. No hay absolutamente nada en los Hechos o las epístolas que dé pie a la teoría de que los apóstoles hubieran considerado la posibilidad de adoptar la actitud de Pedro descrita en Gálatas 2.11-14: la separación de judíos y gentiles en diferentes iglesias «monorraciales» que tratarían de demostrar su unidad en Cristo exclusivamente en «la relación supracongregacional de creyentes en el cuerpo cristiano total sobre el cual Cristo mismo es la cabeza». *Los apóstoles rechazaron la uniformidad imperialista pero también la uniformidad segregada.* Precisamente porque dieron por sentado que los cristianos, fuesen judíos o no, normalmente comerían y adorarían *juntos*, tomaron medidas para remover el mayor estorbo de la comunión cristiana en iglesias interraciales. Como bien dice F.F. Bruce:

El decreto de Jerusalén trató dos preguntas: una principal («¿Deben los cristianos gentiles ser circuncidados y proponerse cumplir la ley mosaica?») y otra secundaria («¿Cuáles son las condiciones que los cristianos gentiles deben aceptar para que los cristianos judíos tengan buenas relaciones sociales con ellos?»). La segunda pregunta no habría surgido si la respuesta a la primera hubiera sido afirmativa. Si a los cristianos gentiles se les hubiera exigido seguir el ejemplo de los prosélitos del judaísmo, entonces, una vez cumplidos los requisitos, la práctica de comer juntos en comunión y otras cosas similares habrían sido aceptadas sin discusión. Pero ya que la decisión fue que los cristianos gentiles no debían ser compelidos a someterse a la circuncisión y a otras obligaciones generales de la ley judía, era necesario considerar el asunto relativo a la práctica de comer juntos en comunión, la misma que recientemente había causado problemas en Antioquía.

La decisión a que se arribó en el «concilio» de Jerusalén fue que los gentiles se abstuvieran de prácticas que resultaban particularmente ofensivas para los judíos, a saber (según la lectura más probable), de la carne de animales que habían sido ofrecidos a ídolos, de carne con sangre (incluyendo, por lo tanto, la carne de animales que habían sido estrangulados) y de «inmoralidad sexual» juzgada como tal desde el punto de vista de los grados de consanguinidad y afinidad definidos en Levítico 18.6-18. Habiendo comenzado con la cuestión de la circuncisión, el «concilio» terminó con regulaciones para la comunión a la mesa. La razón es obvia: una vez que la cuestión de principio había quedado definida, interesaba el esfuerzo por proveer un *modus vivendi* para iglesias en las cuales judíos y gentiles continuarían comiendo juntos. Y lo más probable es que las regulaciones incluidas en el «decreto» hayan sido esencialmente las mismas que siempre habían dado base a las relaciones entre judíos y gentiles «temerosos de Dios» en las sinagogas de todo el imperio.

Según Alan R. Tippet, el «decreto» de Jerusalén «contra la imposición de los patrones culturales de los evangelistas a los evangelizados, está escrito en el fundamento de la Iglesia y protesta hoy contra el misionero que trata de imponer su cultura occidental». Eso es cierto.

Pero el estudio cuidadoso del contexto histórico muestra que el «decreto» de Jerusalén también protesta contra todo intento de resolver los problemas que surgen de las diferencias culturales entre cristianos, mediante la formación de congregaciones separadas, cada una representativa de una unidad homogénea. Las regulaciones emanadas del «concilio» de Jerusalén presuponen que la comunión a la mesa entre cristianos judíos y gentiles continuaría, a pesar de los problemas. La unidad en Cristo es mucho más que una unidad expresada ocasionalmente a nivel de «la relación supracongregacional de creyentes en el cuerpo cristiano total»; es la unidad de los miembros del cuerpo de Cristo que ha de hacerse visible en la vida en comunidad en las congregaciones locales.

El arreglo delineado por el «decreto» de Jerusalén está en completa armonía con la actitud de Pablo que se expresa más tarde en 1 Corintios 8.7ss. y Romanos 14.13ss. No se transige en cuestiones de principio, pero se pide a los gentiles que limiten su libertad respecto a prácticas que resultan ofensivas para los hermanos judíos. Por lo menos para Pablo, la manera de solucionar los conflictos en la iglesia no era ni la uniformidad imperialista ni la uniformidad segregada sino el amor, ya que el amor es «el perfecto lazo de unión» (Colosenses 3.14).

La misión a los gentiles

Un hecho comprobado por la evidencia neotestamentaria es que la evangelización en la iglesia primitiva casi siempre se realizaba en reuniones en las sinagogas, con la presencia conjunta de judíos y gentiles. Lucas no da ningún dato que demuestre la tesis de McGavran según la cual las conexiones familiares jugaron un papel importante en la extensión de la fe en el Imperio Romano. Sin embargo, no hay duda de que los «temerosos de Dios» que estaban en la periferia de la congregación judía sirvieron en cada ciudad importante como punto de contacto con el mundo gentil. No es de sorprenderse que estos gentiles que simpatizaban con el judaísmo estuvieran abiertos al mensaje cristiano. Si —como afirma la Mishnah— aun los prosélitos solo podían referirse a Dios indirectamente («¡Oh Dios de *vuestros* padres!»), menos aún podían los «temerosos de Dios», que no estaban dispuestos a ser circuncidados ni a someterse a las leyes dietéticas judías, ser considerados aptos para pertenecer al pueblo de Dios. Bien dice F.F. Bruce:

Dado que asistían a la sinagoga y escuchaban allí la lectura de las sagradas Escrituras, estos gentiles, que ya eran adoradores del «Dios vivo y verdadero», estaban familiarizados con la esperanza mesiánica en alguna de sus formas. No podían heredar esta esperanza y las bendiciones que la acompañaban hasta convertirse completamente al judaísmo, y esto era algo para lo cual la mayoría de ellos no estaban listos. Pero cuando se les decía que la esperanza mesiánica se cumplía en Jesús, que en Él había sido abolida la vieja distinción entre judíos y gentiles y que la plena bendición de la gracia salvadora de Dios era accesible tanto a gentiles como a judíos, aquella gente no podía menos que recibir esas buenas nuevas, así como cada instinto ancestral movía a los judíos a rechazarlas en tales términos.

Un estudio superficial de la misión paulina muestra que, vez tras vez, al llegar a una ciudad el apóstol primeramente visitaba la sinagoga y luego, al producirse la ruptura con las autoridades judías, co-

menzaba una congregación cristiana con los nuevos creyentes gentiles y un puñado de judíos convertidos (cf. Hechos 13.5; 14.1; 17.1,
10, 17; 18.4, 19; 19.8). Tal acercamiento tenía una base teológica: el
evangelio debía proclamarse «al judío primeramente» (Romanos 1.16;
2.9, 10; cf. Hechos 3.26), en línea con una convicción cuyo origen se
remontaba a Jesús mismo: que los gentiles podían ser incorporados al
reino únicamente después de que Israel hubiera tenido la oportunidad
de volverse al Señor. Pero también hacía posible que casi siempre la
iglesia local comenzara con un núcleo de creyentes que contaba en su
haber con el trasfondo provisto por el judaísmo, con todas las claras
ventajas que el mismo representaba. A partir de ese núcleo el evangelio podía entonces difundirse entre gentiles con un punto de vista completamente pagano.

Sería ridículo sugerir que judíos y gentiles escuchaban el evangelio *juntos* en las sinagogas, pero luego a quienes creían se les
obligaba a formar iglesias caseras segregadas, a fin de favorecer
así la expansión del evangelio. Tal procedimiento hubiese sido una
abierta negación de la enseñanza apostólica respecto a la unidad de
la iglesia. Hubiese significado, además, que la puerta de la iglesia
era más estrecha que la de la sinagoga, donde judíos y gentiles podían adorar a Dios juntos. La sugerencia es tan absurda que no vale
la pena tomarla seriamente. Toda la evidencia neotestamentaria
apunta, sin embargo, en dirección contraria, es decir, en el sentido
de una práctica apostólica cuyo propósito era la formación de iglesias que vivieran la unidad de la nueva humanidad en Cristo Jesús.
Los apóstoles sabían muy bien que para que se diese una genuina
aceptación de la gente «tal cual es», y no una aceptación de labios
para afuera, tenía que haber una comunión real, por encima de todas las barreras, a nivel de la congregación local. Consecuentemente, se esforzaron por crear comunidades en las cuales *desde el comienzo* judíos y gentiles, esclavos y libres, pobres y ricos adorarían
a Dios juntos y aprenderían el significado de su unidad en Cristo,
aunque fuese necesario encarar dificultades que surgirían de las di-

ferencias de trasfondo cultural o clase social entre los miembros. Que así fue, en efecto, está comprobado por el estudio de la enseñanza de los apóstoles a las iglesias en el mundo gentil, según el Nuevo Testamento. Por razones de espacio nos limitaremos aquí a dos ejemplos.

La iglesia en Corinto. En el contexto de un capítulo que encara la diversidad entre los *miembros* de una congregación, no entre *iglesias* constituidas por unidades homogéneas, Pablo afirma: «El cuerpo humano, aunque está formado por muchas partes, es un solo cuerpo. Así también Cristo. Y de la misma manera, todos nosotros, judíos o no judíos, esclavos o libres, fuimos bautizados para formar un solo cuerpo por medio de un solo Espíritu; y a todos se nos dio a beber de ese mismo Espíritu» (1 Corintios 12.12-13). El énfasis en la naturaleza de la unidad de los cristianos que representaban varios grupos raciales y sociales puede entenderse cuando se mira a la luz de la situación de la iglesia en Corinto.

Según el registro de Lucas en los Hechos, la formación de la iglesia en esa ciudad siguió el patrón característico de la misión a los gentiles: Pablo comenzó su ministerio en la sinagoga, donde judíos y gentiles escucharon el evangelio *juntos* (cf. Hechos 18.4). Más tarde se le obligó a dejar la sinagoga, pero para entonces ya había un núcleo de creyentes que incluía a gentiles «temerosos de Dios» como Gayo llamado Justo (Hechos 18.7; 1 Corintios 1.14) y Estéfanas y su familia (1 Corintios 1.16; según 16.15, «la primera que en la región de Acaya se convirtió al evangelio») y a judíos como Crispo, el principal de la sinagoga, y su familia (Hechos 18.8; 1 Corintios 1.14). La casa de Gayo estaba junto a la sinagoga (Hechos 18.7) y se constituyó en la vivienda de Pablo y el lugar de reuniones de «toda la iglesia», formada por judíos como Lucio, Jasón y Sosípater, y gentiles como Erasto y Cuarto (Romanos 16.21, 23).

En 1 Corintios hay otros atisbos de la diversidad que había entre los miembros de la iglesia en Corinto. De 1.26 se infiere que la mayoría de ellos procedían de los estratos sociales inferiores: pocos de ellos eran «sabios según los criterios humanos» o «gente con autoridad o pertenecientes a familias importantes» (1 Corintios 1.26). Por lo menos algunos de los miembros eran esclavos, otros eran libres (7.21-22). Por otro lado, la comunidad cristiana también incluía uno que otro miembro pudiente económicamente; por ejemplo, Gayo (quizá un ciudadano romano), Crispo (ex principal de la sinagoga), Erasto («tesorero de la ciudad», Romanos 16.23) y posiblemente Cloé (tomando en cuenta que la expresión «los de Cloé» quizá se refiera a esclavos de la misma).

Sería absurdo interpretar la exhortación de Pablo a que cada creyente en Corinto permanezca «en la condición en que estaba cuando Dios lo llamó» (1 Corintios 7.20) de tal manera que dé apoyo a la idea de que cada cual debía pertenecer a una iglesia formada con gente de una sola unidad homogénea representativa de su raza o clase social. El énfasis central de todo el pasaje (1 Corintios 7.17-24) es que en consideración del llamado de Dios tanto la raza como el *status* social han perdido todo su valor: lo único que interesa es la fidelidad a Jesucristo. La enseñanza del apóstol aquí no es que los esclavos deben seguir sumidos en la esclavitud ni que deben liberarse, si su manumisión fuese posible, sino que la existencia cristiana ya no está determinada por el estado legal de la persona sino por el hecho de que esta ha sido llamada por Dios. La esclavitud del esclavo es irrelevante, ya que el esclavo es «un hombre libre al servicio del Señor»; la libertad del hombre libre es, asimismo, irrelevante, ya que el hombre libre es «esclavo de Cristo» (v. 22). No se trata, entonces, de un consejo a favor o en contra de la manumisión —a favor o en contra de permanecer en la unidad homogénea a la cual uno pertenezca— sino de una exhortación a ver que, sea cual sea el *status* social que uno tenga, debe permanecer «para con Dios» (v. 24). En palabras de Bartchy: «Ya que Dios ha llamado a los corintios a la *koinonia* con su Hijo crucificado, *esta* comunión y no algún *status* en el mundo determina su relación con Dios». Y esta relación con Dios sería a la vez la base de la relación entre cristianos.

La diversidad racial, social y cultural entre los miembros de la iglesia en Corinto explica en gran medida los problemas de disensión a los cuales hace referencia el apóstol Pablo en 1.10ss. Aunque los creyentes continuaban reuniéndose en casa de Gayo (Romanos 16.23), estaban divididos en cuatro grupos, cada cual con la pretensión de seguir a un líder diferente (1.12). No podemos estar seguros acerca de las pretensiones distintivas de cada grupo, pero lo menos que podemos afirmar es que el partido petrino estaba formado por judíos que insistían en las regulaciones dietéticas formuladas por el «concilio» de Jerusalén (cf. 1 Corintios 8.1ss.; 10.25ss.), mientras que el partido «de Cristo» estaba compuesto probablemente por gentiles que se consideraban «espirituales», se oponían al legalismo judío y negaban la doctrina judía de la resurrección. Para complicar las cosas todavía más, las comidas comunitarias, durante las cuales los creyentes celebraban la cena del Señor, se habían convertido en una triste muestra de la división de la iglesia según la posición económica de los miembros. C.K. Barrett está probablemente en lo correcto al inferir del texto que «se esperaba que los miembros de la iglesia compartieran sus recursos; los ricos, se suponía, traerían más de lo que necesitaban, a fin de proveer para los pobres». En lugar de compartir, sin embargo, los ricos comían hasta saciarse, e incluso se emborrachaban, mientras que los pobres se quedaban con hambre. Como resultado, los pobres se sentían avergonzados y la comida comunitaria se convertía en un despliegue de falta de amor fraternal (1 Corintios 11.20-22). A pesar de tales divisiones, toda la comunidad cristiana en Corinto continuaba reuniéndose en una sola asamblea (11.17, 20; 14.23, 26; cf. Romanos 16.23). La descripción de la iglesia en Corinto como «la iglesia sin facciones» tal vez sea una exageración, pero es indudable que —como afirma Munck— la evidencia apunta a la dirección de desunión y riña, pero no a la de iglesias separadas representativas de las varias posiciones en conflicto.

Lo importante aquí es notar que toda la carta ejemplifica de nuevo la práctica apostólica frente a los problemas de división causados por las diferencias raciales, culturales y sociales entre los miembros de la congregación. En ningún momento hay ni siquiera la menor sugerencia de que la solución de tales problemas es formar iglesias basadas en las unidades homogéneas que luego traten de desarrollar «actividades y relaciones intercongregacionales». Una y otra vez el énfasis está en el hecho de que todos los creyentes han sido incorporados a Cristo Jesús, como resultado de lo cual todas las diferencias derivadas de sus respectivas unidades homogéneas han sido relativizadas hasta tal punto que en la comunidad cristiana pueden ser consideradas como inexistentes. En efecto, el llamado a la unidad es central en toda esta carta.

La iglesia en Roma. Esta iglesia, en contraste con la de Corinto, al parecer estaba dividida en varios grupos separados, algunos de los cuales pueden haber estado constituidos por personas representativas de las unidades homogéneas presentes en la sociedad. En palabras de Bruce: «Quizá algunos grupos locales estaban formados por cristianos judíos y otros por gentiles cristianos, y había pocos, tal vez ninguno, en que judíos y gentiles estuvieran juntos». Es posible que esto explique por qué Pablo dirige la carta a los Romanos «a todos los que están en Roma, amados de Dios llamados a ser santos» (1.7) y no «a la iglesia de Dios que está en Roma» (cf. 1 Corintios 1.2). Una mejor prueba de la situación, sin embargo, es la mención que Pablo hace en el capítulo 16 de por lo menos cinco iglesias caseras, asociadas a los nombres de Priscila y Aquila (v. 3), Aristóbulo (v. 10), Narciso (v. 11), Asíncrito (v. 14) y Filólogo (v. 15).

Si esta reconstrucción de la situación de la iglesia en Roma es correcta, ¿hemos de concluir, entonces, que da pie a la teoría de que la práctica apostólica estaba orientada a la formación de iglesias basadas en unidades homogéneas? Tal conclusión desconocería totalmente el propósito que, a todas luces, tenía Pablo al escribir esta carta: promover «la obediencia a la fe» (1.5) en congregaciones en las cuales —como ha argumentado Paul S. Minear— los cristianos de una posición no adoraban a Dios lado a lado con los de otra posición. Para usar la evidencia aducida por Minear como base para la teoría de que la iglesia apostólica consistía mayormente en congregaciones representativas de unidades homogéneas, o que la situación de la iglesia en Roma reflejaba la práctica apostólica, es necesaria una lectura parcial de su obra. En oposición a esa teoría, Minear afirma que la carta a los Romanos fue escrita con la esperanza de que «un mayor número de iglesias caseras segregadas se uniera en adoración a Dios; que judíos alabaran a Dios con gentiles y los gentiles alabaran a Dios con su pueblo». En conformidad con esto, muestra que toda la carta desarrolla la idea de que por medio de la venida de Jesucristo todas las distinciones humanas han sido superadas, y concluye que la fe requerida de los varios grupos en Roma debe aceptar a los demás, a pesar de los diferentes puntos de vista respecto a alimentos y días. Así, pues, para Minear la situación que Pablo contempla en los capítulos 14 y 15 era «el objetivo de toda la carta».

El acercamiento de Pablo al problema en Roma fue consecuente con la práctica apostólica con relación a las iglesias amenazadas por la división. No hay ninguna evidencia de que él diera su aprobación al plan moderno para solucionar el problema de división en la iglesia: la formación de congregaciones segregadas dispuestas a comunicarse con otras congregaciones segregadas. Todas sus cartas muestran con claridad meridiana que él concebía la unidad en Cristo como un aspecto esencial del evangelio y, por lo tanto, hacía todo lo posible para que los cristianos vivieran «en armonía unos con otros, conforme al ejemplo de Cristo Jesús, para que todos juntos, a una sola voz, alaben al Dios y Padre de nuestro Señor Jesucristo» (Romanos 15.5).

Otros escritos del Nuevo Testamento reflejan la misma preocupación de los apóstoles por la unidad de la iglesia, por encima de las barreras que separan a la gente en la sociedad. Y no hace falta una investigación a fondo para verificar que las iglesias que resultaron de la misión a los gentiles normalmente incluían a judíos y gentiles, esclavos y libres, ricos y pobres, y eran enseñadas que en Cristo todas las diferencias derivadas de sus respectivas unidades homogéneas eran totalmente irrelevantes en el seno de la congregación (cf. Efesios 6.5-9, Colosenses 3.22-4.1; 1 Timoteo 6.17-19; Filemón 16; Santiago 1.9-11; 2.1-7; 4.13; 1 Pedro 2.18; 1 Juan 3.17).

No se puede exagerar el impacto que la iglesia primitiva produjo en los no-cristianos a causa de la fraternidad cristiana por encima de las barreras naturales. La abolición de la ancestral separación entre judíos y gentiles fue indudablemente uno de los grandes logros del evangelio en el primer siglo. Igualmente maravillosa, sin embargo, fue la superación de la distinción de clases entre amos y esclavos. Bien lo expresa Michael Green:

Cuando los misioneros cristianos proclamaban que en Cristo había sido cancelada la distinción entre el esclavo y el libre de la misma manera definitiva en que había desaparecido la distinción entre el judío y el gentil, y no solo lo proclamaban sino que efectivamente vivían en armonía con esos principios, entonces eso llamaba poderosamente la atención.

En palabras de F.F. Bruce: «Tal vez esta fue la manera en que el evangelio produjo la más profunda impresión en el mundo pagano».

III. Una evaluación del «principio de unidades homogéneas»

¿Cómo hemos de evaluar el principio de unidades homogéneas defendido por McGavran y sus seguidores, a la luz de la enseñanza y la práctica apostólicas con relación a la unidad de la iglesia?

Antes de intentar una respuesta a esa pregunta, cabe hacer dos observaciones para evitar malentendidos. En primer lugar, no se puede negar que desde una perspectiva bíblica el crecimiento (cuantitativo) de la iglesia es una preocupación legítima en la misión cristiana. Si es cierto que Dios «quiere que todos se salven y lleguen a conocer la verdad», entonces uno no puede estar en armonía con el deseo de Dios a menos que anhele ver que todos vengan a Jesucristo. Además, es claro que ese anhelo tendrá que expresarse en términos prácticos (lo cual podría incluir el uso de observaciones sociológicas y antropológicas), de tal modo que el evangelio sea efectiva y ampliamente difundido. Consecuentemente, lo que aquí está en discusión no es el uso de principios que podrían ayudar en la expansión de la iglesia. En segundo lugar, casi no es necesario verificar que el crecimiento de la iglesia se realiza en un contexto social y cultural específico y que la gente generalmente *prefiere* hacerse cristiana sin tener que cruzar barreras entre un contexto y otro. De nuevo, esto tampoco está en discusión aquí.

El tema que nos preocupa es si la formación de iglesias debe llevarse a cabo de tal modo que a la gente se le facilite la conversión cristiana sin tener que cruzar barreras; si este principio es «esencial para la difusión del evangelio» y defendible como tal desde un punto de vista bíblico y teológico. Todo lo dicho en las dos secciones anteriores sobre la enseñanza y la práctica apostólicas acerca de este tema me permite ahora bosquejar las siguientes conclusiones, todas ellas con una amplia base en la exégesis:

1. En la iglesia primitiva se proclamaba el evangelio a todos, fuesen judíos o gentiles, esclavos o libres, ricos o pobres, sin distingo. Con mucha frecuencia durante la misión a los gentiles *judíos y gentiles* escuchaban el *evangelio juntos*. No hay la menor indicación en el Nuevo Testamento de que la iglesia apostólica haya tenido una estrategia misionera basada en la premisa de que la formación de iglesias sería «más efectiva» si se llevaba a cabo sobre la base de unidades homogéneas separadas y debía, por lo tanto, realizarse según las divisiones raciales o sociales.

2. Se consideraba que la superación de barreras que separan a la gente en el mundo era *un aspecto esencial del evangelio*, no mera-

mente un resultado secundario y prescindible del mismo. La evangelización, consecuentemente, involucraba un llamado a incorporarse a una nueva humanidad que incluía todo tipo de personas. La conversión nunca era una experiencia religiosa meramente: era también la manera de hacerse miembro de una comunidad en la cual la gente encontraba la base de su identidad en Cristo más bien que en su raza, *status* social o sexo. Los apóstoles hubieran estado de acuerdo con la afirmación de Clowney: «El punto donde se superan las barreras es el punto en que el creyente se une a Cristo y a su pueblo».

3. La iglesia no solo crecía: *crecía por encima de las barreras culturales y a pesar de ellas.* El Nuevo Testamento no provee ni un solo ejemplo de una iglesia local cuyos miembros hayan sido tomados por los apóstoles de una sola unidad homogénea, a no ser que tal expresión quiera indicar únicamente un grupo de personas con un idioma común. Por otra parte, provee múltiples

ejemplos de cómo en las iglesias locales desaparecían las barreras de separación .

4. El Nuevo Testamento muestra claramente que los apóstoles rechazaron todo «racismo asimilacionista», pero nunca contemplaron la posibilidad de formar iglesias basadas en unidades homogéneas que expresaran su unidad en términos de relaciones intereclesiásticas y nada más. Cada iglesia tenía que manifestar *la unidad de los miembros por encima de sus diferencias raciales, culturales y sociales* y, a fin de alcanzar este objetivo, los apóstoles sugerían medidas prácticas. Si es cierto que «la unidad auténtica es siempre unidad en diversidad», entonces la que fomentaban los apóstoles jamás podía ser una unidad que eliminase la diversidad entre los miembros de la congregación local. La unidad no debía confundirse con la uniformidad ni en lo relativo a las múltiples congregaciones locales ni en lo que atañe a los miembros de cada congregación local. Como dice Ignacio: «Donde está Jesucristo, allí está toda la iglesia». Cada congregación local, consecuentemente, tenía que manifestar tanto la unidad como la diversidad del cuerpo de Cristo.

5. Es posible que hubiera momentos en que los creyentes fueran acusados de abandonar traidoramente su propia cultura a fin de unirse a otra, pero no hay evidencia de que los apóstoles hayan dado su aprobación a ajustes que se hicieran a fin de evitar esa acusación. Para ellos *la comunión cristiana por encima de las barreras culturales pertenecía a la esencia misma del compromiso cristiano*, no era una bendición de la cual los cristianos podrían disfrutar cuando las condiciones fuesen favorables o un apéndice que podía dejarse de lado si se pensaba que eso era necesario para hacer del evangelio algo más asimilable. Para ellos cualquier acomodo en cuanto a la unidad cristiana habría tenido que calificarse como un ajuste que violaba «enseñanzas cristianas esenciales».

A la luz de estas conclusiones, es evidente que el uso del principio de unidades homogéneas para el crecimiento de la iglesia, no tiene fundamento bíblico. Sus defensores han tomado como punto de partida una observación sociológica y han desarrollado una estrategia misionera; luego a *posteriori*, han tratado de encontrar una base bíblica. Como resultado, no han dejado que las Escrituras determinen su estrategia. Un crítico que mira con simpatía al movimiento de «Iglecrecimiento» («Church-Growth») ha observado que «la falta de integración con la revelación es el mayor peligro de la antropología de iglecrecimiento». El análisis anterior nos conduce a la conclusión de que el énfasis de iglecrecimiento en las unidades homogéneas está, en efecto, en directa oposición a la enseñanza y la práctica apostólicas con relación al crecimiento de la iglesia. No es posible edificar una metodología misionera correcta sin contar con una misionología bíblica sólida como base. ¿Qué se puede esperar de una misionología que cuenta en su haber con docenas de libros y disertaciones representativos del acercamiento de iglecrecimiento, pero carece de una obra de envergadura sobre la teología de la misión?

Tenemos que admitir que a veces «el testimonio de congregaciones separadas en una misma área geográfica basado en el idioma y la cultura tal vez tenga que aceptarse como una medida necesaria

pero provisoria en aras del cumplimiento de la misión de Cristo».
Pero la estrategia de formar iglesias sobre la base de unidades homogéneas en aras del crecimiento (cuantitativo) de la iglesia no tiene nada que decir frente a lo que C. Peter Wagner ha llamado «el
temor a la diversidad y el deseo chauvinista de desconocer, apenas
tolerar, subordinar o eliminar el pluralismo» y que, según el mismo
autor, «ha causado más daño en la iglesia en los Estados Unidos
que lo que hasta aquí se ha querido reconocer». Debido a su negli-
gencia respecto a la enseñanza bíblica sobre la unidad de la iglesia,
se ha convertido en una misionología hecha a la medida para iglesias e instituciones cuya función principal en la sociedad es apoyar
el *status quo*. ¿Qué puede decirle esta misionología a una iglesia en
un suburbio de clase media, donde los miembros se sienten cómodos con sus valores propios de la burguesía pero están esclavizados
por el materialismo de la sociedad de consumo y ciegos frente a las
necesidades de los pobres? ¿Qué puede decirle a una iglesia donde
el racista «se siente bien» gracias a la censurable alianza entre el
cristianismo y la segregación racial? ¿Qué puede decir en situaciones de conflicto de tribu, casta o clase? Claro, puede decir que «a la
gente le gusta hacerse cristiana sin cruzar barreras raciales,
lingüísticas o de clase». Pero ¿qué tiene esto que ver con el evangelio acerca de Jesucristo, quien vino para reconciliarnos a todos con
Dios en *un solo cuerpo por medio de la cruz*?

La misionología que la iglesia necesita hoy no es una que conciba al pueblo de Dios como una cita tomada de la sociedad que la
rodea, sino una que lo conciba como «un signo de interrogación
hecho carne» que cuestiona los valores del mundo. Como dice
John Poulton refiriéndose al impacto de la iglesia del primer siglo
en la sociedad antigua: «Cuando los amos podían llamar "hermanos" a sus propios esclavos, y cuando muchos se dieron cuenta de
los factores que despersonalizaban a estos últimos, algo tenía que
cambiar. El cambio demandó tiempo, pero se realizó. Y mientras
tanto, el pueblo de Dios era un signo de interrogación hecho carne

226

puesto que aquí había gente que podía vivir otro tipo de relaciones en medio de un sistema social determinado». Solo una misionología en línea con la enseñanza y la práctica apostólicas en relación con la extensión del evangelio puede contribuir a la edificación de esta clase de iglesia —las primicias de una nueva humanidad constituida por personas «de toda raza, lengua, pueblo y nación» (Apocalipsis 5.9).

Iglesia Cristiana Príncipe de Paz

Plan
Maestro
de Trabajo

Pastor: Juan Wagenveld
Ministros: Todos los miembros

Calle 8, M-1, Ext. La Milagrosa, Bayamón, P.R. 00959, Tel./Fax 785-6640

TABLA DE CONTENIDO

Iglesia Cristiana Príncipe de Paz

Queridos hermanos en Cristo:

¡Reciban un saludo fraternal de parte de su pastor y su familia! Es con gran gozo y entusiasmo que les presento el resultado de un trabajo que realizamos en colaboración con los líderes de nuestra iglesia. Hemos puesto en práctica el mensaje de Efesios 4 de trabajar unidos en amor para equipar al pueblo de Dios para el ministerio de las buenas obras y la edificación del Cuerpo de Cristo.

Espero que se tome un tiempo para repasar este material periódicamente. Así, usted encontrará su lugar en uno de los ministerios aquí presentados o sentirá el llamado de Dios a comenzar un nuevo ministerio dentro de nuestra iglesia. Debemos trabajar unidos y bañar todos estos planes en oración constante. ¡Hagamos todo para la gloria de nuestro Señor Jesucristo!

Por favor, siéntase en libertad de hablar conmigo o los líderes acerca de cualquier inquietud que pueda tener. Estamos dispuestos a trabajar juntos en equipo y a mejorar los planes aquí desarrollados. Únase a uno de los ministerios para poner en marcha los dones que Dios le ha dado. El cristiano que no trabaja en su comunidad de fe es el primero en flojear espiritualmente y en quejarse de todo a su alrededor. El cristiano robusto en su vida espiritual pregunta: "¿Qué puedo hacer por la iglesia?"

¡Qué el Señor le bendiga y le ayude en su caminar espiritual! Unidos podemos crecer como cristianos y como comunidad de fe. Pongamos nuestro talento, nuestro tiempo y nuestro tesoro a la disposición de Dios siempre.

En Cristo Jesús,

Juan Esteban Wagenveld
Pastor

Iglesia Cristiana
Príncipe de Paz

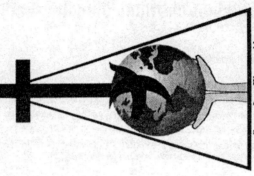

Pastor: **Juan Wagenveld**
Calle 8, M-1, Ext. La Milagrosa
Bayamón, Puerto Rico 00959
Tels. 785-6640 • 251-3193
-Un Ministerio Cristiano Reformado

*"Venid a mí todos los
que estáis trabajados
y cargados, y yo
os haré descansar"*

Mateo 11:28

Cristo es el camino, búscalo

INVITACION

Te invitamos a que te unas a nosotros y disfrutes de la manifestación del amor de Dios en tu vida, y compartas la alegría que produce en nuestro corazón, el llevar adelante el mensaje de salvación de Jesucristo.

Es nuestro deseo poder ministrarte en cualquiera que sea tu necesidad y guiarte en los caminos del Señor. Si deseas más información llámanos al 785-6640.

CRISTO ES EL CAMINO, BUSCALO

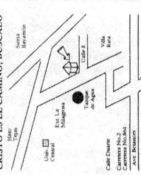

¿Quiénes Somos?

La Iglesia Cristiana Príncipe de Paz es una comunidad de fe, comprometida con Jesucristo y fundamentada en la Palabra de Dios. Como parte de la Iglesia Cristiana Reformada, nuestras raíces surgen de la Gran Reforma Protestante del siglo 16 en Europa.

Nos caracterizamos por ser una congregación que obedece a Dios y le sirve de la siguiente manera:

- Adorando a Dios en cultos dinámicos
- Ministrando a todas las edades
- Orando por nuestras familias
- Reconciliando al mundo con Dios

Nuestra misión y nuestro propósito es forjar continuamente una congregación de fe y amor que se nutre y fortalece por Dios. Buscamos centrar nuestras vidas en Jesucristo y en las enseñanzas de la Palabra de Dios. Nuestra esperanza es que todos estén participando en la adoración a Dios y llegando en servicio cristiano a las necesidades de nuestros hermanos y nuestras comunidades. De esta manera podemos crecer espiritual y numéricamente para la gloria de Dios.

¿Qué Creemos?

1. Creemos en el trino Dios, Padre, Hijo y Espíritu Santo, un solo Dios en tres personas.

2. Creemos en la Palabra revelada por Dios, en la Biblia, como nuestra única norma de fe y conducta.

3. Creemos que somos salvos por medio del sacrificio de Cristo en la cruz.

4. Creemos que aún siendo muchos, somos un solo cuerpo, la Iglesia de Cristo.

5. Creemos que el propósito de Dios para la Iglesia es el utilizarla como un instrumento de bendición para reconciliar el mundo consigo mismo y traer sanidad espiritual y física para la sociedad donde vivimos.

6. Creemos y proclamamos la victoria de Cristo sobre Satanás y esperamos su regreso triunfal en la segunda venida, cuando juzgará a los vivos y a los muertos.

LA BIBLIA

NUESTRA UNICA NORMA
DE FE Y VIDA

Nuestra Visión

La Iglesia Cristiana Príncipe de Paz ve una congregación dinámica y activa que alcanza a muchas personas para Cristo con el evangelio integral. Esta comunidad de fe, como un árbol, tendrá:

- sus raíces profundas en la Palabra.
- un tronco sólido y recto que es nuestro Señor Jesucristo.
- ramas que se esparcen a servir a la comunidad y al mundo.
- fruto que refleja nuestro compromiso cristiano

Se logra esta visión por medio de cultos dinámicos de adoración, sólida predicación, excelencia en la enseñanza bíblica, ministerios de visitación y evangelización, y un enfoque a las necesidades de la familia y la niñez de nuestras comunidades.

"Yo seré a Israel como rocío; él florecerá como lirio, y extenderá sus raíces como el Líbano.

Se extenderán sus ramas, y será su gloria como la del olivo, y perfumará como el Líbano.

233

Explicación de los cinco propósitos de la iglesia

Propósito	Tarea	Hechos 2.42-47	Objetivo	Blanco	Componente de la vida	Necesidad básica	La iglesia provee	Beneficios emocionales
Alcance	Evangelizar	"...añadía cada día a la iglesia los que habían de ser salvos."	Misión	Comunidad	Mi testimonio	Propósito por el cual vivir	El objetivo por el cual vivir	Significado
Adoración	Exaltar	"...partiendo el pan en las casas... alabando a Dios."	Alabanza	Multitud	Mi adoración	Poder para vivir	Una fuerza por la cual vivir	Estímulo
Compañerismo	Alentar	"y perseveraban... en la comunión unos con otros... Todos los que habían creído estaban juntos... partiendo el pan en las casas."	Membresía	Congregación	Mis relaciones	El pueblo con el cual vivir	Una familia por la cual vivir	Apoyo
Discipulado	Edificar	"Y perseveraban en la doctrina de los apóstoles."	Madurez	Comprometidos	Mi caminar	Principios por los cuales vivir	Un cimiento	Estabilidad
Servicio	Equipar	"...y lo repartían a todos según la necesidad de cada uno."	Ministra	Núcleo	Mi obra	Una profesión para ejercer	Una función por la cual vivir	Expresión

Adaptado de "Una iglesia con propósito" de Rick Warren, p.125

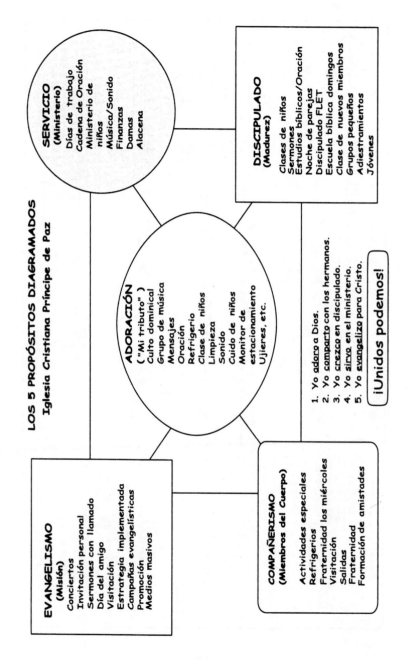

LOS 5 PROPÓSITOS DIAGRAMADOS
Iglesia Cristiana Príncipe de Paz

SERVICIO
(Ministerio)

Días de trabajo
Cadena de Oración
Ministerio de niños
Música/Sonido
Finanzas
Damas
Alacena

DISCIPULADO
(Madurez)

Clases de niños
Sermones
Estudios bíblicos/Oración
Noche de parejas
Discipulado FLET
Escuela bíblica domingos
Clase de nuevos miembros
Grupos pequeños
Adiestramientos
Jóvenes

ADORACIÓN
("Mi tributo")

Culto dominical
Grupo de música
Mensajes
Oración
Refrigerio
Clase de niños
Limpieza
Sonido
Cuido de niños
Monitor de estacionamiento
Ujieres, etc.

1. Yo adoro a Dios.
2. Yo comparto con los hermanos.
3. Yo crezco en discipulado.
4. Yo sirvo en el ministerio.
5. Yo evangelizo para Cristo.

¡Unidos podemos!

EVANGELISMO
(Misión)

Conciertos
Invitación personal
Sermones con llamado
Día del amigo
Visitación
Estrategia implementada
Campañas evangelísticas
Promoción
Medios masivos

COMPAÑERISMO
(Miembros del Cuerpo)

Actividades especiales
Refrigerios
Fraternidad los miércoles
Visitación
Salidas
Fraternidad
Formación de amistades

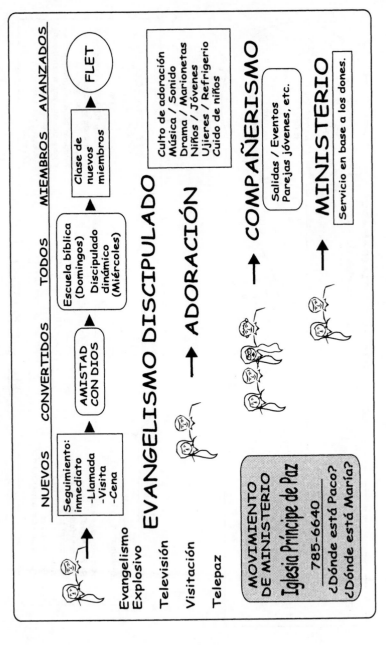

NUEVOS   CONVERTIDOS   TODOS   MIEMBROS   AVANZADOS

EVANGELISMO DISCIPULADO

Evangelismo Explosivo

Televisión

Visitación

Telepaz

Seguimiento inmediato
-Llamada
-Visita
-Cena

AMISTAD CON DIOS

Escuela bíblica (Domingos)
Discipulado dinámico (Miércoles)

Clase de nuevos miembros

FLET

ADORACIÓN

Culto de adoración
Música / Sonido
Drama / Marionetas
Niños / Jóvenes
Ujieres / Refrigerio
Cuido de niños

COMPAÑERISMO

Salidas / Eventos
Parejas jóvenes, etc.

MINISTERIO

Servicio en base a los dones.

MOVIMIENTO DE MINISTERIO
Iglesia Príncipe de Paz
785-6640
¿Dónde está Paco?
¿Dónde está María?

Las Cuatro Bases
DESARROLLO DE DISCÍPULOS

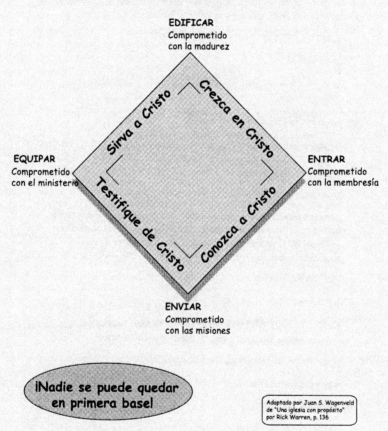

EDIFICAR
Comprometido
con la madurez

EQUIPAR
Comprometido
con el ministerio

ENTRAR
Comprometido
con la membresía

ENVIAR
Comprometido
con las misiones

Sirva a Cristo

Crezca en Cristo

Testifique de Cristo

Conozca a Cristo

¡Nadie se puede quedar
en primera base!

Adaptado por Juan S. Wagenveld
de "Una iglesia con propósito"
por Rick Warren, p. 136

237

SISTEMA DE SEGUIMIENTO Y VISITACIÓN

El sistema de seguimiento y visitación debe ser intensificado y sistematizado para lograr un ministerio más efectivo en esta área de trabajo de la iglesia. Aquí nos referimos a un seguimiento en las siguientes categorías. Cuando visitamos somos representantes de Jesús primero y luego de su iglesia.

VISITAS DEL EQUIPO DE SEGUIMIENTO

1. A los que nos visitan

   Nos gustaría visitar a las personas nuevas la misma semana de su visita, si es posible.

2. A los que han faltado 2 o 3 veces seguidas

   Debemos preocuparnos por aquellos que por alguna razón se han ausentado de la iglesia 2 o 3 semanas seguidas. La llamada telefónica sirve pero la visita es mejor. Podemos así mostrar el amor de Cristo cara a cara.

3. A las personas y familias que podemos evangelizar e invitar a la iglesia

   Debemos animar a la congregación a que nos dé una lista de parientes y amigos que ellos quieren que visitemos. Siempre es mejor acompañarlos para que nos presenten. Podemos, según la situación, evangelizar activamente, o simplemente mostrar amor cristiano y amistosamente invitarles a las actividades.

VISITA PASTORAL

1. A los que la solicitan

   Ciertas personas piden o requieren una visita de tipo pastoral porque quieren resolver alguna inquietud o quieren hablar algo con el pastor.

2. A los que tienen problemas o necesidades especiales

   Casos especiales deben ser referidos al equipo pastoral.

3. De consejería u hospital

   Todos pueden dar consejería según el Señor les dirija y todos pueden y deben visitar a los hermanos en el hospital. Uno debe discernir, sin embargo, cuando una visita requiere atención pastoral y consejería entrenada o un referido profesional. A menudo la gente hospitalizada quiere ver a su pastor a su lado.

Responsables: Juan Wagenveld y Raúl Orlandi

Estos coordinarán al equipo de seguimiento y visitación para maximizar su efectividad. Las visitas tipo pastoral serán hechas por el equipo pastoral mientras que las de seguimiento a los visitantes y a los ausentes las harán el equipo de seguimiento completo. NOTA: ¡¡¡Para el crecimiento de la iglesia se pone mayor énfasis en las visitas del equipo completo!!!

- Se usará la hoja del sistema de seguimiento para poder corroborar las familias que necesitan visitación. Queremos hacerlo de una forma seria y sistemática y con un toque personal y mucho amor cristiano. La hermana Betsy Torres nos ayudará con este ministerio.

- Se usarán las tarjetas para visitante como es lo usual y se le pasarán al pastor antes de la presentación en el culto. La hermana Melixa Toledo y el hermano Raúl Orlandi ayudarán con este ministerio.

- Se coordinan todas las visitas a través de los responsables. Si alguien toma la iniciativa se felicita y se le pide que mantenga al pastor informado.

EQUIPO DE SEGUIMIENTO Y VISITACIÓN

- ◆ Melixa Toledo
- ◆ Betsy Torres
- ◆ Raúl y Ruby Orlandi
- ◆ Juan y Angélica Wagenveld
- ◆ Rubén Santos

Teléfonos

Raúl Orlandi: 251-3193
Juan Wagenveld: 785-6640

 # MINISTERIO DE DAMAS

PROPÓSITO: El ministerio de damas incluirá a todas las mujeres de la congregación que quieran participar en dicho grupo. El propósito de esta asociación es fomentar el crecimiento personal de cada mujer en su caminar cristiano. Centrado en Jesucristo este grupo busca satisfacer las necesidades de la mujer cristiana que anhela desarrollar su discipulado espiritual y su sentido de pertenencia al grupo.

ACTIVIDADES VARIADAS: Las damas siempre han apoyado fuertemente todos los aspectos del ministerio en la iglesia Príncipe de Paz. Sus actividades son igual de variadas como las ideas que aportan las participantes al grupo. Estas actividades incluyen: salidas, cenas, charlas, conferencias, preparativos para eventos especiales, ventas, estudios bíblicos para la mujer, retiros, pasadías, cadenas de oración, etc.

FRECUENCIA DE LAS REUNIONES: Debe haber como mínimo una reunión mensual del grupo de mujeres. Ellas trabajan constantemente en proyectos variados y planificando para futuros eventos. Es importante que las damas se mantengan en contacto para forjar relaciones estrechas y amistosas entre ellas y crecer en Jesucristo. Como base las damas se reunirán el primer martes de cada mes, por ejemplo.

COORDINADORAS: Estas líderes de damas coordinarán este ministerio y movilizarán a las damas para glorificar a Dios en toda actividad. Se pide el apoyo de cada dama a este ministerio.

RESPONSABLES

Melixa Toledo:	Tel. 780-6521
Betsy Torres:	Tel. 787-2389

GRUPO DE PAREJAS

PROPÓSITO: La Iglesia Cristiana Príncipe de Paz debe trabajar en el área del fortalecimiento de parejas y matrimonios. Frente a las grandes presiones negativas de la sociedad a la estabilidad y paz familiar queremos ministrar con vigor para fomentar la unión conyugal y promover el compromiso matrimonial centrado en Jesucristo.

ACTIVIDADES VARIADAS: Usaremos una estrategia variada y multiforme según las necesidades del grupo y de las parejas de la iglesia. Estas incluirán salidas, charlas, dinámicas, conferencias, videos, retiros y otros métodos para fortalecer el matrimonio cristiano. Todos los temas que tocan a la pareja cristiana de hoy serán abordados para el crecimiento y la madurez del discipulado de la pareja. Estos temas incluyen la comunicación, las finanzas, la sexualidad, la crianza de los hijos, el manejo del enojo, solución de conflictos y otros.

REUNIONES MENSUALES: Los cónyuges se comprometerán entre ellos y el Señor a separar un día al mes para participar en esta actividad mensual. Esta se llevará a cabo con pocas excepciones el tercer sábado de cada mes a las 7 P.M. De esta manera podemos crear el buen hábito de separar esta cita en nuestros calendarios. Cumplir con esto muestra que le damos **importancia y prioridad** a nuestro matrimonio.

PASAJE CLAVE: Eclesiastés 4.12: "Y cordón de tres dobleces no se rompe pronto".
UNA APLICACIÓN: El hombre, la mujer y Cristo en el centro del matrimonio.

> Cantares 8.6,7: "Ponme como un sello sobre tu corazón, como una marca sobre tu brazo; porque fuerte es como la muerte el amor; duros como el Seol los celos; sus brasas, brasas de fuego, fuerte llama. Las muchas aguas no podrán apagar el amor, ni lo ahogarán los ríos".

Un ministerio más de la Iglesia Cristiana "Príncipe de Paz" Tel.: 785-6640

MINISTERIO DE NIÑOS

PROPÓSITO: Este ministerio discipula a los niños y les enseña los caminos del Señor. En las Escrituras vemos que ellos son importantes para Jesús y lo deben ser para nosotros también. El discipulado de los niños es la responsabilidad de los padres primeramente, pero la iglesia también debe proveer los recursos, lugar y espacio para que también crezcan en la Palabra.

PROGRAMAS: Desarrollaremos una variedad de clases para alcanzar las diferentes edades de los niños según sus necesidades. Para el año que viene enfatizaremos las siguientes areas.

1. **"La Palabra en el corazón del niño":** Continuaremos con el éxito de este programa con los videos del Antiguo y Nuevo Testamento. Este es nuestro programa para niños mientras los adultos y jóvenes estén oyendo el mensaje durante el culto. Ver la descripción de este excelente programa en la pizarra en el santuario. **RESPONSABLE:** Fanny Ortíz

2. **Programa de Escuela Dominical:** Tendremos por lo menos 2 clases de escuela dominical para niños pequeños y más grandes. Estas se deben desarrollar simultáneamente con la escuela bíblica para adultos y la clase de Evangelismo Explosivo. **RESPONSABLE:** Gladys Santos

3. **Servicio de cuidado completo:** El mes que viene comenzaremos a brindar un servicio completo de cuidado infantíl los domingos para aquellos padres que quieran dejar a sus niños más pequeños y atender mejor al culto. Esto es opcional para los padres que quieran aprovechar. El departamento cuenta con juguetes, aire acondicionado, cunas, cambiadoras, y con personal entrenado y responsable. Siempre habrá 2 adultos de confianza en el salón.
RESPONSABLES: Mayra Orlandi y Joaquín Rivera

HOMBRES EN ACCIÓN

PROPÓSITO: Este grupo ayuda a los varones adultos a comprometerse más con Cristo y con la iglesia a la vez que fomenta el liderato espiritual del hombre en la familia y en la congregación. Hemos notado que el hombre en nuestra sociedad carece de liderazgo en cosas espirituales y que juega un rol pasivo e indiferente en la iglesia. Queremos desafiar al hombre de hoy a seguir a Cristo y encontrar su verdadera identidad y su razón de vivir al servicio de Dios y su familia.

ACTIVIDADES: Estas serán variadas y dinámicas. Pueden participar en eventos de Hombres de Integridad (Promise Keepers) a nivel total y actividades fraternales. Pueden promover torneos interiglesias de baloncesto y reunirse para orar y compartir juntos. Otras actividades pueden incluir conferencias, videos, charlas, salidas, días de servicio y trabajo, limpieza y pintura, deportes, etc.

FRECUENCIA DE REUNIONES: Este grupo debe reunirse por lo menos una vez al mes. Como base se reunirán todos los últimos sábados del mes por la tarde o por la mañana para desayunar.

RESPONSABLES:

	Ministerio:	Raúl Orlandi	Tel. 251-3193
	Equipo Baloncesto:	Angel Alvarez	Tel. 799-8592

"Todo lo puedo en Cristo que me fortalece."

MINISTERIO DE EVANGELISMO

PROPÓSITO: El ministerio de evangelismo integral de nuestra iglesia tiene como propósito llevar el mensaje de salvación en Jesucristo a todos en nuestra comunidad. Deseamos compartir las buenas nuevas con los que aún no conocen al Señor Jesús.

ACTIVIDADES: Tendremos una actividad evangelística una vez al mes, como conciertos, días del amigo, noches evangelísticas, visitas a los hogares de familiares y amistades, etc. Enfatizaremos el uso de la música para llegar a ciertas comunidades específicas y haremos una presentación breve y directa del evangelio con un mensaje a la familia.

Nuestra estrategia incluye las siguientes áreas:

1. Evangelismo personal (Evangelismo Explosivo)
2. Evangelismo de toda la iglesia en eventos especiales
3. Promoción de nuestra iglesia y sus ministerios

Habrá entrenamiento para el evangelismo personal mediante Evangelismo Explosivo y otros métodos disponibles para luego integrarlo todo a un evangelismo personal relacional y amistoso.

EQUIPO: El equipo lo integrará todo el grupo de música, el equipo pastoral, y toda persona con el don de evangelismo y aquellos interesados en participar. Se espera el apoyo de toda la iglesia. El mejor resultado viene cuando los hermanos mismos invitan y comparten con amistades y parientes. Trabajemos juntos.

RESPONSABLES: El equipo pastoral y los líderes.

EQUIPO DE MÚSICA

PROPÓSITO: El grupo de música ayuda a la congregación dirigiéndola en la adoración y en la alabanza a Dios. Tanto los instrumentistas como los vocalistas ponen sus dones musicales al servicio de Cristo y su iglesia. El grupo debe fomentar un espíritu de adoración al Señor y componerse de personas comprometidas con Él y con la congregación.

ACTIVIDADES: El grupo de música ministra en diferentes ocasiones y lugares, pero tiene como enfoque principal el culto de adoración dominical y los servicios especiales. En ocasiones el grupo ministrará en campañas evangelísticas al aire libre y en cultos especiales en iglesias hermanas que los inviten. El grupo músical también se encarga de la música especial los domingos a través de los coordinadores.

PRÁCTICAS Y ENSAYOS: El grupo de música se reunirá una vez por semana para ensayar los cánticos del domingo. Podrían ser más según las necesidades del grupo y de la iglesia. Los ensayos serán una noche de semana de 7-9 P.M.

Responsables: Angélica Wagenveld y Ruby Orlandi

Director instrumental: Charlie de Jesús

Equipo musical: MacDaniel Mojica, Charlie de Jesús, Angélica Wagenveld, Ruby Orlandi, Noemí de Jesús, Julio, Juan Cruz, Angel Alvarez y otros.

Ministerio de Adoración

La Iglesia Príncipe de Paz continuará los cultos de adoración los domingos por la mañana con un énfasis en la adoración dinámica y contemporánea, enseñanza bíblica sólida, ministerio de música contextualizada, evangelización de los perdidos, y discipulado serio de las necesidades de la familia cristiana. Buscará maneras nuevas y refrescantes de comunicar la Palabra eterna de Dios por medio de los mensajes, los dramas, la música, los testimonios y la alabanza y adoración. El Espíritu Santo impulsará la Palabra Viva en nuestros corazones para que salgamos dispuestos a servir y dar testimonio en palabra y hechos. La adoración es nuestro fundamento.

Ministerio de Oración

El ministerio de oración en nuestra iglesia debe ser constante. Todos los demás ministerios serán bañados en oración. Aparte de la oración individual de cada creyente y las cadenas de oración, separamos una hora los lunes para la oración y la meditación en la Palabra. Comenzamos toda reunión con un momento de oración y también oramos en las visitas a la comunidad. La oración permite que hablemos directo con nuestro Padre Celestial y nos recuerda que Él es el dueño y autor de toda obra en nosotros y de nuestra misma iglesia. La oración también es el lubricante que mantiene la unidad entre los hermanos y los líderes. Recordemos orar con fe: "La oración del justo puede mucho".

Estos ministerios están bajo la supervisión del equipo de líderes de la iglesia.

MINISTERIO DE MISERICORDIA

La hermana encargada movilizará al resto de la congregación con la organización de una alacena que ya está funcionando para repartir entre los necesitados. Pedimos la colaboración de los hermanos con este ministerio que hemos comenzado como una forma de testimonio cristiano. Compartamos con aquellos que no tienen tanto como nosotros. Ya hemos visto hermanos y hermanas ayudándose a buscar empleo, vivienda y suministros. Que el Espíritu Santo nos ayude a ministrar a los necesitados como Jesús lo haría. ¡QUE LA GLORIA SEA PARA ÉL!

Adelita Alvarez: Tel. 799-8598

MINISTERIO DE UJIERES

El ministerio de ujieres cae bajo la dirección de las damas, pero con la colaboración de caballeros que puedan ayudar en esta capacidad. Nuestra forma de recibir a la visita, sonreír, y darle un boletín, así como acompañarla a su asiento dice mucho del amor que hay en nuestra iglesia. El ujier da la primera impresión de parte de toda la iglesia. Este es un ministerio sumamente importante. Si usted siente deseo de colaborar en este aspecto, favor comunicarse con las coordinadoras del grupo de damas. El pastor también tratará de saludar a la visita que llegue temprano antes de comenzar el culto. ¡¡¡Nuestra salvación es para servir a otros!!!

MINISTERIO DE
DISCIPULADO Y
EDUCACIÓN CRISTIANA

PROPÓSITO: Este ministerio es uno de los puntos fuertes de la iglesia. Queremos continuar con esta tradición tan rica y profunda que tenemos en esta área. La educación cristiana tanto para el adulto como para el niño es de vital importancia en su discipulado cristiano. Queremos aprender de la Palabra de Dios para poder vivir más como Cristo, servir con habilidad a nuestras comunidades, y para poder responder al mundo frente a tantos vientos de falsa doctrina. La sana doctrina trae discernimiento y sabiduría al creyente fiel.

ESTRATEGIA EDUCATIVA: Queremos tener programación de educación cristiana a todos los niveles. La escuela dominical será la espina dorsal del programa educativo para niños, jóvenes y adultos. Nuestra estrategia comprende los siguientes niveles:

- Escuela dominical: Niños, jóvenes, adultos
- Estudios bíblicos: Temas de discipulado, miércoles por la noche
- Discipulado acreditado: Programa FLET en nuestra iglesia
- Preparación de ancianos y diáconos: Conferencias con el pastor
- Clase para nuevos miembros

- Cursos académicos: Seminario denominacional u otro aprobado
- Candidatos al ministerio: Seminario denominacional u otro aprobado

◆ **RESPONSABLES:** Juan Wagenveld   785-6640
Raúl Orlandi   251-3193

Ministerio de Finanzas

"Todo el oro y la plata le pertenecen a Dios."

La Biblia nos enseña que todo lo que tenemos le pertenece a Dios, aun nuestras propias vidas. Por eso se podría decir, "Ministerio de Mayordomía," porque incluiría nuestro **tiempo,** nuestro **talento,** y también nuestro **tesoro.** Es responsabilidad de cada miembro contribuir en todos estos sentidos para el buen funcionamiento de la iglesia en obediencia a Dios.

Enseñamos el diezmo como patrón bíblico que nos ayuda en el proceso de ENTREGA TOTAL a Dios. Los líderes serán los primeros en dar el ejemplo en esta área vital del discipulado. Las finanzas de la iglesia se rigen con dos de tres firmas y se mantiene a la congregación informada acerca del uso de las mismas. Para inspirar confianza, dos personas asignadas cuentan la ofrenda, entregan un reporte al pastor, y luego hacen el depósito.

El responsable de finanzas lleva los libros, cuadra todo mensualmente, y asegura que la iglesia dé buen testimonio en pagar todas sus cuentas a tiempo (agua, luz, jardinería, etc.) En las reuniones de líderes se entrega un reporte completo del estado de cuentas hasta la fecha. El responsable también enseña a la congregación la importancia de la buena mayordomía, principios bíblicos de finanzas para la familia, y ayuda a los que tienen problemas en esta área. Cuando algún miembro falla en su promesa, el responsable le recuerda amorosamente de su compromiso y también se acerca a la persona para ver si hay algún problema en el cual se le puede brindar ayuda si está pasando por un momento difícil. Recordemos que la adoración pura y sincera frente a Dios incluye nuestros recursos económicos. ¡ALÁBALO CON TODO TU SER!

Responsable: Carlos Ramírez   Tel. 751-7967

PACTO DE COMPROMISO

Habiendo creído en Jesuscristo como Salvador, sometido a su señorío y estando de acuerdo con la enseñanza de la Iglesia, creo que el Espíritu Santo me llama a unirme a la familia eclesiástica en <u>nombre de la iglesia</u>. Al hacerlo me comprometo con Dios y con mis hermanos a lo siguiente.

♦   **1.   Protegeré la unidad de la iglesia**

-Actuando con amor hacia los demás hermanos

-Rehusándome a caer en el chisme

-Siguiendo a los líderes de la iglesia

"Así que, sigamos lo que contribuye a la paz y a la mutua edificación." Romanos 14.19
"Amaos unos a otros entrañablemente, de corazón puro." 1 Pedro 1.22
"Ninguna palabra corrompida salga de vuestra boca, sino la que sea buena para la necesaria edificación, a fin de dar gracia a los oyentes." Efesios 4.29
"Obedeced a vuestros pastores, y sujetaos a ellos; porque ellos velan por vuestras almas, como quienes han de dar cuenta; para que lo hagan con alegría, y no quejándose, porque esto no os es provechoso." Hebreos 13.17

♦   **2.   Compartiré la responsabilidad de mi iglesia**

-Orando por su crecimiento espiritual y numérico

-Invitando a otros a asistir

-Recibiendo amorosamente a los visitantes

"Damos siempre gracias a Dios por todos vosotros, haciendo memoria de vosotros en nuestras oraciones." 1 Tesalonicenses 1.2
"Dijo el señor al siervo. Ve por los caminos y por los vallados, y fuérzalos a entrar, para que se llene mi casa." Lucas 14.23
"Por tanto, recibíos los unos a los otros, como también Cristo nos recibió..." Romanos 15.7

♦   **3.   Serviré en los ministerios de mi iglesia**

-Descubriendo y utilizando mis dones y talentos

-Equipándome para servir a otros

-Desarrollando un corazón para el servicio cristiano

"Cada uno según el don que ha recibido, minístrelo a los otros, como buenos administradores de la multiforme gracia de Dios." 1 Pedro 4.10
"Y él mismo constituyó a unos, apóstoles; a otros, profetas; a otros evangelistas; a otros pastores y maestros, a fin de perfeccionar a los santos para la obra del ministerio (servicio), para la edificación del cuerpo de Cristo." Efesios 4.11-12
"...sino que se despojó a sí mismo, tomando forma de siervo..." Filipenses 2.7

♦   **4.   Apoyaré el testimonio de mi iglesia**

-Asistiendo fielmente

-Viviendo una vida agradable a Dios

-Contribuyendo económicamente

"...no dejando de congregarnos, como algunos tienen por costumbre..." Hebreos 10.25
"Solamente que os comportéis como es digno del evangelio de Cristo..."   Filipenses 1.27
"Y el diezmo de la tierra...de Jehová es; es cosa dedicada a Jehová." Levítico 27.30
"Cada primer día de la semana cada uno de vosotros ponga aparte algo, según haya prosperado..."
1 Corintios 16.2

-ADAPTADO DE "UNA IGLESIA CON PROPOSITO" por Rick Warren

Una última palabra

Todo lo que aquí hemos plasmado en papel no sirve de nada si no lo ponemos en práctica. Queremos que Dios trabaje por medio nuestro para poder realizar todos los propósitos que Él tiene con nosotros. La esencia de todo esto es llamar a los perdidos de la comunidad que nos rodea para que sean discípulos de Cristo. Queremos moverlos de la comunidad a la iglesia. Pero no la dejamos ahí. Queremos que se unan a nuestra congregación para poder servir juntos. Con la ayuda de Dios estos se comprometerán con el Señor y con su iglesia. Según el Señor llame a cada uno a utilizar sus dones en su reino, se convertirán en parte del centro (núcleo) de los que ministran y sirven al Señor con toda su mente, con toda su alma y con todo su ser. Entonces el movimiento se podría diagramar como sigue:

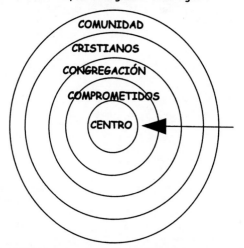

Que el Señor bendiga a cada uno de nosotros en esta aventura espiritual y que la lucha de plantar una iglesia sólida y dinámica nos ayude a crecer en conocimiento, en conducta, en convicción y en carácter cristiano, para ser cada día más como Él.

Dice el apóstol Pablo: "Hermanos, yo mismo no pretendo haberlo ya alcanzado; pero una cosa hago: olvidando ciertamente lo que queda atrás, extendiéndome a lo que está delante, prosigo a la meta, al premio del supr llamamiento de Dios en Cristo Jesús." Filipenses 3.13-14

¡EXTENDÁMONOS Y PROSIGAMOS A LA META!

GLOSARIO

1. Acción social: Se refiere al servicio que presta la iglesia a la comunidad y a la sociedad en general. Obedece al mandato cultural de preocuparse por la creación de Dios y también por el prójimo. Es controversial para algunos debido a la participación de la iglesia en cierto aspecto político.

2. Antropología: Ciencia que estudia al hombre. La antropología ayuda a comprender mejor las diferencias entre las culturas para así hallar las maneras óptimas de comunicar el evangelio.

3. Célula-celebración: Es el modelo que destaca los grupos pequeños que promueven el compañerismo y el crecimiento espiritual en reuniones semanales para luego celebrar juntos el servicio de adoración y predicación.

4. Contextualización: Es la manera de comunicar el evangelio en cierto ambiente particular y según las características propias del mismo. La iglesia busca una mejor inserción en una cultura determinada contextualizando la comunicación del mensaje en formas concretas, comprensibles y relevantes.

5. Crecimiento: Todo organismo viviente crece de una forma u otra. Cuando deja de hacerlo, muere. La iglesia como cuerpo de Cristo también crece en diversas maneras.

6. Crecimiento biológico: Es el aumento de la feligresía debido al nacimiento de los hijos de los creyentes.

7. Crecimiento conceptual: Es el incremento constante en la comprensión de la fe, de la doctrina, el conocimiento bíblico y todo que hace de la iglesia un agente más fiel a su llamado y discipulado cristiano.

8. *Crecimiento cualitativo:* Es lo que respecta al crecimiento en calidad.

9. *Crecimiento cuantitativo:* Se refiere al aumento numérico. El libro de los Hechos nos muestra cómo crecía la Iglesia numéricamente mientras la Palabra se difundía a todas partes llegando a más y más personas.

10. *Crecimiento diaconal:* Crecimiento en amor que se muestra en el servicio a los demás.

11. *Crecimiento numérico:* Es el que refleja que más personas se van añadiendo e incorporando al Cuerpo de Cristo y a la iglesia.

12. *Crecimiento orgánico:* Se refiere al desarrollo interno de los sistemas de la iglesia. Esto incluye el gobierno de la iglesia, estructuras, finanzas, el liderazgo, relaciones entre hermanos, organización, etc.

13. *Crecimiento por conversión:* Ocurre cuando las personas que son evangelizadas y aceptan a Jesucristo como Señor y Salvador se incorporan a la iglesia.

14. *Crecimiento por transferencia:* Aumento de los congregantes porque se trasladan de una iglesia a otra.

15. *Cuerpo ministrante:* Se refiere al Cuerpo de Cristo representado en una iglesia local que ministra y sirve según sus dones y talentos para la extensión del reino de Dios.

16. *Estadísticas:* Datos que permiten medir la cantidad de asistentes a un culto, número de convertidos, porcentaje de personas discipuladas, etc. Son valiosas para ver parte del panorama de lo que está pasando en una congregación y hacer proyecciones para planificar diversas tareas o actividades.

17. Evangelismo Explosivo: Es un excelente ministerio de evangelización de renombre mundial. Entrena a líderes para presentar el evangelio de manera amena y coherente a la vez que capacita a otros para movilizar a la iglesia entera. Cuenta con equipos de entrenamiento en muchos países.

18. Función apostólica: La función que tiene la iglesia como enviada al mundo. «Apostolos» significa «enviado». De ahí que la iglesia es enviada al mundo a cumplir con los mandatos divinos.

19. Gran Comisión: El famoso pasaje de Mateo 28.18-20 en el que Jesús comisiona a sus discípulos a ir por todo el mundo para hacer discípulos.

20. Iglecrecimiento: Es el estudio de los principios bíblicos que conducen al crecimiento de la iglesia según los propósitos de Dios. Partiendo de la Biblia y usando toda disciplina disponible, esta materia se ocupa de discernir los factores internos y externos que llevan a una iglesia a crecer en su desarrollo cuantitativo y cualitativo.

21. Iglecrecimiento integral: Una perspectiva más amplia que busca el crecimiento de la iglesia dentro del marco total de los propósitos de Dios para la humanidad y el cosmos. Toma el reino de Dios como punto de partida y busca su extensión en todas las esferas de la vida con el impacto del evangelio de Jesucristo, enfatizando el rol que desempeña la iglesia local.

22. Koinonía: Palabra griega que significa «comunión» entre los hermanos.

23. Kerygma: Término griego que quiere decir «proclamación del evangelio».

24. Líder autocrático: Es el líder que toma las decisiones solo. Es un tipo de líder dictador.

25. *Líder catalizador:* Es el líder que logra generar movimiento, unir criterios e iniciar algún proyecto. Este tipo de líder se considera ideal para plantar obras nuevas e iniciar nuevos ministerios.

26. *Líder revitalizador:* Es el líder con experiencia que puede reavivar una iglesia sin vitalidad e inyectarle una buena dosis de entusiasmo y organización para volver a salir adelante.

27. *Mayordomía:* Es la responsabilidad de la iglesia en cuanto a ser buena administradora de los recursos que Dios le dio.

28. *Megaiglesia:* Mega significa grande. Por lo tanto, megaiglesia es una iglesia muy grande. Podemos pensar en congregaciones con miles de miembros.

29. *Misión:* Es cuando el pueblo de Dios cruza intencionalmente las barreras de la iglesia y se dirige a lugares diferentes, de donde hay fe a donde no existe ni ápice de ella, para proclamar mediante palabra y acción el advenimiento del reino de Dios en Jesucristo. Esto se hace a través de la participación de la iglesia en la misión divina de reconciliar a las personas con Dios, consigo mismas, con los otros y con el mundo, para reunirlas mediante el arrepentimiento y la fe en el Señor por la obra del Espíritu Santo, con miras a la transformación como una señal de la venida del reino de Cristo (Van Engen).

30. *Misión transcultural:* Es la misión que opera en culturas diferentes.

31. *Misionología:* Es el estudio de las misiones y la acción redentora de Dios en todos sus aspectos. Esta ciencia ha aumentado y recibido mucho más atención en el último siglo.

32. *Modelo:* Es un patrón de acción que provee un ejemplo a seguir para otros. Los modelos ilustran posibilidades y no necesariamente son transferibles.

33. Numerolatría: Es la exageración desmedida que da relevancia a los números, tanta que estos se convierten en un fin en sí mismos.

34. Paradigma: Es una estructura de pensamiento. Una manera de ver e interpretar la realidad. Una perspectiva o cosmovisión.

35. Pragmatismo: Enfasis en lo práctico y lo que da resultados en el ministerio. Busca la instrumentalidad de una acción que refleje logros concretos.

36. Principios: Verdades concretas y fundamentales aplicables a cualquier circunstancia. Son transferibles. Una norma o tesis que ha sido verificada y es ampliamente aceptada.

37. Pueblo no alcanzado: Un pueblo o nación que no tiene una iglesia establecida entre cierto grupo étnico, cultural o lingüístico en particular. Grupo al cual el evangelio no ha penetrado o alcanzado aún.

38. Sistemas abiertos: Son unidades organizacionales de partes relacionadas e interdependientes que forman un sistema. Son abiertos porque son afectados por otros sistemas y por el medio ambiente en el que se mueven.

39. Sociología: El estudio de la sociedad y del ser humano como ente social. El iglecrecimiento enfatiza el conocimiento de esta ciencia para integrar el ministerio de la iglesia a la realidad del contexto humano.

40. Unidades homogéneas: Grupos de personas con características similares. McGavran causó un gran debate al afirmar que la fe cristiana se mueve más eficazmente cuando la obra misionera enfoca sus esfuerzos estratégicamente en un grupo específico.

41. *Valores:* Son principios o entendidos valorizados por un grupo. Se hacen evidentes a través de las acciones que ellos mismos reflejan. Sin valores en común es difícil experimentar unidad en el grupo.

42. *Visión:* Tener visión es mirar hacia el futuro y ver un cuadro de lo que Dios quiere hacer por medio de usted para cumplir sus propósitos redentores. Provee un sentido de dirección y de urgencia al que la tiene.

BIBLIOGRAFÍA COMENTADA

Costas, Orlando. *Compromiso y misión*. Miami: Editorial Caribe, colección CELEP, 1979. Costas reflexiona sobre la misión de la iglesia en el contexto latinoamericano. Provee un buen recurso teológico y bíblico acerca de lo que es ser iglesia en misión y ayuda a analizar nuestras prácticas y metodologías. Contiene varios capítulos sobre la misión en relación con el discipulado, la movilización y el crecimiento integral. Presenta con claridad su concepto de crecimiento en anchura, profundidad y altura. Este libro promete estimular la reflexión acerca de la misión de la iglesia y las diferentes maneras en que se puede entender la palabra crecimiento.

Nuñez, Emilio A. *Hacia una misionología evangélica latinoamericana*. Miami: Unilit y Comibam Internacional. Las personas interesadas en profundizar en los aspectos bíblicos y teológicos de la misión desde el punto de vista del Antiguo Testamento encontrarán en este libro mucha tela para cortar. Si bien no toca el punto del iglecrecimiento directamente, sí profundiza en una teología misional tratada por un reconocido autor y teólogo latinoamericano.

Wagner, Pedro. *Su iglesia puede crecer*. Barcelona: CLIE, 1980. Aquí Wagner presenta siete características de una iglesia viva. Este es el clásico de uno de los proponentes más reconocidos del movimiento de iglecrecimiento.

Wagner, Pedro. *Sus dones espirituales pueden ayudar a crecer a su iglesia*. CLIE: Barcelona, 1980. Este libro enfoca la manera en que los dones espirituales, tanto del pastor como de la congregación, pueden ayudar a la iglesia a crecer.

Greenway, Rogelio S. *Seis pasos: Cómo evangelizar y multiplicar iglesias*. Grand Rapids: Libros T.E.L.L., 1977. Este es un pequeño folleto que muestra los pasos básicos para multiplicar iglesias. En una forma sencilla explica cómo comenzar un estudio bíblico, cómo visitar los hogares, cómo empezar una clase de doctrina, cómo bautizar a los nuevos creyentes, cómo organizar la iglesia y, por último, cómo proveer para la vida y el crecimiento de la misma. Este libro es un recurso esencial para las comunidades que están comenzando. Otra ventaja de esta obra es que no requiere un alto nivel de educación formal para entenderse.

Padilla, René (ed.), *El reino de Dios y América Latina.* El Paso: Casa Bautista, 1975. Una compilación de varias ponencias de teólogos asociados con la Fraternidad Teológica Latinoamericana acerca de la definición, presencia y extensión del reino de Dios en América Latina. Estas conferencias dictadas por destacados eruditos latinoamericanos ayudan al estudiante de iglecrecimiento a colocar esta disciplina en el marco más amplio de la teología y el pensamiento continental en cuanto al reino de Dios.

Johnstone, Patrick. *Operation World.* Grand Rapids: Zondervan Publishing House, 1993. También disponible en español. Este recurso provee información y estadísticas de cada país del mundo. Es un manual excelente para grupos de oración en las iglesias.

Stam, Jeff. *Misiones en la iglesia local.* Grand Rapids: Libros Desafío, 1996. Una perspectiva bíblica, teológica e histórica de la misión de la iglesia local. Stam afirma: «Muchas iglesias no están cumpliendo con su vocación misionera. Se olvidan de que no existen para sí mismas, sino para ser instrumento de Cristo en el proceso de reunir a sus ovejas perdidas. El libro procura contagiar a las iglesias una visión misionera ayudándolas a darse cuenta de que su tarea fundamental es testificar de Cristo hasta lo último de la tierra».

Steuernagel, Valdir. *Obediencia misionera y práctica histórica.* Nueva Creación, 1996. Este libro desafía al lector a recobrar su memoria histórica para así construir una «misionología latinoamericana sólida, fundada sobre la teología del reino de Dios, y a una práctica misionera autóctona, coherente con el contexto donde nace el compromiso y donde va a hacerse concreto». Enseña a la iglesia a encontrar su llamado y su vocación misionera.

Pirolo, Neal. *Sirviendo al enviar obreros*. Comibam Internacional, 1991. Si no puede ser como misionero transcultural, tal vez Dios quiere que usted participe enviando a otros. Esta obra ayuda a la iglesia a organizar el envío de obreros. Contiene capítulos valiosos sobre el apoyo moral, organizacional, económico, espiritual, por medio de la comunicación, y durante la readaptación que se puede y debe brindar al misionero.

Bertuzzi, Federico, editor. *La iglesia latina en misión mundial*. Comibam Internacional, 1997. El presidente de Comibam Internacional dice acerca de este libro: «Trata acerca de los papeles característicos y distintivos de la iglesia local y las agencias misioneras, y cómo se relacionan entre sí, siempre dentro de la perspectiva bíblica y latina. Los exponentes son líderes que han probado su compromiso con el movimiento misionero iberoamericano; personas de gran experiencia y compromiso con la visión y la acción misionera iberoamericanas».

Nasser, Antonio C. *Una iglesia apasionada por las misiones*. Comibam Internacional, 1997. Un libro que estimula a la iglesia a considerar su vocación misionera. Contiene un interesante «retrato de las iglesias en el proceso misionero», en el que Nasser describe las iglesias Disneylandia, las megalomaníacas, las sociales, las tecnócratas, las observadoras, las desafiadas y las cooperadoras. Nasser escribe con claridad y honradez.

Barrientos, Alberto. *La iglesia en que sirvo*. Miami: Unilit, 1997. Este libro, ademásde ser materia de estudio de la Facultad Latinoamericana de Estudios Teológicos (FLET), es un tremendo recurso para una sana comprensión de lo que es la Iglesia de Jesucristo. Ya que las materias de eclesiología y misionología van tan de la mano, esta obra representa una buena herramienta para el estudiante de iglecrecimiento. Ayuda a pensar en la iglesia de una forma íntegra, global, y más que todo bíblica. El autor afirma: «La iglesia es el producto del sentir, del pensar y del actuar manifiestamente intencionados de Dios en el mundo, en su preocupación por la redención, regeneración, protección y destino eterno de sus criaturas racionales».

Hanks, Billie y William A. Shell. *Discipulado.* Miami: Editorial Caribe, 1994. Un excelente recurso que ha tenido aceptación internacional entre los interesados en hacer del discipulado una disciplina de toda la vida. Responde a las preguntas: ¿Qué es discipulado? ¿Cuáles son las bases bíblicas del discipulado? ¿Qué se hace con los nuevos creyentes? ¿Cómo hacer del discipulado una forma de vida?

Martín, A. Gutiérrez. *Como organizar una iglesia.* CLIE: Barcelona, 1989. El profesor Gutiérrez, docente de la Escuela Evangélica de Teología en España, presenta aquí una teología de la administración de la iglesia. Ofrece principios básicos administrativos, aspectos que a veces se descuidan en las iglesias, causando así graves problemas para la obra misionera.

Valencia, Vidal A. *Como ganar almas.* Miami: Editorial Unilit, 1986. Un libro breve que promueve algunas maneras efectivas de llevar a cabo la Gran Comisión guiando a otros a Dios.

Stott, John. *Señales de una iglesia viva.* Buenos Aires: Indef y Certeza, 1997. Este libro es el resultado de una gira de este famoso y elocuente predicador y expositor bíblico. Stott analiza los propósitos divinos de la Iglesia, examina las prácticas de la iglesia primitiva, y nos da consejos para la iglesia de hoy.

Coleman, Roberto. *Plan supremo de evangelización.* USA: Casa Bautista de Publicaciones, 1983. Ampliamente distribuido, este plan de evangelización ha tenido acogida internacional por doquier. Dice Luis Palau: «Aquí encontramos los principios que practicó y nos enseñó nuestro Maestro, el Señor Jesucristo. ¿Puede haber plan mejor?»

Barrientos, Alberto. *Principios y alternativas del trabajo pastoral.* Miami: Editorial Caribe, 1989. Una obra completa de suma importancia para entender la amplia envergadura del trabajo pastoral de hoy. Una excelente guía para conducir a nuestras iglesias hacia el desarrollo de una vida saludable y fructífera.

Wagner, C. Peter. *Guiando su iglesia al crecimiento.* Miami: Unilit, 1997. Presenta el secreto de la colaboración del pastor y su congregación en el crecimiento dinámico de la iglesia.

Wagner, C. Peter. *Plantando iglesias para una mayor cosecha.* Miami: Unilit, 1997. Aquí Wagner presenta su tesis de que la mejor manera de evangelizar al mundo es plantando más iglesias nuevas. Provee doce métodos efectivos para ayudarle a comenzar con este cometido.

Garcés, David Fajardo, compilador. *Las iglesias que crecen: Como crecen y por qué crecen.* El Paso, TX: Casa Bautista de Publicaciones, 1992. Diez autores se unen al compilador proveyendo una serie de artículos acerca de cómo crecen las iglesias. Lo mejor de este libro es que está escrito por pastores y líderes de iglesias que están experimentando crecimiento, no por teóricos. Representan entre ellos diferentes países y contextos sociales.

Barrett, Lois. *Como crear una comunidad de fe y compromiso.* México D.F.: Publicaciones El Faro, 1995. Enfocado mayormente en la comunidad cristiana a través de la iglesia en los hogares, este libro suministra buenas ideas para desarrollar el discipulado y el compromiso a los niveles más elementales de la estructura social.

Lewis, Larry. *Manual para plantar iglesias.* Nashville: Casa Bautista de Publicaciones, 1997. Lewis cubre todas las áreas principales para plantar iglesias: visión, instalaciones, obreros, finanzas, seguimiento, planificación, etc. Lewis muestra que para comenzar una nueva iglesia no se necesitan muchos recursos económicos y que hay muchas maneras no tradicionales de hacerlo.

Getz, Gene. *La medida de una iglesia*. Barcelona: CLIE, 1978. El Dr. Getz «ilustra bíblicamente lo que debe ser el marco y la medida de una iglesia, para que llegue a cumplir los requisitos mínimos que Dios espera de ella». Muestra los errores típicos de muchas iglesias aunque también provee soluciones.

Hemphill, Ken. *Ocho características de una iglesia efectiva: El modelo de Antioquía*. Texas: Casa Bautista de Publicaciones, 1996. El Dr. Hemphill «identifica ocho características de las iglesias sanas y crecientes, aporta recomendaciones específicas para evaluar y fortalecer los fundamentos espirituales de su congregación, y para edificarla según las necesidades y posibilidades de la misma».

Van Engen, Charles. *God's Missionary People: Rethinking the Purpose of the Local Church*. Grand Rapids, MI: Baker Book House, 1991. Excelente libro que analiza la iglesia local desde la perspectiva misionera de Dios. Trabaja tanto con los conceptos clásicos e históricos de la teología como con los avances más recientes de la misionología. Tal vez uno de los libros más profundos de la materia hasta la fecha.

Valdés, Alberto y Billy Graham. *¡Me seréis testigos! Como entrenar a los nuevos creyentes*. Miami: FLET-Logoi y Unilit, 1999. Una obra para entrenar a los nuevos creyentes en el discipulado y el evangelismo. Ayudará a la iglesia a cumplir la Gran Comisión ganando almas para Cristo de una manera amena y eficaz.

Centro de Capacitación para Multiplicación de Iglesias

Presenta el

I Campamento Intensivo para Fundadores de Iglesias

Basta de hablar de fundar iglesias...

¡Manos a la obra!

El bootcamp o campamento, ya presente en varios países del continente, es un adiestramiento intensivo para fundadores de iglesias. Son tres días en que el fundador de una nueva iglesia y su cónyuge participan en una serie de actividades para reflexionar sobre la tarea de fundar una nueva iglesia. Bajo la supervisión de asesores experimentados en el campo de la plantación de iglesias, los participantes planean estratégicamente los pasos a dar desde la concepción de la iglesia hasta su nacimiento. Los ejercicios tienen que ver con la planificación estratégica, la declaración de misión, la formación de valores centrales, el reclutamiento de un equipo nuclear y la importancia de cuidar a la familia misionera, entre otros.

Para mayor información acerca del
Campamento Intensivo para Fundadores de Iglesias
y otros recursos de iglecrecimiento, llame al número
1-800-280-5275 ext. 809 (Viviana Casanova) o escriba a:

CRHM
Ministerio Hispano
2850 Kalamazoo Ave. SE
Grand Rapids, MI 49560 EEUU.

Gary Teja, Director, Internet: tejag@crcna.org

Juan Wagenveld, Internet: juanw@compuserve.com

Visítenos en www.cmtcmultiply.org
En español: www.spanbootcamp.org
Centro de Capacitación para Multiplicación de Iglesias
Un ministerio interdenominacional

Centro de Capacitación para Multiplicación de Iglesias

Presenta

Iglecrecimiento integral:
Hacia una iglesia de impacto

Conferencias de un día para iglesias establecidas

Esta conferencia trata el tema principal del libro que tiene en sus manos. Incluye cuatro charlas instructivas y motivacionales basadas en los conceptos de esta obra y ampliadas con testimonios y experiencias en el campo misional. Además se presentan estadísticas, datos, cuadros comparativos y gráficos misionales.

Para mayor información acerca de estos recursos de iglecrecimiento, llame al número: 1-800-280-5275 ext. 809 (Viviana Casanova)

o escriba a:

CRHM
Ministerio Hispano
2850 Kalamazoo Ave. SE
Grand Rapids, MI 49560 EEUU.

Gary Teja, Director, tejag@crcna.org
o comuníquese con el autor:
Juan Wagenveld, juanw@compuserve.com

Visítenos en www.cmtcmultiply.org.
En español: www.spanbootcamp.org
Centro de Capacitación para Multiplicación de Iglesias

Un ministerio interdenominacional

Guía de estudio

Iglecrecimiento integral

Juan Wagenveld

Cómo establecer
un seminario
en su iglesia

A fin de obtener el mayor provecho del programa de estudios ofrecido por FLET, se recomienda que la iglesia nombre a un comité o a un Director de Educación Cristiana como responsable. Luego, se debe escribir a Miami para solicitar el catálogo ofrecido gratuitamente por LOGOI / FLET.

El catálogo contiene:
La lista de los cursos ofrecidos, junto con programas y ofertas especiales.
Información acerca de la acreditación que FLET ofrece.
La manera de afiliarse a FLET para establecer un seminario en la iglesia.

Luego de estudiar el catálogo y el programa de estudios ofrecidos por FLET, el comité o el director podrá hacer sus recomendaciones al pastor y a los líderes de la congregación para el establecimiento de un seminario o instituto bíblico acreditado por FLET en la iglesia.

LOGOI / FLET
14540 S.W. 136 Street. N° 200
Miami, FL 33186

Teléfono: (305) 232-5880
Fax: (305) 232-3592
Teléfono gratis en EE.UU. y P.R.: 1-800-487-0340
E-mail: flet@logoi.org
Web: www.logoi.org

Cómo hacer el estudio

Cada libro describe el método de estudios ofrecido por esta institución. Siga cada paso con cuidado. Aunque la persona puede hacer el curso individualmente, sería más beneficioso si se uniera a otros de la iglesia que también deseen estudiar.

Recomendamos que los estudiantes se dividan en pequeñas «peñas» o grupos de estudio compuestos de cinco a diez personas. Estas peñas han de reunirse una vez por semana en la iglesia bajo la supervisión de un facilitador para que juntos puedan cumplir con los requisitos de estudio (los detalles se encuentran en las próximas páginas). Cada grupo necesitará un «facilitador» (guía o consejero), nombrado por la superioridad o escogido por ellos mismos —según sea el caso—, que seguirá el manual que se encuentra a partir de la página 326.

El concepto de este tipo de estudio es que el libro de texto sirve como «maestro», mientras que el facilitador funge como coordinador que asegura que el trabajo se hace correctamente. Si no hubiese la manera de contar con un facilitador, los estudiantes podrían ejercer esta función por turno. Se espera que la iglesia tenga varios grupos de estudio y que el pastor sirva de facilitador de una de las peñas. Cuando el pastor se involucra, su ejemplo anima a la congregación entera y él mismo se hace partícipe del proceso de aprendizaje.

El que realiza este programa podrá:

1. Usar este texto con provecho, destreza, y confianza para la evangelización y el discipulado de otros.

2. Proveer explicaciones sencillas y prácticas de principios, verdades, y conceptos que son comunicados en este estudio.
3. Emplear los pasos de nuestro método en el estudio de este libro y otros.

Para realizar este curso necesitará
1. Un ejemplar de la Biblia en castellano.
2. Un cuaderno para anotaciones (que usted debe adquirir), y hojas de papel para dibujos.
3. Opcional: Integrarse a un grupo de estudio o peña.

El plan de enseñanza LOGOI
El proceso educacional hay que disfrutarlo, no tolerarlo. Por lo tanto, no debe convertirse en un ejercicio forzado. A su vez, se debe establecer metas. Llene los siguientes espacios:

Anote su meta diaria: _____
Hora de estudio: _____
Día de la peña: _____
Lugar de la peña: _____

Opciones para realizar el curso

Este curso se puede realizar en tres maneras. El alumno escoge un plan intensivo. Completa sus estudios en un mes y entonces, si lo desea, puede rendir el examen final de FLET para recibir acreditación. Si desea hacer el curso a un paso más cómodo, lo puede realizar en el lapso de dos meses (lo cual es el tiempo recomendado para aquellos que no tienen prisa). Al igual que en la primera opción, el alumno puede rendir un examen final para obtener crédito por el curso. Además, otra opción es hacer el estudio con el plan extendido, en el cual se completan los estudios y el examen final en tres meses.

Las diversas opciones se conforman de la siguiente manera:

Plan intensivo: Un mes (4 sesiones)   Fecha de reunión
Primera semana: *Lecciones 1-3*   _____
Segunda semana: *Lecciones 4-6*   _____
Tercera semana: *Lecciones 7-8*   _____
Cuarta semana: *Examen final FLET*   _____

Plan regular: Dos meses (8 sesiones)   Fecha de reunión
Primera semana: *Lección 1*   _____
Segunda semana: *Lección 2*   _____
Tercera semana: *Lección 3*   _____
Cuarta semana: *Lección 4*   _____
Quinta semana: *Lección 5*   _____
Sexta semana: *Lección 6*   _____
Séptima semana: *Lección 7*   _____
Octava semana: *Lección 8*   _____
Examen final   _____

Plan extenso: Tres meses (3 sesiones)   Fecha de reunión
Primer mes: *Lecciones 1-3*   _____
Segundo mes: *Lecciones 4-6*   _____
Tercer mes: *Lecciones 7-8* y *examen final*   _____

Cómo hacer la tarea de las lecciones*
Antes de cada reunión el estudiante debe:

1. Leer el capítulo (o los capítulos) por completo.

2. Responder las diez preguntas y plantearse otras, de tres a cinco, basadas en el material tratado en la lección.

3. Utilizar los dibujos para aprender, memorizar, y comunicar algunos puntos esenciales de la lección. El alumno debe ver los dibujos que explican algunos de los conceptos del capítulo, leer la explicación que los acompañan, y repetir los

dibujos varias veces en una hoja de papel cualquiera hasta llegar a memorizar los conceptos.

4. La sección EXPRESIÓN responde a cómo comunicar los conceptos aprendidos a otras personas. Desarrolle ideas creativas para compartir los conceptos bíblicos con los talentos que Dios nos ha dado, por medio de nuestra personalidad única, y en el poder del Espíritu Santo. También debe hacer una lista de oración a fin de orar por creyentes y no creyentes, pidiendo que Dios provea oportunidades para ministrarles.

*El estudiante debe haber completado toda la tarea de la lección 1 antes de la primera reunión.

Metas y objetivos del curso

Los cursos de FLET se ajustan al siguiente fin institucional: «Hacer que cada pastor y líder congregacional entienda y cumpla los propósitos de Cristo para su iglesia».

Propósito

Confiamos en que el lector serio, al concluir esta obra introductoria, entenderá los temas básicos del iglecrecimiento a fin de reflexionar con inteligencia en cuanto a sus aspectos principales, lo cual le ha de motivar a contribuir al crecimiento de la iglesia local, así como a poner en práctica algunos principios valiosos para toda congregación. Deseamos que entiendan bien la teoría para que puedan llevarla a la práctica. Esperamos que el lector averigüe más acerca del tema y comience a implementarlo. Que cualquier beneficio obtenido de esta lectura se emplee para la gloria de Dios y la extensión de su reino.

Metas

El alumno, al finalizar este estudio:

1. Comprenderá los principios fundamentales del iglecrecimiento.
2. Se sentirá motivado a contribuir de manera personal (y en el contexto corporativo) al crecimiento de la iglesia local (y universal).
3. Aportará de manera bíblica, concreta y contemporánea al crecimiento de su iglesia local (o participará en la fundación de una nueva obra).

La contribución del alumno debe ser:

Bíblica: La contribución del alumno debe ajustarse a los principios bíblicos para iglesias e individuos.

Concreta: La contribución del estudiante debe ser específica y concreta no meramente teórica (aunque debe tener un concepto filosófico o principio como base).

Contextualizada: La contribución debe complementar y dirigirse a la situación *actual* de la iglesia, sin alterar los principios bíblicos mismos.

Objetivos

El estudiante podrá:

1. Demostrar su conocimiento acerca de los conceptos de iglecrecimiento:

   A. Explicando ocho ideas derivadas del texto.
   B. Aprendiendo los principios de las treinta y dos gráficas incluidas en esta materia.
   C. Aprobando el examen correspondiente.

2. Comenzar a crear un archivo relativo a iglecrecimiento que incluya las siguientes facetas:

   A. Principios para el iglecrecimiento enseñados en la Biblia.
   B. Principios para iglecrecimiento obtenidos de otras fuentes y disciplinas: por ejemplo: otros pastores, textos acerca de iglecrecimiento, libros de administración de empresas u organizaciones, recursos de la comunicación y el buen uso del tiempo así como otros materiales similares.
   C. Reflexiones propias acerca de los principios, su aplicación y resultados o consecuencias.
   D. Reflexiones acerca de los cambios en su manera de pensar en cuanto al iglecrecimiento. Aquí se deben incluir las ideas mejor cimentadas, áreas en las cuales ha cambiado su forma de pensar, nuevos principios sacados a relucir en el curso.

3. Contribuirá al crecimiento de la congregación en la siguiente forma (u otra aprobada por el pastor o liderazgo de la iglesia):

Implementará un plan para aumentar la membresía de la iglesia (por ejemplo: 25% en el transcurso de un año). Dicho plan debe incluir investigación, recursos, objetivos, integrantes, entrenamiento, evaluación; y debe ser aprobado por el pastor o el liderazgo de la iglesia.

Tareas

1. El alumno leerá por lo menos 300 páginas referentes al tema del iglecrecimiento, puede incluir este libro de texto (véase la bibliografía comentada para sugerencias adicionales).

2. El alumno rendirá una prueba para cada lección acerca de las enseñanzas de las cuatro gráficas en la guía del estudiante. El alumno reproducirá la gráfica lo suficiente como para explicar el principio. Por esto recibirá 80 puntos (10 por la gráfica y 10 por la explicación). Además, obtendrá 20 puntos por completar la sección Expresión de cada lección, y así completar los 100 puntos de la prueba. [Nota: el alumno individual tendrá que cumplir este requisito a solas. Escribirá la información, la comprobará con el texto y escribirá su nota en la hoja de calificaciones. Luego, enviará una copia de la hoja de calificación con su examen final a la sede de FLET.]

3. El estudiante desarrollará ocho principios pertinentes al iglecrecimiento (véase la sección Expresión en cada lección de la guía del alumno). El alumno individual enviará una copia de sus conceptos e información acompañante a la sede de FLET junto con su examen final.

4. El estudiante presentará un diario o archivo como se detalla bajo el objetivo número 2 citado. El facilitador asegurará

que el alumno trabaje dicho diario pero no tiene que leerlo ya que queremos que el alumno sienta libertad para escribir lo que piensa y siente. [Nota: el alumno individual enviará comprobante de haber cumplido este requisito junto con su examen final a la sede de FLET. No tiene que enviar copia del diario, solo la información suficiente para comprobar que lo hizo.]

5. El alumno preparará un plan para el crecimiento de la iglesia conforme al objetivo número 3. Se espera que el estudiante desarrolle el plan y comience a implementar algo del mismo. No obstante no se requiere necesariamente alcanzar el 25% por ciento de crecimiento propuesto como estándar y meta.

Una copia de dicho plan debe ser enviada a la sede de FLET en Miami.

Examen final
El alumno se preparará y tomará un examen final que evalúa su conocimiento acerca del iglecrecimiento.

Calificaciones
10% Lectura
15% Examen
25% Participación semanal (prueba semanal y la sección Expresión)
20% Diario o archivo
25% Plan para el crecimiento

Definición de iglecrecimiento

Escriba la respuesta y el número de la página donde la descubrió. En un segundo paso usted escribirá de tres a diez preguntas propias. Por lo tanto, cuando tenga una pregunta nueva basada en el material del capítulo o en las interrogantes que planteamos a continuación, escríbala en su cuaderno a fin de compartirla después con el grupo. Si cursa bajo la modalidad individual, trate de descubrir la respuesta a su pregunta con la ayuda del texto, con la Biblia, en otros libros de referencia o consultando a un maestro de la Biblia o su pastor. Sin embargo, antes de acudir a esas fuentes, trate de solucionar la cuestión reflexionando sobre el mismo texto bíblico. Escriba las posibles respuestas a su pregunta en su libreta, luego compárelas con lo que dicen las otras fuentes consultadas.

Diez preguntas
(Consulte su texto para hallar las respuestas.)

1. ¿A quiénes pudiera interesar el estudio del crecimiento de la iglesia? ¿Por qué?

2. ¿En qué se parece el estudioso del iglecrecimiento al agricultor?

3. Analice Hechos 2.47. ¿Qué afirma acerca del crecimiento de la iglesia?

4. ¿Cuáles son algunas de las preguntas básicas que se plantea el que estudia iglecrecimiento? ¿Cuáles agregaría usted?

5. ¿Qué piensa de la definición de iglecrecimiento que da Carlos Miranda en este capítulo?

6. ¿Cuál es la fuente principal del estudio del iglecrecimiento?

7. ¿Qué aporte hacen al iglecrecimiento la sociología y la teoría organizacional?

8. ¿Qué es un principio universal?

9. ¿Qué elementos combina el estudio de esta materia?

10. Enumere varios tipos de crecimiento en la iglesia.

• Escriba de tres a diez preguntas propias con sus posibles respuestas.

Dibujos explicativos

Estos dibujos o gráficos han sido diseñados a fin de proveerle una manera sencilla de organizar y memorizar los puntos esenciales del capítulo. Tome una hoja de papel cualquiera y reproduzca los dibujos de cinco a siete veces mientras piensa en el significado de cada cuadro. Luego tome una hoja en blanco y reproduzca el dibujo de memoria junto con una breve explicación de su significado. Hemos provisto estas sencillas ilustraciones principalmente para aquellos que creen que no dibujan bien. Si tiene talento para el dibujo (o deseos, al menos), haga sus propios diseños a fin de memorizar los puntos principales.

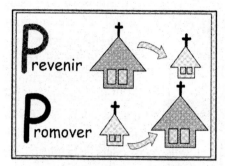

Explicación: El estudio del iglecrecimiento puede ayudar tanto a prevenir el estancamiento como a promover que la iglesia crezca y progrese en su ministerio. Esta materia trata de discernir los principios bíblicos para el buen funcionamiento de la Iglesia de Jesucristo y promover la salud y eficacia de la misma. Hasta que Cristo venga nuevamente, su iglesia buscará las formas más responsables y efectivas de conducir su actividad ministerial *a fin de perfeccionar a los santos para la obra del ministerio, para la edificación del cuerpo de Cristo* (Efesios 4.12).

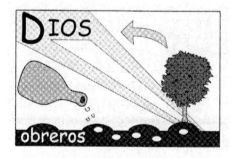

Explicación: El estudioso del iglecrecimiento se parece mucho a un agricultor. Labra la tierra, planta la semilla y la riega, pero entiende en todo momento que el crecimiento viene de parte de Dios. *Yo planté, Apolos regó; pero el crecimiento lo ha dado Dios. Así que ni el que planta es algo, ni el que riega, sino Dios, que da el crecimiento. Y el que planta y el que riega son una misma cosa; aunque cada uno recibirá su recompensa conforme a su labor. Porque nosotros somos colaboradores de Dios, y vosotros sois labranza de Dios...* (1 Corintios 3.6-9).

Explicación: El estudio del iglecrecimiento combina los principios obtenidos de un cuidadoso estudio de las Escrituras con el conocimiento de las ciencias sociales. En la Biblia Dios nos da pautas que nos ayudan a entender la naturaleza misionera de la iglesia. En ella encontramos los propósitos de Dios para su pueblo y su misión en el mundo. Las ciencias sociales también nos permiten aplicar la Palabra de Dios a la realidad de diferentes comunidades y diversos contextos para alcanzar una mayor efectividad en el ministerio.

Explicación: El iglecrecimiento integral toma en cuenta el crecimiento tanto en su aspecto cualitativo como en el cuantitativo. Nunca debe «diluirse la fe» por querer tener más gente en la iglesia. La meta es «hacer discípulos» fieles y comprometidos para alcanzar con ellos a los perdidos y multiplicar los discípulos. El Señor nos manda a buscar las almas perdidas y reconciliar al mundo con Él. ¡La calidad siempre ha de reflejarse también en el deseo de multiplicar la cantidad!

Expresión: El alumno comunicará un principio o lección de su autoría pertinente al iglecrecimiento, el cual haya desarrollado por su estudio. Dicha idea, principio o lección puede referirse a la evangelización o a la edificación del creyente. Por ejemplo, puede tratar algunas ideas para clases de nuevos miembros en las que se

les inculquen principios de iglecrecimiento y filosofía de ministerio a los que desean ser miembros de la iglesia local. También
puede referirse a ideas para la evangelización pertinentes al contexto del alumno y su iglesia local. Al final de este curso, cada
alumno debe haber desarrollado al menos ocho ideas o principios
propios acerca del iglecrecimiento. Para cumplir con esta faceta
del estudio:

1. Cada alumno comunicará su idea o principio en forma
   breve, de modo que todos puedan sacar a la luz su pensamiento. [Nota: Se debe hacer esto en forma breve y concisa a fin de que todos participen y discutan las ideas
   principales en detalles, como se instruye en el paso a continuación.]

2. Explorarán, en calidad de grupo, cómo implementar una
   o dos de las ideas expresadas [Nota: si hay tiempo pueden discutirlas todas]. Se debe nombrar un secretario (se
   sugiere que sea siempre la misma persona) para que escriba las mejores ideas. Estas no tienen que ser complicadas. Puede ser algo tan sencillo como hacer llamadas telefónicas a personas que han faltado a la iglesia por mucho tiempo.

3. El grupo hará el propósito de tratar de implementar por lo
   menos una de las ideas durante la semana que sigue. En la
   próxima reunión los participantes explicarán cómo les fue
   con la aplicación de la idea.

4. Los participantes orarán unos por otros y también por sus
   respectivas iglesias. También pueden orar por las personas
   a las que les están testificando, por los recién convertidos, y
   por aquellos que aun quieren alcanzar.

Nota: El alumno que está haciendo el estudio en la modalidad individual debe reunirse en ocho ocasiones con alguna persona calificada (pastor, anciano de la iglesia, director de evangelismo o educación cristiana, etc.) a fin de cumplir con los requisitos mencionados. Así que dichos requisitos serán iguales, excepto que la reunión será con una persona (o varias) y no con el grupo de estudio.

Conceptos erróneos acerca de iglecrecimiento

Escriba la respuesta y el número de la página donde la descubrió. En un segundo paso usted escribirá de tres a diez preguntas propias. Por lo tanto, cuando tenga una pregunta nueva basada en el material del capítulo o en las interrogantes que planteamos a continuación, escríbala en su cuaderno a fin de compartirla después con el grupo. Si cursa bajo la modalidad individual, trate de descubrir la respuesta a su pregunta con la ayuda del texto, con la Biblia, en otros libros de referencia o consultando a un maestro de la Biblia o su pastor. Sin embargo, antes de acudir a esas fuentes, trate de solucionar la cuestión reflexionando sobre el mismo texto bíblico. Escriba las posibles respuestas a su pregunta en su libreta, luego compárelas con lo que dicen las otras fuentes consultadas.

Diez preguntas
(Consulte su texto para hallar las respuestas.)

1. ¿Por qué es importante conocer bien las desviaciones del verdadero iglecrecimiento?

2. ¿Qué recomienda Pablo para analizar si un concepto es verdadero o falso, bueno o malo?

3. Explique el concepto erróneo llamado «numerolatría».

4. ¿En qué manera nos ayudan los números y las estadísticas? Dé ejemplos.

5. ¿Qué puede pasarle a la iglesia que solo enfatiza lo práctico?

6. Examine Mateo 25.14-30. ¿Qué nos enseña esta parábola?

7. ¿Por qué acusan al iglecrecimiento de ser discriminatorio?

8. ¿En qué aspectos se puede comparar una iglesia con un negocio?

9. ¿Cómo responder ante la acusación de que hay falta de espiritualidad en aquellos que utilizan el iglecrecimiento?

10.¿En qué se parecen el vago y el gnóstico dualista en cuanto al iglecrecimiento? ¿Por qué?

• Escriba de tres a diez preguntas propias con sus posibles respuestas.

Dibujos explicativos

Estos dibujos o gráficos han sido diseñados a fin de proveerle una manera sencilla de organizar y memorizar los puntos esenciales del capítulo. Tome una hoja de papel cualquiera y reproduzca los dibujos de cinco a siete veces mientras piensa en el significado de cada cuadro. Luego tome una hoja en blanco y reproduzca el dibujo de memoria junto con una breve explicación de su significado. Hemos provisto estas sencillas ilustraciones principalmente para aquellos que creen que no dibujan bien. Si tiene talento para el dibujo (o deseos, al menos), haga sus propios diseños a fin de memorizar los puntos principales.

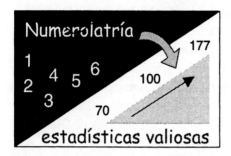

Explicación: Todo ente u objeto al que se le exagera su valor se convierte en un ídolo. El uso de los números y las estadísticas puede ser muy útil para la iglesia si se entiende cómo se deben usar y qué utilidad tienen. Si se enfatizan los números desmedidamente, se pierde el significado de lo que pueden enseñar e incluso llegar a caer en la «numerolatría».

Explicación: Es importante recordar que en el iglecrecimiento es la iglesia creciendo como tal. La iglesia no debe crecer en contradicción con su naturaleza y sus finalidades ordenadas por Dios. La congregación de los santos no es un club social, ni una empresa, ni un negocio, aunque pudiera tener algunas características parecidas. El libro *La iglesia en que sirvo,* de Alberto Barrientos (FLET), es muy útil para obtener una visión completa y bíblica de lo que es la iglesia por definición.

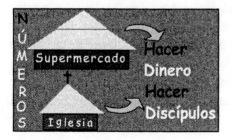

Explicación: Frente a la acusación que algunos lanzan contra el iglecrecimiento respecto a que utiliza con exageración los estudios de mercadeo y que se asemeja al mundo empresarial, debemos recordar que las finalidades de ambas entidades son muy distintas. Los números pueden ser usados para bien o para mal, pero en sí mismos no son ni buenos ni malos. El negocio, como tal, busca sacar una ganancia y llenarse los bolsillos. ¡La iglesia emplea los números como una herramienta que la ayuda a mejorar su ministerio para alcanzar a otros para Cristo y a fin de hacer discípulos para la gloria de Dios!

Explicación: La Palabra de Dios señala en Isaías 54.2-3: «Ensancha el sitio de tu tienda, y las cortinas de tus habitaciones sean extendidas; no seas escasa; alarga tus cuerdas, y refuerza tus estacas. Porque te extenderás a la mano derecha y a la mano izquierda; y tu descendencia heredará naciones, y habitará las ciudades asoladas». La Biblia emplea la imagen de una carpa o tienda. Dios mismo, a través del profeta, instó a su pueblo a ensanchar, extender, alargar y reforzar la tienda. El mandato es el mismo para la iglesia de hoy: Hay que extender el reino de Dios a través de todos los ministerios de la iglesia, y buscar el crecimiento integral en todos los sentidos.

Expresión: El alumno comunicará un principio o lección de su autoría pertinente al iglecrecimiento, el cual haya desarrollado por su estudio. Dicha idea, principio o lección puede referirse a la evangelización o a la edificación del creyente. Por ejemplo, puede tratar algunas ideas para clases de nuevos miembros en las que se les inculquen principios de iglecrecimiento y filosofía de ministerio a los que desean ser miembros de la iglesia local. También puede referirse a ideas para la evangelización pertinentes al contexto del alumno y su iglesia local. Al final de este curso, cada alumno debe haber desarrollado al menos ocho ideas o principios propios acerca del iglecrecimiento. Para cumplir con esta faceta del estudio:

1. Cada alumno comunicará su idea o principio en forma breve, de modo que todos puedan sacar a la luz su pensamiento. [Nota: Se debe hacer esto en forma breve y concisa a fin de que todos participen y discutan las ideas principales en detalles, como se instruye en el paso a continuación.]

2. Explorarán, en calidad de grupo, cómo implementar una o dos de las ideas expresadas [Nota: si hay tiempo pueden discutirlas todas]. Se debe nombrar un secretario (se sugiere que sea siempre la misma persona) para que escriba las mejores ideas. Estas no tienen que ser complicadas. Puede ser algo tan sencillo como hacer llamadas telefónicas a personas que han faltado a la iglesia por mucho tiempo.

3. El grupo hará el propósito de tratar de implementar por lo menos una de las ideas durante la semana que sigue. En la próxima reunión los participantes explicarán cómo les fue con la aplicación de la idea.

4. Los participantes orarán unos por otros y también por sus respectivas iglesias. También pueden orar por las personas a las que les están testificando, por los recién convertidos, y por aquellos que aun quieren alcanzar.

Nota: El alumno que está haciendo el estudio en la modalidad individual debe reunirse en ocho ocasiones con alguna persona calificada (pastor, anciano de la iglesia, director de evangelismo o educación cristiana, etc.) a fin de cumplir con los requisitos mencionados. Así que dichos requisitos serán iguales, excepto que la reunión será con una persona (o varias) y no con el grupo de estudio.

Historia y literatura acerca de iglecrecimiento

Escriba la respuesta y el número de la página donde la descubrió. En un segundo paso usted escribirá de tres a diez preguntas propias. Por lo tanto, cuando tenga una pregunta nueva basada en el material del capítulo o en las interrogantes que planteamos a continuación, escríbala en su cuaderno a fin de compartirla después con el grupo. Si cursa bajo la modalidad individual, trate de descubrir la respuesta a su pregunta con la ayuda del texto, con la Biblia, en otros libros de referencia o consultando a un maestro de la Biblia o su pastor. Sin embargo, antes de acudir a esas fuentes, trate de solucionar la cuestión reflexionando sobre el mismo texto bíblico. Escriba las posibles respuestas a su pregunta en su libreta, luego compárelas con lo que dicen las otras fuentes consultadas.

Diez preguntas
(Consulte su texto para hallar las respuestas.)

1. ¿Qué papel juega el día de Pentecostés en el iglecrecimiento?

2. ¿En que país de Asia germinó el estudio del iglecrecimiento moderno?

3. ¿Cuál fue el primer libro que escribió Donald McGavran?

4. ¿Quién es el autor y misionero más prolífico en literatura acerca de iglecrecimiento?

5. ¿Qué seminario estadounidense creó el Instituto de Iglecrecimiento en el que muchos estudiosos del mundo entero cursan estudios?

6. ¿Es cierto que el estudio del iglecrecimiento es una disciplina muy antigua?

7. ¿Por qué cree usted que la antropología cultural es importante para la misionología?

8. ¿Cuál es el libro que más recomienda nuestro autor?

9. ¿Cuál es el estudio de iglecrecimiento que analizó a más de 1000 iglesias?

10. ¿Cuál otro estudio de iglecrecimiento tiene FLET-LOGOI? (Véase catálogo.)

• Escriba de tres a diez preguntas propias con sus posibles respuestas.

Dibujos explicativos

Estos dibujos o gráficos han sido diseñados a fin de proveerle una manera sencilla de organizar y memorizar los puntos esenciales del capítulo. Tome una hoja de papel cualquiera y reproduzca los dibujos de cinco a siete veces mientras piensa en el significado de cada cuadro. Luego tome una hoja en blanco y reproduzca el dibujo de memoria junto con una breve explicación de su significado. Hemos provisto estas sencillas ilustraciones principalmente para aquellos que creen que no dibujan bien. Si tiene talento para el dibujo (o deseos, al menos), haga sus propios diseños a fin de memorizar los puntos principales.

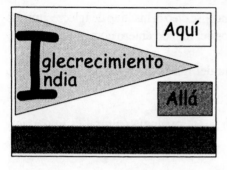

Explicación: El Dr. Donald McGavran es considerado el padre del iglecrecimiento moderno. Comenzó sus estudios de esta disciplina en el campo misionero de la India. La pregunta que McGavran se hacía era: ¿Por qué las iglesias crecen con éxito en algunos lugares y en otros el crecimiento parece casi nulo? Observó los factores de las castas sociales, la relación de la acción social con la evangelización y la estrechez del individualismo occidental, entre otros.

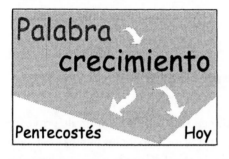

Explicación: En el día de Pentecostés la palabra es predicada con la fuerza del Espíritu Santo y el resultado fue que miles de almas se convirtieron a los caminos del Señor. El poder que Jesús les prometió a sus discípulos antes de su ascensión llegó para que pudieran llevar a cabo lo que dice Hechos 1.8: *Pero recibiréis poder cuando haya venido sobre vosotros el Espíritu Santo, y me seréis testigos en Jerusalén, en toda Judea, en Samaria, y hasta lo último de la tierra.* ¡Esta promesa sigue vigente hoy!

Explicación: Comenzó con la visión de renovar las iglesias establecidas para que fueran más evangelizadoras y más dinámicas. El énfasis era movilizar a los cristianos para que realizaran la tarea de la Gran Comisión. Luego se enfocó en aquellas estrategias que podían producir más crecimiento numérico a la iglesia. Aquí el énfasis era descubrir los elementos vitales de la materia y diseñar una metodología que condujera al crecimiento. Hoy se piensa más en términos de efectividad ministerial en la iglesia local. El iglecrecimiento hoy ayuda a pensar y actuar en una forma congruente con la efectividad del ministerio, partiendo de los mandatos bíblicos para toda iglesia y reconociendo los específicos del contexto local.

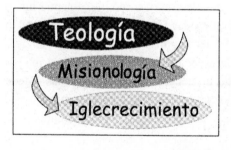

Explicación: El estudio del iglecrecimiento se desprende como una rama de la misionología que, a su vez, deriva de la teología. En este sentido el estudio del iglecrecimiento como disciplina formal es bastante reciente. Muchos seminarios teológicos e institutos bíblicos han reconocido la necesidad de implementar su uso como parte del currículo ordinario de sus programas. Aunque uno pueda especializarse en iglecrecimiento, es importante contar también con un trasfondo aceptable en la rama de la misionología y en el tronco de la teología.

Expresión: El alumno comunicará un principio o lección de su autoría pertinente al iglecrecimiento, el cual haya desarrollado por su estudio. Dicha idea, principio o lección puede referirse a la evangelización o a la edificación del creyente. Por ejemplo, puede tratar algunas ideas para clases de nuevos miembros en las que se les inculquen principios de iglecrecimiento y filosofía de ministerio a los que desean ser miembros de la iglesia local. También puede referirse a ideas para la evangelización pertinentes al contexto del alumno y su iglesia local. Al final de este curso, cada alumno debe haber desarrollado al menos ocho ideas o principios propios acerca del iglecrecimiento. Para cumplir con esta faceta del estudio:

1. Cada alumno comunicará su idea o principio en forma breve, de modo que todos puedan sacar a la luz su pensamiento. [Nota: Se debe hacer esto en forma breve y concisa a fin de que todos participen y discutan las ideas principales en detalles, como se instruye en el paso a continuación.]

2. Explorarán, en calidad de grupo, cómo implementar una o dos de las ideas expresadas [Nota: si hay tiempo pueden discutirlas todas]. Se debe nombrar un secretario (se sugiere que sea siempre la misma persona) para que escriba las mejores ideas. Estas no tienen que ser complicadas. Puede ser algo tan sencillo como hacer llamadas telefónicas a personas que han faltado a la iglesia por mucho tiempo.

3. El grupo hará el propósito de tratar de implementar por lo menos una de las ideas durante la semana que sigue. En la próxima reunión los participantes explicarán cómo les fue con la aplicación de la idea.

4. Los participantes orarán unos por otros y también por sus respectivas iglesias. También pueden orar por las personas

a las que les están testificando, por los recién convertidos, y por aquellos que aun quieren alcanzar.

Nota: El alumno que está haciendo el estudio en la modalidad individual debe reunirse en ocho ocasiones con alguna persona calificada (pastor, anciano de la iglesia, director de evangelismo o educación cristiana, etc.) a fin de cumplir con los requisitos mencionados. Así que dichos requisitos serán iguales, excepto que la reunión será con una persona (o varias) y no con el grupo de estudio.

Lección 4

Bases bíblicas y teológicas del iglecrecimiento

Escriba la respuesta y el número de la página donde la descubrió. En un segundo paso usted escribirá de tres a diez preguntas propias. Por lo tanto, cuando tenga una pregunta nueva basada en el material del capítulo o en las interrogantes que planteamos a continuación, escríbala en su cuaderno a fin de compartirla después con el grupo. Si cursa bajo la modalidad individual, trate de descubrir la respuesta a su pregunta con la ayuda del texto, con la Biblia, en otros libros de referencia o consultando a un maestro de la Biblia o su pastor. Sin embargo, antes de acudir a esas fuentes, trate de solucionar la cuestión reflexionando sobre el mismo texto bíblico. Escriba las posibles respuestas a su pregunta en su libreta, luego compárelas con lo que dicen las otras fuentes consultadas.

Diez preguntas
(Consulte su texto para hallar las respuestas.)

1. ¿Bajo qué rama de la teología radica el estudio del iglecrecimiento?

2. ¿Qué pasajes bíblicos apoyan la idea de que la Iglesia es como un edificio?

3. Explique por qué se dice que los cristianos somos «piedras vivas».

4. ¿Cómo se usa la imagen del cuerpo de Cristo para referirse a la Iglesia en la Biblia?

5. ¿Qué nos dice 1 Corintios 3.6-9 acerca de la Iglesia como planta?

6. Examine Mateo 21.33-34. ¿Qué nos enseña esta parábola?

7. ¿Cuáles son las cinco funciones de la iglesia saludable según el análisis de Hechos 2.42-47?

8. ¿En qué sentido es el discípulo de Jesús como un niño?

9. ¿En qué forma servía la Iglesia primitiva?, según se describe en Hechos.

10. ¿Cuáles otros pasajes en el libro de los Hechos relatan el crecimiento de la iglesia y la expansión del evangelio? Dé algunos ejemplos concretos.

• Escriba de tres a diez preguntas propias con sus posibles respuestas.

Dibujos explicativos

Estos dibujos o gráficos han sido diseñados a fin de proveerle una manera sencilla de organizar y memorizar los puntos esenciales del capítulo. Tome una hoja de papel cualquiera y reproduzca los dibujos de cinco a siete veces mientras piensa en el significado de cada cuadro. Luego tome una hoja en blanco y reproduzca el dibujo de memoria junto con una breve explicación de su significado. Hemos provisto estas sencillas ilustraciones principalmente para aquellos que creen que no dibujan bien. Si tiene talento para el dibujo (o deseos, al menos), haga sus propios diseños a fin de memorizar los puntos principales.

Explicación: Ser iglesia abarca estar en misión. «La iglesia es a la misión lo que el fuego a la combustión.» Cuando relegamos la misión de la iglesia a un departamento de lo que ella hace, dejamos de operar como tal. La existencia de la iglesia implica involucrarse en la misión de los propósitos redentores de Dios para el mundo.

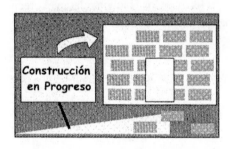

Explicación: Una de las imágenes centrales del Nuevo Testamento para describir a la iglesia es la del edificio o la de una edificación que está siendo construida por Dios. Los cristianos constituimos los ladrillos vivientes, cual «piedras vivas», de aquel santo templo que construye el soberano Creador. Esta manera de describir a la iglesia muestra el interés de Dios en seguir añadiendo ladrillos al edificio, lo que indica que la labor aún no está terminada (Efesios 2).

Explicación: Hechos 2.42-47 describe la actividad de la Iglesia primitiva poco después del día de Pentecostés. Según este pasaje había cinco funciones principales en las que la iglesia se desenvolvía: discipulado, adoración, comunión, servicio y evangelización o evangelismo. La iglesia de hoy continúa desarrollando esas cinco funciones. Aquella que las mantiene operando en equilibrio, casi siempre resulta ser una iglesia viva, dinámica y saludable.

Explicación: La práctica de la evangelización en la iglesia es una de las funciones de las que más se habla y menos se hace. Evangelizar implica la *presencia* de los cristianos en todas las esferas de la vida para dar testimonio de la venida del reino de Dios. Implica además la *proclamación* de la Palabra de Dios por todos los medios posibles. Y por último, implica la *persuasión* del oyente, como la ejecutaba Pablo en el Areópago de Atenas y en sus epístolas.

Expresión: El alumno comunicará un principio o lección de su autoría pertinente al iglecrecimiento, el cual haya desarrollado por su estudio. Dicha idea, principio o lección puede referirse a la evangelización o a la edificación del creyente. Por ejemplo, puede tratar algunas ideas para clases de nuevos miembros en las que se les inculquen principios de iglecrecimiento y filosofía de ministerio a los que desean ser miembros de la iglesia local. También puede referirse a ideas para la evangelización pertinentes al contexto del alumno y su iglesia local. Al final de este curso, cada alumno debe haber desarrollado al menos ocho ideas o principios propios acerca del iglecrecimiento. Para cumplir con esta faceta del estudio:

1. Cada alumno comunicará su idea o principio en forma breve, de modo que todos puedan sacar a la luz su pensamiento. [Nota: Se debe hacer esto en forma breve y concisa a fin de que todos participen y discutan las ideas principales en detalles, como se instruye en el paso a continuación.]

2. Explorarán, en calidad de grupo, cómo implementar una o dos de las ideas expresadas [Nota: si hay tiempo pueden discutirlas todas]. Se debe nombrar un secretario (se sugiere que sea siempre la misma persona) para que escriba las mejores ideas. Estas no tienen que ser complicadas. Puede ser algo tan sencillo como hacer llamadas telefónicas a personas que han faltado a la iglesia por mucho tiempo.

3. El grupo hará el propósito de tratar de implementar por lo menos una de las ideas durante la semana que sigue. En la próxima reunión los participantes explicarán cómo les fue con la aplicación de la idea.

4. Los participantes orarán unos por otros y también por sus respectivas iglesias. También pueden orar por las personas a las que les están testificando, por los recién convertidos, y por aquellos que aun quieren alcanzar.

Nota: El alumno que está haciendo el estudio en la modalidad individual debe reunirse en ocho ocasiones con alguna persona calificada (pastor, anciano de la iglesia, director de evangelismo o educación cristiana, etc.) a fin de cumplir con los requisitos mencionados. Así que dichos requisitos serán iguales, excepto que la reunión será con una persona (o varias) y no con el grupo de estudio.

Iglecrecimiento como desarrollo de la iglesia: Los sistemas abiertos

Escriba la respuesta y el número de la página donde la descubrió. En un segundo paso usted escribirá de tres a diez preguntas propias. Por lo tanto, cuando tenga una pregunta nueva basada en el material del capítulo o en las interrogantes que planteamos a continuación, escríbala en su cuaderno a fin de compartirla después con el grupo. Si cursa bajo la modalidad individual, trate de descubrir la respuesta a su pregunta con la ayuda del texto, con la Biblia, en otros libros de referencia o consultando a un maestro de la Biblia o su pastor. Sin embargo, antes de acudir a esas fuentes, trate de solucionar la cuestión reflexionando sobre el mismo texto bíblico. Escriba las posibles respuestas a su pregunta en su libreta, luego compárelas con lo que dicen las otras fuentes consultadas.

Diez preguntas
(Consulte su texto para hallar las respuestas.)

1. ¿Qué se entiende por sistemas abiertos en el iglecrecimiento?

2. ¿En qué sentido se emplean las palabras «organización» y «organismo» respecto a la Iglesia de Jesucristo?

3. ¿Cuál componente de la iglesia, según el autor, es el que más define un ministerio?

4. ¿Cómo le respondería a alguien que asegure que la organización de la iglesia es irrelevante ya que debe dejarse llevar por el Espíritu?

5. ¿Por qué le interesa —a la iglesia local que desea crecer— conocer el contexto o medio ambiente?

6. Defina las palabras: homeostasis y equifinalidad.

7. ¿Cómo puede ser la localidad un parámetro o marco relevante?

8. ¿Por qué es importante que los líderes vean todo el panorama del sistema?

9. ¿En qué sentido práctico puede demostrar que hay interdependencia entre las diferentes partes del ministerio de su iglesia? Dé un ejemplo.

10. ¿Cuál es la peor meta que puede tener una organización como la iglesia?

• Escriba de tres a diez preguntas propias con sus posibles respuestas.

Dibujos explicativos

Estos dibujos o gráficos han sido diseñados a fin de proveerle una manera sencilla de organizar y memorizar los puntos esenciales del capítulo. Tome una hoja de papel cualquiera y reproduzca los dibujos de cinco a siete veces mientras piensa en el significado de cada cuadro. Luego tome una hoja en blanco y reproduzca el dibujo de memoria junto con una breve explicación de su significado. Hemos provisto estas sencillas ilustraciones principalmente para aquellos que creen que no dibujan bien. Si tiene talento para el dibujo (o deseos, al menos), haga sus propios diseños a fin de memorizar los puntos principales.

Explicación: El sistema abierto considera las otras partes del sistema como los subsistemas y el medio ambiente o contexto. Un sistema cerrado simplemente mira hacia adentro y no toma en cuenta lo que pueda estar afectándole desde afuera. La perspectiva de los sistemas abiertos permite que la iglesia se prepare mejor para enfrentar los desafios ministeriales y aprovechar las oportunidades que se le presentan.

Explicación: Toda iglesia tiene un aspecto de su vida que constituye la parte visible e institucional organizacional. A la misma vez, dado que es un organismo, el cuerpo de Cristo tiene un aspecto invisible. Ambos aspectos forman parte de la Iglesia de Jesucristo. Lamentablemente algunos piensan que solo el lado invisible es el aspecto espiritual de la iglesia. Dondequiera que dos personas o más tratan de ejecutar alguna acción, ya están presentes algunos ingredientes de una organización. Sin este aspecto no podríamos lograr los propósitos de Dios en el mundo.

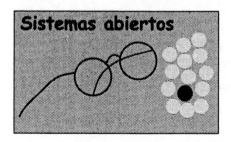

Explicación: Es importante para el liderazgo considerar las ventajas de los sistemas abiertos. Bajo esta perspectiva el líder puede ver todo el panorama y a la misma vez analizar un solo aspecto de la organización. Hay líderes que están tan enfocados en el árbol que no pueden ver el bosque. Esta herramienta de análisis ayuda mucho al liderazgo de la iglesia en su planificación, implementación y evaluación.

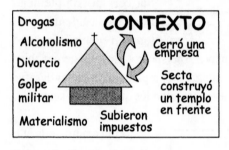

Explicación: Los sistemas abiertos ayudan a enfocar la relación entre la iglesia u organización y el medio ambiente en el que desarrolla sus ministerios e iniciativas. El entorno en el que se mueve la iglesia afectará de muchas maneras su desarrollo, y a la vez buscará transformar el medio ambiente para el reino de Dios. ¡La iglesia que entiende la importancia de conocer su medio ambiente aumenta sus posibilidades para ser una iglesia de mayor impacto!

Expresión: El alumno comunicará un principio o lección de su autoría pertinente al iglecrecimiento, el cual haya desarrollado por su estudio. Dicha idea, principio o lección puede referirse a la evangelización o a la edificación del creyente. Por ejemplo, puede tratar algunas ideas para clases de nuevos miembros en las que se les inculquen principios de iglecrecimiento y filosofía de ministerio a los que desean ser miembros de la iglesia local. También puede referirse a ideas para la evangelización pertinentes al contexto del alumno y su iglesia local. Al final de este curso, cada alumno debe haber desarrollado al menos ocho ideas o principios propios acerca del iglecrecimiento. Para cumplir con esta faceta del estudio:

1. Cada alumno comunicará su idea o principio en forma breve, de modo que todos puedan sacar a la luz su pensamiento. [Nota: Se debe hacer esto en forma breve y concisa a fin de que todos participen y discutan las ideas principales en detalles, como se instruye en el paso a continuación.]

2. Explorarán, en calidad de grupo, cómo implementar una o dos de las ideas expresadas [Nota: si hay tiempo pueden discutirlas todas]. Se debe nombrar un secretario (se sugiere que sea siempre la misma persona) para que escriba las mejores ideas. Estas no tienen que ser complicadas. Puede ser algo tan sencillo como hacer llamadas telefónicas a personas que han faltado a la iglesia por mucho tiempo.

3. El grupo hará el propósito de tratar de implementar por lo menos una de las ideas durante la semana que sigue. En la próxima reunión los participantes explicarán cómo les fue con la aplicación de la idea.

4. Los participantes orarán unos por otros y también por sus respectivas iglesias. También pueden orar por las personas a las que les están testificando, por los recién convertidos, y por aquellos que aun quieren alcanzar.

Nota: El alumno que está haciendo el estudio en la modalidad individual debe reunirse en ocho ocasiones con alguna persona calificada (pastor, anciano de la iglesia, director de evangelismo o educación cristiana, etc.) a fin de cumplir con los requisitos mencionados. Así que dichos requisitos serán iguales, excepto que la reunión será con una persona (o varias) y no con el grupo de estudio.

Eficiencia ministerial: Ocho áreas de trabajo
Parte I: Cuatro elementos vitales

Escriba la respuesta y el número de la página donde la descubrió. En un segundo paso usted escribirá de tres a diez preguntas propias. Por lo tanto, cuando tenga una pregunta nueva basada en el material del capítulo o en las interrogantes que planteamos a continuación, escríbala en su cuaderno a fin de compartirla después con el grupo. Si cursa bajo la modalidad individual, trate de descubrir la respuesta a su pregunta con la ayuda del texto, con la Biblia, en otros libros de referencia o consultando a un maestro de la Biblia o su pastor. Sin embargo, antes de acudir a esas fuentes, trate de solucionar la cuestión reflexionando sobre el mismo texto bíblico. Escriba las posibles respuestas a su pregunta en su libreta, luego compárelas con lo que dicen las otras fuentes consultadas.

Diez preguntas
(Consulte su texto para hallar las respuestas.)

1. Nombre las ocho áreas vitales de trabajo en la iglesia.

2. ¿Por qué es determinante la visión de la iglesia? ¿Por qué llaman «bloque fundamental» a la visión?

3. ¿Cuáles son los ingredientes que recomienda el autor para comunicar la visión de la iglesia a otros?

4. Lea Efesios 4.11-16. ¿Qué afirma este pasaje acerca de la función del liderazgo?

5. Lea 1 Timoteo 3. ¿Cuáles son, según Pablo, algunas de las características que debe tener el líder en la iglesia?

6. ¿Cuál es la característica más sobresaliente del liderazgo de Jesús? Juan 13.

7. Según Wagenveld, ¿cuál es la diferencia entre un «líder corcho» y uno motivador?

8. ¿Qué papel juegan los dones del cuerpo ministrante en el iglecrecimiento?

9. ¿Qué es el principio del «sacerdocio de todos los creyentes»?

10. Enumere las tres T de la mayordomía cristiana.

• Escriba de tres a diez preguntas propias con sus posibles respuestas.

Dibujos explicativos

Estos dibujos o gráficos han sido diseñados a fin de proveerle una manera sencilla de organizar y memorizar los puntos esenciales del capítulo. Tome una hoja de papel cualquiera y reproduzca los dibujos de cinco a siete veces mientras piensa en el significado de cada cuadro. Luego tome una hoja en blanco y reproduzca el dibujo de memoria junto con una breve explicación de su significado. Hemos provisto estas sencillas ilustraciones principalmente para aquellos que creen que no dibujan bien. Si tiene talento para el dibujo (o deseos, al menos), haga sus propios diseños a fin de memorizar los puntos principales.

307

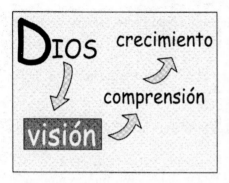

Explicación: «Sin visión no hay misión». La piedra angular de un ministerio creciente es una visión clara, enfocada y definida. Uno tiene que poder ver hacia donde Dios quiere que llegue para así emprender la marcha. Si toda la congregación tiene la misma visión ministerial y comparte los objetivos del liderazgo, la mitad de la batalla está ganada. La visión debe estar centrada en la Palabra de Dios y sus propósitos divinos para la iglesia.

Explicación: Es muy importante que la iglesia desarrolle una visión clara y sencilla para que la gente pueda captarla con facilidad. De esta manera será posible recordarla y comunicársela a los demás. Es aconsejable crear un lema que identifique la visión o una imagen que ayude a los hermanos a palpar la visión como se observa en el ejemplo de este dibujo. Este autor empleó una gráfica parecida a la de este dibujo, pero un poco más elaborada, con muy buenos resultados. Usted debe buscar ejemplos que se ajusten al contexto en el que su iglesia desarrolla su ministerio.

Explicación: El modelo de liderazgo que presenta Efesios 4.11-12 es increíblemente poderoso para el crecimiento y la edificación del Cuerpo de Cristo, su Iglesia. A nivel de congregación local podemos entender que el liderazgo es puesto por Dios con un mandato específico de perfeccionar a la membresía para la obra del ministerio. La Palabra de Dios es clara en que el ministerio de la iglesia lo ejerce toda la congregación. La frase: «¡Para eso le pagamos al pastor!», no cabe en esta teología misional. Si los líderes desempeñan su labor de preparar y equipar a los creyentes para la obra del ministerio, entonces la edificación de la iglesia continuará.

Explicación: La iglesia creciente se caracteriza por estar siempre al borde de sus recursos. Constantemente utiliza todo el tiempo, talento y tesoro de la congregación en forma misional para llevar a cabo los propósitos de Dios en el mundo. Es tarea del liderazgo y del cuerpo ministrante practicar una mayordomía cristiana y bíblica que utilice los recursos que le pertenecen a Dios conforme a la visión que el Señor le haya dado a una congregación específica.

Expresión: El alumno comunicará un principio o lección de su autoría pertinente al iglecrecimiento, el cual haya desarrollado por su estudio. Dicha idea, principio o lección puede referirse a la evangelización o a la edificación del creyente. Por ejemplo, puede tratar algunas ideas para clases de nuevos miembros en las que se les inculquen principios de iglecrecimiento y filosofía de ministerio a los que desean ser miembros de la iglesia local. También puede referirse a ideas para la evangelización pertinentes al contexto del alumno y su iglesia local. Al final de este curso, cada alumno debe haber desarrollado al menos ocho ideas o principios propios acerca del iglecrecimiento. Para cumplir con esta faceta del estudio:

1. Cada alumno comunicará su idea o principio en forma breve, de modo que todos puedan sacar a la luz su pensamiento. [Nota: Se debe hacer esto en forma breve y concisa a fin de que todos participen y discutan las ideas principales en detalles, como se instruye en el paso a continuación.]

2. Explorarán, en calidad de grupo, cómo implementar una o dos de las ideas expresadas [Nota: si hay tiempo pueden discutirlas todas]. Se debe nombrar un secretario (se sugiere que sea siempre la misma persona) para que escriba las mejores ideas. Estas no tienen que ser complicadas. Puede ser algo tan sencillo como hacer llamadas telefónicas a personas que han faltado a la iglesia por mucho tiempo.

3. El grupo hará el propósito de tratar de implementar por lo menos una de las ideas durante la semana que sigue. En la próxima reunión los participantes explicarán cómo les fue con la aplicación de la idea.

4. Los participantes orarán unos por otros y también por sus respectivas iglesias. También pueden orar por las personas a las que les están testificando, por los recién convertidos, y por aquellos que aun quieren alcanzar.

Nota: El alumno que está haciendo el estudio en la modalidad individual debe reunirse en ocho ocasiones con alguna persona calificada (pastor, anciano de la iglesia, director de evangelismo o educación cristiana, etc.) a fin de cumplir con los requisitos mencionados. Así que dichos requisitos serán iguales, excepto que la reunión será con una persona (o varias) y no con el grupo de estudio.

Eficiencia ministerial: Ocho áreas de trabajo   Parte II: Cuatro áreas a trabajar

Escriba la respuesta y el número de la página donde la descubrió. En un segundo paso usted escribirá de tres a diez preguntas propias. Por lo tanto, cuando tenga una pregunta nueva basada en el material del capítulo o en las interrogantes que planteamos a continuación, escríbala en su cuaderno a fin de compartirla después con el grupo. Si cursa bajo la modalidad individual, trate de descubrir la respuesta a su pregunta con la ayuda del texto, con la Biblia, en otros libros de referencia o consultando a un maestro de la Biblia o su pastor. Sin embargo, antes de acudir a esas fuentes, trate de solucionar la cuestión reflexionando sobre el mismo texto bíblico. Escriba las posibles respuestas a su pregunta en su libreta, luego compárelas con lo que dicen las otras fuentes consultadas.

Diez preguntas
(Consulte su texto para hallar las respuestas.)

1. Nombre las cuatro áreas vitales de trabajo según este capítulo.

2. ¿Por qué se le da tanta importancia a la adoración en el iglecrecimiento?

3. ¿Qué medidas de crecimiento se pueden tomar durante un culto?

4. ¿Cuáles son las cuatro C del discipulado cristiano?

5. Enumere los elementos que constituyen la fe.

6. ¿Por qué es peligroso el énfasis excesivo en las emociones?

7. ¿Qué ingredientes debe tener un buen programa de educación cristiana?

8. ¿Qué ministerio provee buen cuidado pastoral y compañerismo a la vez?

9. ¿Cuál es el mejor método de evangelismo?

10. ¿En qué formas se relacionan la acción social y el evangelismo?

• Escriba de tres a diez preguntas propias con sus posibles respuestas.

Dibujos explicativos

Estos dibujos o gráficos han sido diseñados a fin de proveerle una manera sencilla de organizar y memorizar los puntos esenciales del capítulo. Tome una hoja de papel cualquiera y reproduzca los dibujos de cinco a siete veces mientras piensa en el significado de cada cuadro. Luego tome una hoja en blanco y reproduzca el dibujo de memoria junto con una breve explicación de su significado. Hemos provisto estas sencillas ilustraciones principalmente para aquellos que creen que no dibujan bien. Si tiene talento para el dibujo (o deseos, al menos), haga sus propios diseños a fin de memorizar los puntos principales.

Explicación: La adoración y la oración son partes fundamentales de lo que la Iglesia fue llamada a hacer. Nuestro Señor Jesucristo nos dijo que el Padre busca adoradores que le adoren en espíritu y en verdad. También nos enseñó a orar con palabras y con hechos. La congregación que menosprecia cualquiera de estas áreas vitales contradice la propia existencia de la Iglesia de Cristo. En el iglecrecimiento se entiende que es de suma importancia prestar mucha atención a la oración y la adoración. Es interesante observar que en castellano una palabra integra a la otra: ¡AD-ORACIÓN!

Explicación: El discípulo es un seguidor de Cristo que aprende cada vez más de Él y complementa eso con la obediencia correspondiente. Este proceso de discipulado resulta en un crecimiento espiritual que hace madurar. No puede haber crecimiento espiritual equilibrado si no se está creciendo en conocimiento, conducta, carácter y compromiso. Algunos erróneamente reemplazan la conducta y el carácter cristianos con el mero conocimiento del cristianismo y sus enseñanzas. Otros, igualmente equivocados, piensan que pueden tener un vida cristiana victoriosa sin conocimiento de las Escrituras. La clave radica en el equilibrio que corresponde y conduce a la madurez.

Com u nión
n i d a
Comuni d ad

Explicación: Los vocablos «comunión» y «unidad» forman la palabra comunidad. Es elemental, para la iglesia saludable y creciente, tener buena *koinonía* cristiana; si es que se quiere llegar a una verdadera comunidad de fe. ¡En la unidad está la fuerza! Cuando los hermanos se aman unos a otros y reciben a los nuevos con el mismo amor fraternal todos se contagian con el amor de Cristo. Jesús oraba para que sus discípulos fueran uno como Él y el Padre son uno (Juan 17). La unidad en la Trinidad crea la base bíblica para la unidad cristiana en la Iglesia.

Explicación: La iglesia centrada en Cristo busca asumir un testimonio integral frente a su comunidad y el mundo. Ese testimonio implica evangelizar y hacer acción social, algo así como los dos filos de una tijera. Otros ejemplos usuales para esto son las alas de un mismo pájaro, o los dos remos de un mismo barco.

La aislada proclamación de la palabra, sin el acompañamiento del amor y el servicio cristiano puede presentar un retrato incompleto del cristianismo ante el mundo. La acción social no agrega poder a la Palabra ni tampoco reemplaza la comunicación de las buenas nuevas. Sin dudas, el mensaje salvífico opera en base a sus propios méritos y mediante la obra de Dios en aquellos que aún no han creído. No obstante la acción social complementa la evangelización y brinda un buen testimonio ante el mundo.

Expresión: El alumno comunicará un principio o lección de su autoría pertinente al iglecrecimiento, el cual haya desarrollado por su estudio. Dicha idea, principio o lección puede referirse a la evangelización o a la edificación del creyente. Por ejemplo, puede tratar algunas ideas para clases de nuevos miembros en las que se les inculquen principios de iglecrecimiento y filosofía de ministerio a los que desean ser miembros de la iglesia local. También puede referirse a ideas para la evangelización pertinentes al contexto del alumno y su iglesia local. Al final de este curso, cada alumno debe haber desarrollado al menos ocho ideas o principios propios acerca del iglecrecimiento. Para cumplir con esta faceta del estudio:

1. Cada alumno comunicará su idea o principio en forma breve, de modo que todos puedan sacar a la luz su pensamiento. [Nota: Se debe hacer esto en forma breve y concisa a fin de que todos participen y discutan las ideas principales en detalles, como se instruye en el paso a continuación.]

2. Explorarán, en calidad de grupo, cómo implementar una o dos de las ideas expresadas [Nota: si hay tiempo pueden discutirlas todas]. Se debe nombrar un secretario (se sugiere que sea siempre la misma persona) para que escriba las mejores ideas. Estas no tienen que ser complicadas. Puede ser algo tan sencillo como hacer llamadas telefónicas a personas que han faltado a la iglesia por mucho tiempo.

3. El grupo hará el propósito de tratar de implementar por lo menos una de las ideas durante la semana que sigue. En la próxima reunión los participantes explicarán cómo les fue con la aplicación de la idea.

4. Los participantes orarán unos por otros y también por sus respectivas iglesias. También pueden orar por las personas

a las que les están testificando, por los recién convertidos, y por aquellos que aun quieren alcanzar.

Nota: El alumno que está haciendo el estudio en la modalidad individual debe reunirse en ocho ocasiones con alguna persona calificada (pastor, anciano de la iglesia, director de evangelismo o educación cristiana, etc.) a fin de cumplir con los requisitos mencionados. Así que dichos requisitos serán iguales, excepto que la reunión será con una persona (o varias) y no con el grupo de estudio.

Cambios a través del trabajo en equipo

Escriba la respuesta y el número de la página donde la descubrió. En un segundo paso usted escribirá de tres a diez preguntas propias. Por lo tanto, cuando tenga una pregunta nueva basada en el material del capítulo o en las interrogantes que planteamos a continuación, escríbala en su cuaderno a fin de compartirla después con el grupo. Si cursa bajo la modalidad individual, trate de descubrir la respuesta a su pregunta con la ayuda del texto, con la Biblia, en otros libros de referencia o consultando a un maestro de la Biblia o su pastor. Sin embargo, antes de acudir a esas fuentes, trate de solucionar la cuestión reflexionando sobre el mismo texto bíblico. Escriba las posibles respuestas a su pregunta en su libreta, luego compárelas con lo que dicen las otras fuentes consultadas.

Diez preguntas
(Consulte su texto para hallar las respuestas.)

1. Enumere las ocho características de un equipo que funciona bien.

2. ¿Por qué es importante la meta clara y elevadora?

3. ¿Por qué es tan importante que exista un ambiente de colaboración?

4. ¿Cuáles son las ocho características del proceso de cambio?

5. Explique, en base a su experiencia, por qué son dolorosos los cambios.

6. Explique la relación entre la iglesia, Dios y la comunidad.

7. Según este esquema, ¿Qué es *pasión*?

8. Según este esquema, ¿Qué significa *visión*?

9. Según este esquema, ¿Qué es *misión*?

10. ¿Qué es lo más importante que aprendió durante este curso?

• Escriba de tres a diez preguntas propias con sus posibles respuestas.

Dibujos explicativos

Estos dibujos o gráficos han sido diseñados a fin de proveerle una manera sencilla de organizar y memorizar los puntos esenciales del capítulo. Tome una hoja de papel cualquiera y reproduzca los dibujos de cinco a siete veces mientras piensa en el significado de cada cuadro. Luego tome una hoja en blanco y reproduzca el dibujo de memoria junto con una breve explicación de su significado. Hemos provisto estas sencillas ilustraciones principalmente para aquellos que crean que no dibujan bien. Si tiene talento para el dibujo (o deseos, al menos), haga sus propios diseños a fin de memorizar los puntos principales.

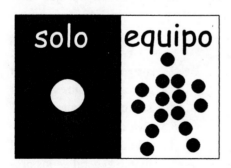

Explicación: Siempre se necesitará a aquellos que dirijan los esfuerzos de plantar y edificar iglesias, pero también hará falta mucha gente que se una al esfuerzo para lograr los resultados, es decir, pegar

319

un ladrillo a la vez. Recientemente se observa más receptividad al trabajo en equipo en pro de realizar una labor más efectiva. El hombre orquesta se está reemplazando por el director de orquesta. Ya se acabaron los días en que una sola persona hacía todo el trabajo. Es hora de que el liderazgo mueva a toda la congregación para efectuar la obra del ministerio. Por supuesto, siempre se requiere de un entrenador, un dirigente o un director técnico; pero los resultados se logran cuando todo el equipo se pone en marcha. Para ello hay que conocer cómo trabajar en equipo.

Explicación: Carl Larson, en su libro *Teamwork*, enumera ocho características de equipos que funcionan bien: 1. Una meta clara y elevadora. 2. Una estructura diseñada para lograr resultados. 3. Participantes competentes. 4. Compromiso conjunto. 5. Ambiente de colaboración. 6. Criterio de excelencia. 7. Apoyo externo y reconocimiento. 8. Liderazgo basado en principios. Wagenveld afirma: «Estas ocho características se observan como denominador común en todos los equipos que logran el éxito. Creo que estas características también son necesarias para los equipos que trabajan en el contexto de la iglesia del Señor».

Explicación: Wagenveld explica que el iglecrecimiento es integral si promueve una perspectiva que busque el crecimiento de la iglesia en el marco general de los propósitos de Dios para el mundo, la humanidad y el cosmos. Toma el reino de Dios como punto de partida y busca su extensión en todas las esferas de la vida con el impacto del evangelio de Jesucristo. El iglecrecimiento integral, según el autor, ocurre cuando *integramos* lo siguiente: 1. Todos los aspectos bíblicos de los propósitos redentores de Dios para su Iglesia. 2. Los principios bíblicos con la sabiduría de las ciencias sociales que le pertenecen al Dios Creador. 3. Todos los sistemas de la organización y el organismo que la definen. 4. Lo que Dios dice que somos por naturaleza con lo que tenemos por función. 5. La predicación con la obra, el evangelismo con el servicio, la proclamación con el amor. En fin, al integrar todos estos aspectos en forma multidimensional, tanto en el mandato evangelístico como en el cultural, la Iglesia de Cristo crece bajo el liderazgo de su Señor, que prometió: «Edificaré mi Iglesia».

Explicación: Wagenveld afirma que existe cierta interacción entre nuestra relación con Dios y con los demás (en el contexto de la iglesia y la comunidad). Luego explica la relevancia de la pasión, la visión y la misión en el iglecrecimiento. Pasión: La relación entre uno —como parte de la Iglesia— y Dios debe caracterizarse por una pasión por servirle a Él. Pasión es el compromiso total con la persona de Dios y sus propósitos redentores en el mundo. La comunidad observa esta pasión y la percibe como el testimonio de la iglesia.

Visión: Entender la relación entre Dios y lo que quiere para la comunidad, se llama visión. Es ver con los ojos de Dios. La iglesia ve lo que Dios está haciendo y queriendo hacer en el mundo, y se une a sus propósitos mediante la visión que el Señor mismo le ha permitido. Mirar con los ojos de Dios requiere un cambio de paradigma en nuestra forma de pensar y actuar.

Misión: La Iglesia tiene relación con la comunidad en términos de misión. La primera se proyecta hacia las necesidades que la circundan e intenta satisfacerlas en el nombre de Dios. El Señor, al observar esta relación, bendice su obediencia y guía su ministerio. Wagenveld concluye esta discusión con un reto: «Dios está obrando en el mundo alrededor nuestro. Sus propósitos se están cumpliendo. Ningún obstáculo puede frenar su santa voluntad. La pregunta que debemos hacernos es: "¿Estamos participando obedientemente en el plan que Dios tiene para el mundo y su Iglesia? ¿Estamos haciendo efectivamente nuestra parte según el llamado que Él nos hace?"»

Expresión: El alumno comunicará un principio o lección de su autoría pertinente al iglecrecimiento, el cual haya desarrollado por su estudio. Dicha idea, principio o lección puede referirse a la evangelización o a la edificación del creyente. Por ejemplo, puede tratar algunas ideas para clases de nuevos miembros en las que se les inculquen principios de iglecrecimiento y filosofía de ministerio a los que desean ser miembros de la iglesia local. También puede referirse a ideas para la evangelización pertinentes al contexto del alumno y su iglesia local. Al final de este curso, cada alumno debe haber desarrollado al menos ocho ideas o principios propios acerca del iglecrecimiento. Para cumplir con esta faceta del estudio:

1. Cada alumno comunicará su idea o principio en forma breve, de modo que todos puedan sacar a la luz su pensamiento. [Nota: Se debe hacer esto en forma breve y concisa a fin de que todos participen y discutan las ideas principales en detalles, como se instruye en el paso a continuación.]

2. Explorarán, en calidad de grupo, cómo implementar una o dos de las ideas expresadas [Nota: si hay tiempo pueden discutirlas todas]. Se debe nombrar un secretario (se sugiere que sea siempre la misma persona) para que escriba las mejores ideas. Estas no tienen que ser complicadas. Puede ser algo tan sencillo como hacer llamadas telefónicas a personas que han faltado a la iglesia por mucho tiempo.

3. El grupo hará el propósito de tratar de implementar por lo menos una de las ideas durante la semana que sigue. En la próxima reunión los participantes explicarán cómo les fue con la aplicación de la idea.

4. Los participantes orarán unos por otros y también por sus respectivas iglesias. También pueden orar por las personas a las que les están testificando, por los recién convertidos, y por aquellos que aun quieren alcanzar.

Nota: El alumno que está haciendo el estudio en la modalidad individual debe reunirse en ocho ocasiones con alguna persona calificada (pastor, anciano de la iglesia, director de evangelismo o educación cristiana, etc.) a fin de cumplir con los requisitos mencionados. Así que dichos requisitos serán iguales, excepto que la reunión será con una persona (o varias) y no con el grupo de estudio.

MANUAL PARA EL FACILITADOR

MANUAL PARA EL FACILITADOR

Los cursos de FLET se ajustan al siguiente fin institucional: «Hacer que cada pastor, y líder congregacional, entienda y cumpla los propósitos de Cristo para Su iglesia».

Este curso está diseñado, conforme a dicho propósito, para mejorar las capacidades del obrero cristiano en pro del crecimiento de su congregación (o de cualquier persona que quiera contribuir con ello).

Introducción

Este material ha sido preparado tanto para el uso individual como para grupos o peñas guiados por un facilitador, el cual orienta a un grupo de cinco a diez estudiantes a fin de que completen el curso. La tarea demandará esfuerzo de su parte, ya que, aun cuando el facilitador no es el instructor en sí (el libro de texto sirve de «maestro»), debe conocer bien el material, animar y dar aliento al grupo, y modelar la vida cristiana delante de los miembros de la peña.

La recompensa del facilitador vendrá, en parte, del buen sentir que experimentará al ver que está contribuyendo al crecimiento de otros, del privilegio de entrenar a otros y del fruto que llegará por la evangelización. El facilitador también debe saber que el Señor lo recompensará ampliamente por su obra de amor.

La responsabilidad, en este curso, recae en el alumno, sin embargo, el facilitador tendrá las siguientes (además de las descritas más adelante):

Introducción: Al principio de cada lección, el facilitador debe pedir que uno o varios voluntarios lean una porción del ensayo que hayan escrito. Esa porción puede representar algo que deseen destacar, algo sobre lo cual tienen dudas, o de lo que necesiten más información, a fin de comunicar mejor. Después de leer los alumnos aportarán sus opiniones.

Intercambio: El facilitador se asegurará de que exista un intercambio saludable en cada lección. Esto significa que los alumnos demuestren respeto mutuo y se ayuden entre sí a comprender la materia y completar sus ensayos. El facilitador sabrá que ha alcanzado su meta si los alumnos sienten libertad de compartir tanto sus éxitos como escritores como también sus dudas y errores sin temor de ser considerados orgullosos o necios.

Evaluación: El facilitador se encargará de evaluar si todos los alumnos han completado los ejercicios de cada lección y que estén al día en la redacción de su ensayo.

Facetas del programa FLET

A continuación encontramos las tres facetas principales del programa FLET: las lecciones, las reuniones y las expresiones.

1. **Las lecciones.** Ellas representan el aspecto del programa del cual el alumno es plenamente responsable. Sin embargo, aunque el estudiante debe leer el capítulo indicado y responder las preguntas, también debe reconocer que necesitará la ayuda de Dios para sacar el mayor provecho de cada porción del texto. Usted, como facilitador, debe informarles a los estudiantes que la calidad de la reunión

será realizada o minimizada según la calidad del interés, esfuerzo y comunión con Dios que el alumno tenga en su estudio personal. Se ofrecen las siguientes guías a fin de asegurar una calidad óptima en las lecciones:

A. El alumno debe tratar (si fuese posible) de dedicar un tiempo para el estudio a la misma hora todos los días. Debe asegurarse de tener a la mano todos los materiales que necesite (Biblia, libro de texto, cuaderno, lápices o bolígrafos); que el lugar donde se realice la tarea tenga un ambiente que facilite el estudio con suficiente luz, espacio tranquilidad y temperatura cómoda. Esto puede ayudar al alumno a desarrollar buenos hábitos de estudio.

B. El alumno debe proponerse la meta de completar una lección por semana (a no ser que esté realizando otro plan, ya sea más acelerado o más lento, véase la página 273).

C. El alumno debe repasar lo que haya aprendido de una manera sistemática. Un plan posible es repasar el material al segundo día de haberlo estudiado, luego el quinto día, el décimo, el vigésimo y el trigésimo.

2. **Las reuniones.** En las reuniones o peñas, los estudiantes comparten sus respuestas, sus dudas y sus experiencias educacionales. Para que la reunión sea grata, de provecho e interesante se sugiere lo siguiente:

A. La reunión debe tener entre cinco y diez participantes. La experiencia ha mostrado que el número ideal de alumnos es de cinco a diez. Esta cantidad asegura que se compartan suficientes ideas para que la reunión sea in-

teresante como también que haya suficiente oportunidad para que todos puedan expresarse y contribuir a la
dinámica de la reunión. También ayuda a que el facilitador no tenga muchos problemas al guiar a los participantes en una discusión franca y espontánea, aunque
también ordenada.

B. Las reuniones deben ser semanales. El grupo o peña debe
reunirse una vez a la semana. Las reuniones deben ser bien
organizadas a fin de que los alumnos no pierdan su tiempo. Para lograr esto se debe comenzar y concluir a tiempo.
Los estudiantes pueden quedarse más tiempo si así lo desean, pero la reunión en sí debe observar ciertos límites
predeterminados. De esta manera los estudiantes no sentirán que el facilitador no los respeta a ellos ni a su tiempo.
(Véanse las páginas 272-273 para otras opciones.)

C. Las reuniones requieren la participación de todos. Esto
significa no solo que los alumnos no deben faltar a
ninguna de ellas, sino también que todos participen en
la discusión cuando asistan. El cuerpo de Cristo, la
Iglesia, consiste de muchos miembros que se deben
ayudar mutuamente. La reunión o peña debe proveer
un contexto idóneo para que los participantes compartan sus ideas en un contexto amoroso, donde todos
deseen descubrir la verdad, edificarse y conocer mejor
a Dios. Usted, como facilitador, debe comunicar el gran
valor de cada miembro y de su contribución particular
al grupo.

3. **Las expresiones.** Esta faceta del proceso tiene que ver con
la *comunicación* creativa, relevante y eficaz del material que
se aprende. Además, trata acerca de la *aplicación* o uso de

las verdades, principios y conceptos que se aprenden como también de la *motivación* para inculcar dichas verdades en las vidas de otros. La meta no es sencillamente llenar a los estudiantes de conocimientos, sino prepararlos para utilizar el material tanto para la edificación de los creyentes como para la evangelización de los no creyentes.

A. La comunicación debe ser creativa, clara y conforme al carácter cristiano. En esta sección se debe promover que los alumnos usen sus propios talentos de manera creativa. No todos tendrán la habilidad ni el deseo de predicar desde un púlpito. Pero tal vez algunos tengan talentos para escribir poesías, canciones, coros, o aun hacer dibujos o pinturas que comuniquen las verdades aprendidas. Otros quizás tengan habilidades teatrales que pueden emplear para desarrollar dramatizaciones que comuniquen principios cristianos de manera eficaz, educativa y entretenida. Y aun otros pueden servir de maestros, pastores o facilitadores para los grupos o peñas que se vayan iniciando. No les imponga límites a las diversas maneras en las cuales se puede comunicar la verdad de Dios. La comunicación también debe ser clara (debe expresar lo que se intenta con precisión y sin ambigüedad). Y por cierto, la comunicación debe reflejar el carácter cristiano. Usted, como facilitador, debe modelar algunas de las características cristianas que debemos mostrar cuando hablamos con otros acerca de Jesucristo y la fe cristiana. Por ejemplo, la paciencia, la humildad y el dominio propio deben ser evidentes en nuestras conversaciones. Debemos también estar conscientes de que dependemos de Dios para que nos ayude a hablar con otros de manera eficaz. Sobre todo, debemos comunicar el amor de Dios.

B. La aplicación tiene que ver con actuar y poner en práctica los principios escriturales que el estudiante aprende. El peligro no está en lograr mucho conocimiento bíblico, sino en pensar que la mera adquisición de la verdad pueda reemplazar la obediencia a la misma. Las tres preguntas a continuación nos ayudan a pensar acerca de la aplicación de la verdad y cómo concretarla:

¿Qué debo confesar?

¿Qué debo comenzar a hacer?

¿Qué debo dejar de hacer?

Toda aplicación de las verdades bíblicas se hace con el poder del Espíritu Santo que mora en nosotros. Además, la obediencia cristiana es facilitada por el Cuerpo de Cristo, la Iglesia, mediante la edificación mutua.

C. La motivación representa una de las tareas más importantes del facilitador. Tiene que ver con el proceso de inculcar las verdades bíblicas y convencer o persuadir a los estudiantes de que deben perseverar en las mismas como también capacitar a otros para aprenderlas, vivirlas y comunicarlas. El facilitador debe poseer o desarrollar una sabia sensibilidad que lo guíe en su trato con los estudiantes. Debe conocer el carácter, la disposición y las necesidades de los diferentes alumnos a fin de ayudarles en la forma precisa que necesitan y así seguir adelante en la vida cristiana y en su desarrollo como discípulos del Señor Jesucristo. También queremos motivar a los alumnos a instruir a otros e inculcar en ellos la buena enseñanza que han recibido.

Es así que la sección Expresión sirve para fortalecer y capacitar tanto al alumno como al facilitador en estas tres áreas. En el contexto de la comunión cristiana pueden aprender juntos como ser mejores comunicadores de la verdad. Además se pueden ayudar mutuamente a ser creyentes cada vez más obedientes al Señor, y pueden motivarse entre sí para perseverar y promulgar la vida cristiana y la fidelidad al Señor.

Cada parte del proceso ya detallado contribuye a la que le sigue, de manera que la calidad del proceso de la enseñanza depende del esfuerzo realizado en cada paso. Si la calidad de la lección es alta, esto ayudará a asegurar una excelente experiencia en la reunión, ya que todos los estudiantes vendrán preparados, habiendo hecho buen uso de su tiempo personal. De la misma manera, si la reunión se desenvuelve de manera organizada y creativa, facilitará la excelencia en las expresiones, es decir, las oportunidades que tendremos fuera de las reuniones para compartir las verdades de Dios. Por lo tanto, necesitaremos la ayuda de Dios en todo el proceso a fin de que recibamos el mayor provecho posible del programa.

Instrucciones específicas

Antes de la reunión: *Preparación*

A. Oración: Es la expresión de nuestra dependencia de Dios.

1. Ore por usted mismo

2. Ore por los estudiantes

3. Ore por los que serán alcanzados e impactados por los alumnos

B. Reconocimiento

1. Reconozca su identidad en Cristo (Romanos 6—8)

2. Reconozca su responsabilidad como maestro o facilitador (Santiago 3.1-17)

3. Reconozca su disposición como siervo (Marcos 10.45; 2 Corintios 12.14-21)

C. Preparación

1. Estudie la porción del alumno como si usted fuese uno de los estudiantes.

(a) Anote los aspectos difíciles para anticiparse a las preguntas.
(b) Tome nota de las ilustraciones o métodos que recuerde mientras lee.
(c) Anote los aspectos difíciles para investigar qué recursos le ayudarán más.

2. Estudie esta orientación para el facilitador.

3. Reúna otros materiales, ya sea para ilustraciones, aclaraciones, o para proveer diferentes puntos de vista a los del texto.

Durante la reunión: *Participación*

Recuerde que el programa FLET sirve no solo para desarrollar a aquellos que están bajo su cuidado como facilitador, sino también para edificar, entrenar y desarrollarlo a usted mismo. La reunión consiste de un aspecto clave en el desarrollo de todos los participantes, debido a las dinámicas de la reunión. En la peña, varias personalidades interactuarán, tanto unas con otras, como también ambas con Dios. Habrá personalidades diferentes en el grupo y, junto con esto, la posibilidad para el conflicto. No tema. Parte del *currículum* incluye el desarrollo del amor cristiano.

Tal vez Dios quiera desarrollar en usted la habilidad de resolver conflictos entre hermanos en la fe. De cualquier modo, nuestra norma para solucionar los problemas es la Palabra inerrante de Dios. Su propia madurez, su capacidad e inteligencia iluminadas por las Escrituras y el Espíritu Santo lo ayudarán a mantener un ambiente de armonía. Si es así, se cumplen los requisitos del curso y, lo más importante, los deseos de Dios. Como facilitador, debe estar consciente de las siguientes consideraciones:

A. El tiempo u horario

1. La reunión siempre debe ser el mismo día, a la misma hora, y en el mismo lugar cada semana, ya que eso evitará confusión. El facilitador siempre debe tratar de llegar con media hora de anticipación para asegurarse de que todo esté preparado para la reunión y resolver cualquier situación inesperada.

2. El facilitador debe estar consciente de que el enemigo a veces tratará de interrumpir las reuniones o traer confusión. Tenga mucho cuidado con cancelar reuniones o cambiar horarios. Comunique a los participantes en la peña la responsabilidad que tienen unos con otros. Esto no significa que nunca se debe cambiar una reunión bajo ninguna circunstancia. Más bien quiere decir que se tenga cuidado y que no se hagan cambios innecesarios a cuenta de personas que por una u otra razón no pueden llegar a la reunión citada.

3. El facilitador debe completar el curso en las semanas indicadas (o de acuerdo al plan de las otras opciones).

B. El lugar

1. El facilitador debe asegurarse de que el lugar para la reunión esté disponible durante las semanas correspondientes al término del curso. También deberá tener todas las llaves u otros recursos necesarios para utilizar el local.

2. Debe ser un lugar limpio, tranquilo y tener buena ventilación, suficiente luz, temperatura agradable y espacio a fin de poder sacarle provecho y facilitar el proceso educativo.

3. El sitio debe tener el mobiliario adecuado para el aprendizaje: una mesa, sillas cómodas, una pizarra para tiza o marcadores que se puedan borrar. Si no hay mesas, los estudiantes deben sentarse en un círculo a fin de que todos puedan verse y escucharse. El lugar completo debe contribuir a una postura dispuesta para el aprendizaje. El sitio debe motivar al alumno a trabajar, compartir, cooperar y ayudar en el proceso educativo.

C. La interacción entre los participantes

1. Reconocimiento

   (a) Saber el nombre de cada persona.
   (b) Conocer los datos personales: estado civil, trabajo, na cionalidad, dirección, teléfono.
   (c) Saber algo interesante acerca de ellos: comida favorita, cumpleaños, etc.

2. Respeto para todos

   (a) Se deben establecer reglas para la reunión: Una persona habla a la vez y los demás escuchan.
   (b) No burlarse de los que se equivocan ni humillarlos.
   (c) Entender, reflexionar o pedir aclaración antes de responder lo que otros dicen.

3. Participación de todos

   (a) El facilitador debe permitir que los alumnos respondan sin interrumpirlos. Debe dar suficiente tiempo para que los estudiantes reflexionen y expongan sus respuestas.

(b) El facilitador debe ayudar a los alumnos a pensar, a hacer preguntas y a responder, en lugar de dar todas las respuestas él mismo.

(c) La participación de todos no significa necesariamente que tienen que hablar en cada sesión (ni que tengan que hablar desde el principio, es decir, desde la primera reunión), más bien quiere decir, que antes de llegar a la última lección todos los alumnos deben sentirse cómodos al hablar, participar y responder sin temor a ser ridiculizados.

Después de la reunión: *Evaluación y oración*

A. Evaluación de la reunión y la oración

1. ¿Estuvo bien organizada la reunión?

2. ¿Fue provechosa la reunión?

3. ¿Hubo buen ambiente durante la reunión?

4. ¿Qué peticiones específicas ayudarían a mejorar la reunión?

B. Evaluación de los alumnos

1. En cuanto a los alumnos extrovertidos y seguros de sí mismos: ¿Se les permitió que participaran sin perjudicar a los más tímidos?

2. En cuanto a los alumnos tímidos: ¿Se les animó a fin de que participaran más?

3. En cuanto a los alumnos aburridos o desinteresados: ¿Se tomó especial interés en descubrir cómo despertar en ellos la motivación por la clase?

C. Evaluación del facilitador y la oración

1. ¿Estuvo bien preparado el facilitador?

2. ¿Enseñó la clase con buena disposición?

3. ¿Se preocupó por todos y fue justo con ellos?

4. ¿Qué peticiones específicas le haría al Señor para que la próxima reunión sea mejor?

Ayudas adicionales

1. **Saludos.** Para establecer un ambiente amistoso, caracterizado por el amor fraternal cristiano, debemos saludarnos calurosamente en el Señor. Aunque la reunión es una actividad más bien académica, no debe faltar e ella el amor cristiano. Por lo tanto, debemos cumplir con el mandato de saludar a otros, como se encuentra en la mayoría de las epístolas del Nuevo Testamento. Por ejemplo, 3 Juan concluye con las palabras: *La paz sea contigo. Los amigos te saludan. Saluda tú a los amigos, a cada uno en particular.* Saludar provee una manera sencilla, pero importante, de cumplir con los principios de autoridad de la Biblia.

2. **Oración.** La oración le comunica a Dios que estamos dependiendo de Él para iluminar nuestro entendimiento, calmar nuestras ansiedades y protegernos del maligno. El enemigo intentará interrumpir nuestras reuniones por medio de la confusión, la división y los estorbos. Es importante reconocer nuestra posición victoriosa en Cristo y seguir adelante. El amor cristiano y la oración sincera ayudarán a crear el ambiente idóneo para la educación cristiana.

3. Creatividad. El facilitador debe esforzarse por emplear la creatividad que Dios le ha dado tanto para presentar la lección como para mantener el interés durante la clase completa. Su ejemplo animará a los estudiantes a esforzarse en comunicar la verdad de Dios de manera interesante. El Evangelio de Marcos reporta lo siguiente acerca de Juan el Bautista: *Porque Herodes temía a Juan, sabiendo que era varón justo y santo, y le guardaba a salvo; y oyéndole, se quedaba muy perplejo, pero le escuchaba de buena gana* (Marcos 6.20). Y acerca de Jesús dice: *Y gran multitud del pueblo le oía de buena gana* (Marcos 12.37b). Notamos que las personas escuchaban «de buena gana». Nosotros debemos esforzarnos para lograr lo mismo con la ayuda de Dios. Se ha dicho que es un pecado aburrir a las personas con la Palabra de Dios. Pídale ayuda a nuestro Padre bondadoso, todopoderoso y creativo a fin de que lo ayude a crear lecciones animadas, gratas e interesantes.

Estructura de la reunión

1. Dé la bienvenida a los alumnos que asisten a la reunión.

2. Ore para que el Señor calme las ansiedades, abra el entendimiento y se manifieste en las vidas de los estudiantes y el facilitador.

3. Pídales a los alumnos que tomen una hoja de papel y reproduzcan de memoria los dibujos de la lección. Los estudiantes también deben dar una explicación coherente del dibujo, aunque no necesariamente exacta a la que proveemos en el libro. El alumno recibirá 10 puntos por cada dibujo y 10 puntos más por cada explicación. Por lo general habrá cuatro dibujos y explicaciones en cada lección. Para completar

los cien puntos, el alumno debe escribir el concepto o principio que desarrolló para esa reunión para la porción que se llama Expresión en cada sesión. (20 puntos).

4. Presente la lección (puede utilizar las sugerencias provistas en este manual).

5. Comparta con los alumnos algunas de las preguntas de la lección junto con las respuestas. No es necesario cubrir todas las preguntas. Más bien pueden hablar acerca de las más difíciles, las que fueron de mayor edificación o las que expresan algún concepto con el que están en desacuerdo.

6. El facilitador y los estudiantes pueden expresar varias ideas que se les ocurran para la sección Expresión. Además, deben explorar maneras para implementarlas.
   Los alumnos deben tratar de implementar algunas de las ideas que surjan. En la reunión explorarán cómo les fue con la implementación de las mismas durante la semana (o período entre reuniones dependiendo de la frecuencia de las mismas).

7. El facilitador reta a los estudiantes a alcanzar las metas para la próxima reunión.

8. La peña o el grupo termina la reunión con una oración y salen de nuevo al mundo para ser testigos del Señor.

Calificaciones

Véase la hoja de calificaciones al final del libro. Allí debe poner la lista de los que componen la peña o grupo de estudio. Cada cuadro pequeño representa una reunión. Allí debe poner la puntuación que el alumno obtuvo, de acuerdo con la manera en que respondió o en que hizo su trabajo. La calificación óptima equivale a 100 puntos. Menos de 60 equivale al fracaso.

Conclusión

El beneficio de este estudio dependerá de usted y de su esfuerzo, interés y relación con Dios. Si el curso resulta una experiencia grata, educativa y edificadora para los estudiantes, ellos querrán hacer otros cursos y progresar aún más en su vida cristiana. Que así sea con la ayuda de Dios.

Lección 1

Sugerencias para comenzar la lección

1. Pida a los alumnos que evalúen la posición del laico en la iglesia respecto al tema del iglecrecimiento. La discusión debe tratar preguntas tales como las siguientes: ¿Cuál es la actitud del laico promedio acerca del iglecrecimiento? ¿Cómo involucra la iglesia local típica a los laicos en el iglecrecimiento? ¿Qué habilidades necesitan los laicos para participar en forma significativa en la meta del iglecrecimiento? Luego de que todos discutan el asunto, prosigan con el resto de la lección.

2. Lea el siguiente pensamiento de Wagenveld y pida a los estudiantes que opinen al respecto: «El estudio del iglecrecimiento combina los principios obtenidos de un cuidadoso análisis de las Escrituras con el conocimiento de las ciencias sociales. En la Biblia, Dios nos da pautas para entender la naturaleza misionera de la iglesia. En ella encontramos los propósitos de Dios para su pueblo y su misión en el mundo. Las ciencias sociales también nos permiten aplicar la Palabra de Dios a la realidad de diferentes comunidades y contextos para alcanzar una mayor eficiencia en el ministerio». Asegúrese de que traten cómo puede el creyente evaluar en forma válida la información ofrecida por las ciencias sociales. Después de un tiempo provechoso en el cual varios opinen pasen a la siguiente sugerencia.

3. Empiece la reunión con la siguiente pregunta: «¿Qué aspecto de su experiencia en la iglesia local —hasta la fecha— lo ha motivado más con respecto al iglecrecimiento?» Elija a uno de los alum-

nos para que sirva de secretario, de modo que escriba quiénes participaron y las respuestas que dieron. Guarde esos registros, pueden servirle al liderazgo de la iglesia al tratar asuntos pertinentes al crecimiento de la iglesia local. Asegúrese de que todos hagan al menos un aporte. Luego, continúen con la lección.

4. Desarrolle su creatividad para comenzar la lección.

Durante la reunión

Recuerde repasar las preguntas prestando atención especial a las que los alumnos consideren especialmente relevantes o significativas. Asegúrese de dejar suficiente tiempo para discutir los puntos que presenten los alumnos y que estos estén al día en sus tareas.

Reflexión para la próxima reunión

Pida a los alumnos que piensen en la siguiente pregunta de forma que se preparen para la próxima reunión: «¿Qué puedo hacer para contribuir al crecimiento de la iglesia local? Explique que en la siguiente reunión se les dará la oportunidad a los que deseen expresar algunas de sus reflexiones al respecto.

Lección 2

Sugerencias para comenzar la lección

1. Invite a varios voluntarios para que expongan sus respuestas o reflexiones acerca de la pregunta planteada al finalizar la reunión anterior. Recuerde que esto es algo voluntario, no es obligatorio. Después de un provechoso intercambio de ideas, prosigan con el resto de la lección.

2. Pida a los alumnos que, como grupo de estudio, desarrollen tres principios propios para diferenciar la «numerolatría» de una saludable preocupación por el crecimiento. Asegúrese de que el secretario designado escriba esos principios para exponerlos luego y beneficiar a otros creyentes. Luego sigan con el próximo paso de la reunión.

3. Invite a los alumnos a reflexionar en la siguiente observación de Wagenveld: «Es importante recordar que en el iglecrecimiento, la iglesia es la que crece siendo iglesia. Ella no debe crecer contradiciendo su naturaleza y los propósitos ordenados por Dios. La iglesia no es un club social ni una empresa ni un negocio, aunque en cierto aspecto tenga algunas características parecidas». Pida que ofrezcan al menos una semejanza y una diferencia en cada una de las organizaciones humanas mencionadas. Además, consideren a qué otras organizaciones se pudiera parecer la iglesia: ¿a un hospital? ¿un campo de batalla? ¿una casa de huéspedes? Luego de una discusión provechosa completen la lección.

4. Desarrolle su creatividad para comenzar la lección.

Durante la reunión

Recuerde repasar las preguntas prestando atención especial a las que los alumnos consideren especialmente relevantes o significativas. Asegúrese de dejar suficiente tiempo para discutir los puntos que presenten los alumnos y que estos estén al día en sus tareas.

Reflexión para la próxima reunión

Comente con los alumnos que se preparen para la próxima reunión y reflexionen en la siguiente cuestión: «¿Cuál es la relación entre la cantidad de los asistentes a la iglesia y la calidad del servicio de adoración? ¿Hay alguna relación absoluta entre una y otra?» Explique que en la próxima reunión puede ser que se dará oportunidad a los que deseen a compartir algunas de sus reflexiones al respecto.

Lección 3

Sugerencias para comenzar la lección

1. Invite a algunos voluntarios a expresar sus respuestas o reflexiones acerca de la pregunta que se le hizo en la conclusión de la reunión anterior. Recuerde que esto es algo voluntario. Después de intercambiar ideas valiosas, prosigan con el resto de la lección.

2. Con anticipación, pida a uno de los alumnos que presente la historia de su propia iglesia local: nacimiento, primeros años, patrones de crecimiento y planes para el futuro. Pida a los alumnos que reflexionen acerca de la historia de su propia iglesia local. Luego deben escribir 3 o 5 principios que piensen que facilitará un futuro mejor para la misma. Después de un tiempo de interactuar pasen al próximo paso de la lección.

3. Pida a los alumnos que reflexionen y opinen acerca de la siguiente cita de Wagenveld: «Se considera al Dr. Donald McGavran como el padre del iglecrecimiento moderno. Comenzó sus estudios de esta disciplina en el campo misionero de la India. La pregunta que McGavran se hacía era: ¿Por qué las iglesias crecen con éxito en algunos lugares y en otros el crecimiento parece casi nulo? McGavran notó factores como las castas sociales, la relación de la acción social con la evangelización y la estrechez del individualismo occidental, entre otros». Promueva una discusión en la cual participe la mayoría, luego que completen el resto de la lección.

4. Desarrolle su creatividad para comenzar la lección.

Durante la reunión

Repase las preguntas prestando atención especial a las que los alumnos consideren especialmente relevantes o significativas. Asegúrese de dejar suficiente tiempo para discutir los puntos que presenten los alumnos y que estos estén al día en sus tareas.

Ofrezca su ayuda y respaldo a los estudiantes que se sientan desanimados. A la vez, aprecie los esfuerzos de los alumnos que están al día y siguen motivados con el estudio.

Reflexión para la próxima reunión

Comente con los alumnos que se preparen para la próxima reunión y reflexionen en la siguiente cuestión: «¿Qué podemos hacer para triunfar en nuestro contexto con principios de iglecrecimiento que han tenido éxito en otro lugar? ¿Qué parámetro podemos usar para evaluar la utilidad de algún principio dado?» Explique que en la próxima reunión es posible que se les dé oportunidad a los que deseen compartir algunas de sus reflexiones al respecto.

Lección 4

Sugerencias para comenzar la lección

1. Invite a algunos voluntarios a comunicar sus respuestas o reflexiones en cuanto a la pregunta que se plantea en la conclusión de la reunión anterior. Recuerde que esto es algo voluntario. Luego de intercambiar ideas, prosigan con el resto de la lección.

2. Preséntenles el siguiente reto a los alumnos: Desarrollen un bosquejo con las facetas esenciales para una clase de nuevos miembros que inculque en los participantes una sólida base bíblica y práctica para el iglecrecimiento. Nombren un secretario para registrar las ideas que salgan a relucir y permita que el grupo desarrolle el bosquejo en forma participativa. Una vez que finalicen, sigan con el resto de la lección.

3. Wagenveld habla de cinco facetas de la iglesia (discipulado, adoración, comunión, servicio y evangelismo) y afirma que «La iglesia que mantiene las cinco funciones en equilibrio es, por lo general, una congregación viva, dinámica y saludable». Pida a los alumnos que opinen al respecto y que evalúen objetivamente las áreas fuertes y débiles de sus congregaciones. Después de intercambiar ideas, pasen al próximo punto de la lección.

4. Desarrolle su creatividad para comenzar la lección.

Durante la reunión

Repase las preguntas prestando atención especial a las que los alumnos consideren especialmente relevantes o significativas. Asegúrese de dejar suficiente tiempo para discutir los puntos que presenten los alumnos y que estos estén al día en sus tareas.

Ofrezca su ayuda y respaldo a los estudiantes que se sientan desanimados. Al mismo tiempo, aprecie los esfuerzos de los que están al día y siguen motivados con el estudio. Antes de terminar esta, pida a los alumnos que comenten acerca de las otras reuniones. Respondan a preguntas como: ¿Están satisfechos con la calidad de las mismas? ¿Se está comenzando a tiempo? ¿Hay suficiente participación e interacción? ¿Están poniendo en práctica los principios que están aprendiendo? ¿Tienen algunas sugerencias para mejorar la experiencia?

Reflexión para la próxima reunión

Dígales a los alumnos que se preparen para la próxima reunión y reflexionen en el planteamiento siguiente: «En casi todas las iglesias se proclama la verdad que afirma que ella es el Cuerpo de Cristo. ¿Cómo negamos esto en nuestra práctica? ¿Cómo lo afirmamos?» Infórmeles que es posible que expongan sus reflexiones en esa reunión venidera.

Lección 5

Sugerencias para comenzar la lección

1. Invite a algunos voluntarios a expresar sus respuestas o reflexiones acerca de la pregunta que se planteó en la conclusión de la reunión anterior. Recuerde que esto es algo voluntario. Después de un provechoso intercambio de ideas, prosigan con el resto de la lección.

2. Pida a los estudiantes que opinen acerca de lo siguiente: «¿Qué significa que la iglesia es un organismo y que tiene organización? ¿Es posible enfatizar una de estas realidades más que la otra? ¿Qué consecuencias resultarían de dichos énfasis respectivos? Por ejemplo, ¿es posible que el énfasis en la organización apague las ideas y esfuerzos creativos de sus miembros?» Después de que varios alumnos opinen y todos saquen provecho completen el resto de la lección.

3. Invite a los alumnos a discutir el siguiente pensamiento de Wagenveld: «Es importante para el liderazgo considerar las ventajas de los sistemas abiertos. Bajo esta perspectiva el líder puede ver todo el panorama y a la misma vez analizar un solo aspecto de la organización. Hay líderes que se enfocan tanto en el árbol que no pueden ver el bosque». Motive a todos los alumnos a que participen y luego prosigan al próximo paso de la lección.

4. Desarrolle su creatividad para comenzar la lección.

Durante la reunión

Repase las preguntas prestando atención especial a las que los alumnos consideren especialmente relevantes o significativas. Asegúrese de dejar suficiente tiempo para discutir los puntos que presenten los alumnos y que estos estén al día en sus tareas. Ofrezca su ayuda y respaldo a los estudiantes que se sientan desanimados. Al mismo tiempo, aprecie los esfuerzos de los que están al día y siguen motivados con el estudio. Antes de terminar esta, pida a los alumnos que comenten acerca de las otras reuniones y asegúrese de que estén poniendo en práctica las sugerencias planteadas.

Reflexión para la próxima reunión

Comente con los alumnos que se preparen para la próxima reunión y reflexionen en el planteamiento siguiente: «¿Qué dinámicas externas e internas contribuyen al estancamiento o crecimiento en la iglesia local? ¿Cómo se pueden superar u optimizar? ¿Qué papel juega la congregación y qué responsabilidad tiene el liderazgo?» Infórmeles que es posible que expongan sus reflexiones en esa reunión venidera.

Lección 6

Sugerencias para comenzar la lección

1. Invite a algunos voluntarios a exponer sus respuestas o reflexiones acerca de la pregunta planteada en la conclusión de la reunión anterior. Recuerde que esto es algo voluntario. Luego de un provechoso intercambio de ideas, prosigan con el resto de la lección.

2. Evalúen la siguiente afirmación de Wagenveld a la luz de la situación actual de su congregación: «Es muy importante que la iglesia desarrolle una visión clara y sencilla para que la gente pueda captarla con facilidad. De esta manera será posible recordar la visión y comunicársela a otros. Es aconsejable conseguir un lema que acompañe la visión y hasta una imagen o ilustración que ayude a los hermanos a captarla mejor». Escriban las ideas buenas que los estudiantes presenten a fin de mejorar en esta área de la vida de la iglesia local. Después de un intercambio creativo y provechoso de ideas, completen el resto de la lección.

3. Nombren a un secretario para que registre las ideas que salgan a relucir en la discusión que siga. Luego desafíe a los estudiantes a considerar la siguiente pregunta: ¿Cómo se puede ayudar al «líder o pastor corcho» a enriquecer su ministerio, su recompensa eterna (1 Corintios 3.10-17) y también los de su congregación? Asegúrese de que las opiniones se presenten con amor, honestidad y respeto; y que se escriban las ideas que edifiquen a todos. Después de un intercambio provechoso pasen al próximo paso de la lección.

4. Desarrolle su creatividad para comenzar la lección.

Durante la reunión

Repase las preguntas prestando atención especial a las que los alumnos consideren especialmente relevantes o significativas. Asegúrese de dejar suficiente tiempo para discutir los puntos que presenten los alumnos y que estos estén al día en sus tareas. Ofrezca su ayuda y respaldo a los estudiantes que se sientan desanimados. A la vez, aprecie los esfuerzos de los alumnos que están al día y siguen motivados con el estudio.

Reflexión para la próxima reunión

Comente con los alumnos que se preparen para la próxima reunión y reflexionen en el planteamiento siguiente: «¿En qué sentido me afecta la interdependencia entre los diferentes miembros y partes del ministerio de mi iglesia? ¿En qué maneras positivas y negativas afecto yo a dichos miembros y ministerios?» Infórmeles que es posible que expongan sus reflexiones en esa reunión venidera.

Lección 7

Sugerencias para comenzar la lección

1. Invite a algunos voluntarios a exponer sus respuestas o reflexiones acerca de la pregunta formulada en la conclusión de la reunión anterior. Recuerde que esto es algo voluntario, no es obligatorio. Luego, intercambien ideas y prosigan con el resto de la lección.

2. Pida a los alumnos que respondan a la siguiente pregunta: «¿Qué estamos haciendo como iglesia local para motivar el proceso de discipulado de los nuevos creyentes? Después de una interacción provechosa y edificadora prosigan con el resto de la lección.

3. Comience la lección con la siguiente afirmación de Wagenveld: «La adoración y la oración son partes fundamentales de lo que la iglesia es llamada a hacer. Nuestro Señor Jesucristo nos dijo que el Padre busca adoradores que le adoren en espíritu y en verdad. También nos enseñó a orar con palabras y con hechos. La congregación que menosprecia a una o ambas áreas contradice la propia existencia de la Iglesia de Cristo. En lo que respecta a iglecrecimiento se entiende que es de suma importancia prestar atención a la oración y a la adoración». Luego nombre a un secretario y pida a los estudiantes que digan de 5 a 10 principios o ideas que motiven a orar y adorar en la iglesia local. Escriba las ideas y preséntenlas al liderazgo de la iglesia para su consideración. Cuando completen la enumeración de los principios o ideas, pasen al próximo punto de la lección.

4. Desarrolle su creatividad para iniciar la lección.

Durante la reunión

Repase las preguntas prestando atención especial a las que los alumnos consideren especialmente relevantes o significativas. Asegúrese de dejar suficiente tiempo para discutir los puntos que presenten los alumnos.

Ofrezca su ayuda y respaldo a los estudiantes que se sientan desanimados. A la vez, aprecie los esfuerzos de los alumnos que están al día y siguen motivados con el estudio ya que solo resta una reunión.

Reflexión para la próxima reunión

Pida a los alumnos que reflexionen en el siguiente planteamiento, como preparación para la próxima reunión: Wagenveld afirmó en una lección anterior: «¡La congregación que entiende la importancia de conocer su medio ambiente, aumenta sus posibilidades de ser una iglesia con mayor impacto!» ¿Qué características ambientales de su iglesia se prestan para la evangelización y la ayuda social? ¿Qué papel juego yo en la respuesta a esas necesidades? Infórmeles que es posible que expongan sus reflexiones en esa reunión venidera.

Lección 8

Sugerencias para comenzar la lección

1. Invite a varios voluntarios a que expongan sus respuestas o reflexiones acerca de la pregunta formulada en la conclusión de la reunión anterior. Recuerde que esto es algo voluntario. Después de intercambiar ideas, prosigan con el resto de la lección.

2. Pida a los alumnos que desarrollen una lista de ideas acerca de cómo se puede motivar a los miembros y a la iglesia como ente corporativo a participar en la ayuda a los necesitados (ej.: una iglesia reservó cada cuarto domingo como el «Día de los necesitados». Ese domingo los feligreses llevan comidas enlatadas y otros alimentos no perecederos, y los almacenan en un lugar, para que cuando llegue alguna persona necesitada a la iglesia pueda proveerse con ellos.) Después de un intercambio creativo de ideas pasen al próximo punto de la lección. Recuerden nombrar un secretario para registrar las buenas ideas y ponerlas en práctica.

3. El autor Wagenveld nos pide que reflexionemos en lo doloroso que es experimentar cambios en la vida. Pida a los alumnos que ofrezcan algunas razones que expliquen por qué puede ser útil y beneficioso experimentar cambios. Asegúrese de nombrar a alguien como secretario para registrar las ideas que salgan a relucir. Después de una interacción edificadora completen el resto de la lección.

4. Desarrolle su creatividad para iniciar la lección.

Durante la reunión

Repase las preguntas prestando atención especial a las que los alumnos consideren especialmente relevantes o significativas. Asegúrese de dejar suficiente tiempo para discutir los puntos que presenten los alumnos y que estos estén al día en sus tareas.

Ofrezca su ayuda y respaldo a los estudiantes que se sientan desanimados. A la vez, aprecie los esfuerzos de los alumnos que están al día y siguen motivados con el estudio. Además, asegúrese de que los estudiantes hayan completado todas sus tareas y estén preparados para su examen final.

Reflexión para la próxima materia

Pídales a los alumnos que reflexionen en las siguientes preguntas: ¿Cómo puedo ayudar a otros con el conocimiento adquirido en este curso? ¿Cómo puedo usarlo para edificar a otros? ¿Qué puedo hacer para mejorar mi experiencia como estudiante y ayudar a mis compañeros a sacar mayor provecho de sus esfuerzos educacionales?

Hoja de calificaciones

Nombre	Calificaciones								Nota final
	Peña 1	2	3	4	5	6	7	8	

Bibliografía

Appleby, Jerry. *The Church is in a Stew.* Kansas City: Beacon Hill Press, 1990.

Barna, George. *The Frog in the Kettle.* Ventura, CA: Regal Books, 1990.

Barrett, Lois. *Cómo crear una comunidad de fe y compromiso.* México D.F.: Publicaciones El Faro, 1995.

Barrientos, Alberto. *Principios y alternativas del trabajo pastoral.* Miami: Editorial Caribe, 1989.

Barrientos, Alberto. *La iglesia en que sirvo.* Miami: Unilit, 1997.

Berkhof, Luis. *Teología sistemática.* Grand Rapids: T.E.L.L., edición 1995.

Bertuzzi, Federico A. *El despertar de las misiones.* Comibam Internacional, 1997.

Bertuzzi, Federico, editor. *La iglesia latina en misión mundial.* Comibam Internacional, 1997.

Bosch, David. *Transforming Mission.* New York: Orbis, 1991.

Brinks, Raimundo. *Asignatura: Crecimiento de la iglesia* (obra no publicada).

Callahan, Kennon L. *Effective Church Leadership.* San Francisco: Harper, 1990.

Chaney, Charles L. *Church Planting at the End of the Twentieth Century.* Wheaton, IL: Tyndale House Publishers, 1982.

CLADE III. *Tercer Congreso Latinoamericano de Evangelización.* Quito: FTL, 1989.

Coleman, Roberto. *Plan supremo de evangelización.* USA: Casa Bautista de Publicaciones,1983.

Cook, Guillermo y Alvaro Vega, eds. *Movimiento de Lausana y misión de la Iglesia: Aportes desde América Latina.* San José, Costa Rica: Ensayos Ocasionales de CELEP, 1989.

Costas, Orlando E. *The Church and Its Mission: A Shattering Critique From the Third World.* Wheaton, Ill.: Tyndale, 1974.

Costas, Orlando. *Compromiso y misión.* Miami: Editorial Caribe, colección CELEP, 1979.

Costas, Orlando. «Dimensiones del crecimiento integral de la Iglesia» *Revista Misión,* Vol. 1, nº 2, julio-septiembre, pp. 8-14.

De Vries, Robert, and Keith Doornbos. *Position Paper on Basic Guidelines for Disciple-Making (1991).* Found in Course Syllabus of 601 Foundations in Ministry II, Calvin Theological Seminary.

Deiros, Pablo. *Protestantismo en América Latina*. Nashville: Editorial Caribe, 1997.

Deiros, Pablo. *Diccionario Hispano-Americano de la misión*. Miami: Unilit, 1997.

Easum, William M. *The Church Growth Handbook*. Nashville, TN: Abingdon Press, 1992.

Garcés, David Fajardo, compilador. *Las iglesias que crecen: Cómo crecen y por qué crecen*. El Paso, TX: Casa Bautista de Publicaciones, 1992.

George, Carl F. *Leading & Managing Your Church*. Old Tappan, NJ: Fleming Revell, 1987.

George, Carl F. *Prepare Your Church for the Future*. Grand Rapids: Revell, 1992.

Gerber, Virgilio. *Manual para evangelismo y crecimiento de la iglesia*. Maracaibo, VE: Editorial Libertador, 1973.

Getz, Gene. *La medida de una iglesia*. Barcelona: CLIE, 1978.

Gómez, Jorge I. *El crecimiento y la deserción en la iglesia evangélica costarricense*. San José, Costa Rica: Publicaciones Indef, 1996.

Green, Michael. *La iglesia local: Agente de evangelización*. Grand Rapids: Nueva Creación, 1996.

Greenway, Rogelio S. *Seis pasos: Cómo evangelizar y multiplicar iglesias*. Grand Rapids: Libros T.E.L.L., 1977.

Greenway, Rogelio. *Apóstoles a la ciudad: Estrategias bíblicas para misiones urbanas*. Grand Rapids, MI: Subcomisión Literatura Cristiana, 1981.

Greenway, Rogelio. *Una estrategia urbana para evangelizar América Latina*. El Paso, TX: Casa Bautista de Publicaciones Indef, 1996.

Greenway, Roger S., ed. *The Pastor-Evangelist: Preacher, Model, and Mobilizer for Church Growth*. Phillipsburg, NJ: Presbyterian and Reformed Publishing Company, 1987.

Guang, C. Alberto. *Cómo fundar iglesias que crezcan*. Kansas City, MO: Casa Nazarena de Publicaciones, 1995.

Hall, John Wesley, Jr. *Urban Ministry Factors in Latin America*. Pasadena, CA: Fuller Theological Seminary Doctoral Dissertation, 1992.

Hanks, Billie Jr. y William A. Shell. *Discipulado*. Miami: L torial Caribe, 1994.

Hemphill, Ken. *Ocho características de una iglesia efectiva: El modelo de Antioquía*. Texas: Casa Bautista de Publicaciones, 1996.

Hesselgrave, David J. *Communicating Christ Cross-Culturally: An Introduction to. Missionary Communication*. Grand Rapids, MI: Zondervan Publishing House, 1978.

Hesselgrave, David J. *Planting Churches Cross-Culturally: A Guide for Home and Foreign Missions*. Grand Rapids, MI: Baker Book House, 1980.

Hoge, Dean and David Rozen, eds. *Understanding Church Growth and Decline.* New York: The Pilgrim Press, 1979.

Holland, Clifton L. *Hacia una clasificación de iglesias por familias denominacionales del movimiento protestante en Costa Rica.* San José, Costa Rica: PROLADES, 1996.

Hurston, Karen. *Crecimiento de la iglesia más grande del mundo.* Deerfield: Editorial Vida, 1996.

Hutt, John. *Anglos and Hispanics Working Together.* Holland, Michigan: Western Theological Seminary (tesis), 1991.

Johnstone, Patrick. *Operation World.* Grand Rapids: Zondervan Publishing House, 1993.

Kammerdiener, Donald R. *El crecimiento de la iglesia. ¿Qué es y cómo lograrlo?* El Paso, TX: Casa Bautista de Publicaciones,1975.

Kotter, John. *Leading Change.* Boston: Harvard Business School Press, 1996.

Larson, Pedro. *Crecimiento de la iglesia: Una perspectiva bíblica.* El Paso, TX: Casa Bautista de Publicaciones, 1989.

Larson, Carl y Frank LaFasto. *Teamwork: What Must Go Right / What Can Go Wrong.* London: Sage Publications, 1989.

Lewis, Jonathan, editor. *Misión mundial: Un análisis del movimiento cristiano mundial,* 3 vols. Miami, FL: Editorial Unilit, 1990.

Lewis, Larry. *Manual para plantar iglesias.* Nashville: Casa Bautista de Publicaciones, 1997.

Logan, Robert E. Beyond Church Growth: *Action Plans for Developing a Dynamic Church.* New York: Fleming Revell, 1989.

Martín, A. Gutiérrez. *Cómo organizar una iglesia.* CLIE: Barcelona, 1989.

Maxwell, John. *Developing the Leaders Around You.* Nashville: Thomas Nelson, 1995.

McGavran, Donald. *The Bridges of God: A Study in the Strategy of Missions.* London: World Dominion Press, 1955.

McGavran, Donald. *Church Growth in Mexico.* Grand Rapids: W.B. Eerdmans, 1963.

McGavran, Donald. *Understanding Church Growth.* Grand Rapids: W.B. Eerdmans, 1970.

McIntosh, Gary y Glen Martin. *Finding Them, Keeping Them: Effective Strategies for Evangelism and Assimilation in the Local Church.* Nashville, TN: Broadman Press, 1992.

Miranda, Juan Carlos. *Manual de iglecrecimiento.* Miami: Editorial Vida, 1985.

Nasser, Antonio C. *Una iglesia apasionada por las misiones.* Comibam Internacional, 1997.

Núñez, Emilio A. *Hacia una misionología evangélica latinoamericana.* Miami: Unilit y Comibam Internacional, 1997.

Nyenhuis, Gerald. *El Dios que adoramos.* Miami: Logoi-Flet y Unilit, 1999.

Ogne, Steven y Thomas Nebel. *Capacitando a líderes.* Grand Rapids: Libros Desafío, 1999.

Padilla, René. *Misión integral: Ensayos sobre el Reino y la Iglesia.* Grand Rapids: W.B. Eerdmans y Nueva Creación, 1986.

Padilla, René. «La unidad de la iglesia y el principio de las unidades homogéneas» *Revista Misión,* n°6, septiembre 1983, pp.13-19, 38-42.

Padilla, René. *El reino de Dios y América Latina.* El Paso: Casa Bautista,1975.

Paredes, Rubén. «El uso de las ciencias sociales en la misionología» Revista Misión, n° 2 ,enero 1983, pp.15-23.

Pate, Larry. *Misionología: Nuestro cometido transcultural.* Miami, FL: Editorial Vida, 1987.

Pirolo, Neal. *Sirviendo al enviar obreros.* Comibam Internacional, 1991.

Pratt, Richard Jr. *Ora con los ojos abiertos.* Grand Rapids: Libros Desafío, 1987.

Queiroz, Edison. *La iglesia local y las misiones.* Barcelona: Libros CLIE, 1990.

Reeves y Jenson. *Avanzando: Estrategias modernas para el crecimiento de la iglesia.* Barcelona: Libros CLIE, 1988.

Reyes, José A. *Los hispanos en los Estados Unidos: Un reto y una oportunidad para la iglesia.* Cleveland, TN: White Wing Publishing House, 1985.

Schaller, Lyle E. *44 Questions for Church Planters.* Nashville: Abingdon Press,1991.

Scherer, James A. and Stephen B. Evans, eds. *New Directions in Mission and Evangelization 1: Basic Statements 1974-1991.* Orbis Books, Maryknoll, New York, 1992.

Schwarz, Christian A. *Las ocho características básicas de una iglesia saludable: Guía práctica para un iglecrecimiento natural.* Barcelona, España: Editorial CLIE, 1996.

Serrano, Bernardo. *Mega iglesias: El síndrome del crecimiento numérico.* Miami:Guía Pastoral, Logoi, 1998.

Shenk, David W. and Ervin R. Stutzman. *Creating Communities of the Kingdom: New Testament Models of Church Planting.* Scottdale, PA: Herald Press, 1988.

Shenk, Wilbert R. *Exploring Church Growth.* Grand Rapids, MI: W. B. Eerdmans Pub. Co., 1983.

Smith, Fred H. *La dinámica del iglecrecimiento.* Miami: Editorial Caribe, 1993.

Stam, Jeff. *Misiones en la iglesia local.* Grand Rapids: Libros Desafío, 1996.

Steuernagel, Valdir. *Obediencia misionera y práctica Histórica.* Nueva Creación, 1996.

Stott, John. *Señales de una iglesia viva.* Buenos Aires: Indef y Certeza, 1997.

Tapia, Andrés. *«¡Viva los evangélicos!»* Christianity Today, octubre 1991.

Tillapaugh, Frank R. *Unleashing the Church: Getting People Out of the Fortress and Into Ministry.* Ventura, CA: Regal Books, 1982.

Tippet, A.R. *Iglecrecimiento y la Palabra de Dios.* Barcelona: CLIE, 1978.

Valdés, Alberto. *¡Me seréis testigos!* Miami: Unilit y Logoi-FLET, 1999.

Valencia, Vidal A. *Cómo ganar almas.* Miami: Editorial Unilit, 1986.

Van Engen, Charles. *God's Missionary People: Rethinking the Purpose of the Local Church.* Grand Rapids, MI: Baker Book House, 1991

Van Gelder, Craig. *Fundamentos del crecimiento de la iglesia.* Grand Rapids: Notas y documentos de la clase del mismo nombre, 1993.

VanderGriend, Alvin. *Descubra sus dones.* Grand Rapids: Libros Desafío, 1996.

VELA y PROLADES. *Iglesias mexicanas hoy y mañana: Estudios de casos de crecimiento.* México, D.F.: Vela y Prolades, 1989.

Wagenveld, Juan. S*tate of the Church: An Explorative Study of the Hispanic Christian Reformed Church.* Calvin Seminary: Tesis, 1994.

Wagner, Pedro. *Su iglesia puede crecer: Siete característi- cas de una iglesia Viva.* Barcelona: Libros CLIE, 1980.

Wagner, Pedro. *Guiando su iglesia al crecimiento.* Miami: Unilit, 1997.

Wagner, Pedro. *Plantando iglesias para una mayor cose- cha.* Miami: Unilit, 1997

Wagner, Pedro. *Sus dones espirituales pueden ayudar a cre- cer a su iglesia.* CLIE: Barcelona, 1980.

Warren, Rick. *Una iglesia con propósito.* Miami: Editorial Vida 1998.

Winter, Ralph & Steven Hawthorne, eds. *Perspectives on the World Christian Movement.* Pasadena: William Carey Library, 1981.

Yonggi Cho, David. *Mucho más que números.* Deerfield: Edi- torial Vida, 1985.

Zunkel, C. Wayne. *Church Growth Under Fire.* Kitchner, Ontario: Herald Press, 1987.

[Más que nada, el mundo necesita la Palabra de Dios]

LigaBíblica

iga Bíblica es un ministerio con resultados, comprometido con la evangelización mundial, proporcionando entrenamientos especializados en Evangelismo y Discipulado a través del **PROYECTO FELIPE** y la Plantación de Iglesias por medio del **INSTITUTO PARA SEMBRADORES DE IGLESIAS.** rabajamos junto con la Iglesia Cristiana Evangélica Trinitaria y rganizaciones Misioneras para lograr una distribución estratégica de Palabra de Dios. Somos un apoyo a la Iglesia Cristiana en su tarea vangelística. Para más informes de nuestros Proyectos y Materiales blicos, contacte a la oficina nacional de su país.

COLOMBIA 57 1617 .8874

ECUADOR 5932.256.1023

ESTADOS UNIDOS 1866 335.4737

HAITÍ 509402.3975

MÉXICO 5564.0095

NICARAGUA 505 222.6827

PUERTO RICO 1 787 269.3155

REP. DOMINICANA 1809 563.5097

VENEZUELA 58 212614.3961

PERÚ 01 461.9173

ed de Multiplicación

Capacitando líderes en el crecimiento
y la siembra de iglesias.

La Red de Multiplicación fomenta el crecimiento y la siembra de iglesias por medio de la capacitación de pastores y líderes. La Red provee libre acceso a útiles recursos, listos para la impresión, por medio este portal de Internet.

PRESENTANDO

Iglecrecimiento Integral

1 El taller "Iglecrecimiento Integral: Hacia Una Iglesia de Impacto" ha sido dado en muchos países del continente. Esta capacitación, en formato de taller de un día, ayuda al líder cristiano a enfocar la iglesia como instrumento misional de Dios. Presenta la importancia de una visión definida dentro de un marco organizacional de los sistemas abiertos y provee ciertos esquemas misionales que llevarán a revitalizar la iglesia para un mayor impacto en su comunidad. Este evento se basa en el libro "Iglecrecimiento Integral" escrito por Juan Wagenveld y publicado por FLET y Unilit.

Sembremos Iglesias Saludables

2 La Red de Multiplicación también presenta el taller "Sembremos Iglesias Saludables" basado en el libro del mismo nombre, escrito por 22 autores representando once países de las Américas. Este taller ayuda a los líderes a reflexionar sobre la tarea y las destrezas necesarias para fundar una nueva iglesia. Incluye temas como: El fundamento bíblico, el perfil y la familia del sembrador y pasos para plantar iglesias. Presenta diferentes modelos, a la vez que resume algunas características de la iglesia saludable que se desea establecer.

Recursos Gratuitos

3 Visite nuestro portal de internet para obtener los siguientes recursos:
- Taller de Iglecrecimiento Integral (Manual del Participante y del Maestro)
- Taller de Sembremos Iglesias Saludables (Manual del Participante y del Maestro)
- Presentaciones en Power-Point
- Gráficas y otras ayudas para profesores, maestros y líderes
- Una lista de capacitadores que pueden orientarle más sobre los temas

Para mayor información visítenos:
www.RedDeMultiplicación.com